黄枏森文集

第九卷

全国百佳出版社
中央编译出版社
CCTP Central Compilation & Translation Press

出 版 说 明

　　黄枬森先生（1921.11.29—2013.1.24），四川省富顺县人。1942年进入云南昆明西南联合大学物理系学习，1943年转入西南联大哲学系学习，抗战胜利各校复校后，于1947年进入北京大学哲学系学习，1948年加入中国共产党，同年毕业进入哲学系作研究生。1950年起历任北京大学哲学系助教、讲师、副教授、教授、资深教授，1981—1987年任北京大学哲学系主任，1981年始任博士生导师。1981—1996年任一、二、三届国务院学位委员会学科评议组成员、召集人，1983—2000年任国家社科基金学科评议组成员、召集人。1990年起任《北京大学学报》（哲学社科版）主编、编委会主任、顾问，1991年起任北京大学人学研究中心主任，1998年起任北京大学邓小平理论研究中心研究员，2011年起任北京大学马克思主义哲学研究中心主任。先生还历任中国马克思主义哲学史学会会长、名誉会长，中国人学学会名誉会长，中国马克思恩格斯研究会会长、名誉会长，北京市社会科学联合会副主席、顾问，北京市哲学学会会长、名誉会长。

　　黄枬森先生从上世纪50年代初开始从事马克思主义哲学的教学和研究工作，著述颇丰，建树很多。特别是改革开放以来，其研究成果大量问世，为我国马克思主义哲学、马克思主义哲学史、马克思主义发展史、马克思主义人学等学科的建立作出了开创性贡献。进入90高龄，他仍然研精覃思，笔耕不辍，撰写了大量学术论文和论著，特别是为马克思主义哲学体系创新呕心沥血，进行了卓有成效的探索。直到去世之前，他还在思考哲学问题，留下了《我和哲学》一文的未完成稿。先生的学术思想、学术成果、学术风格和学术贡献，堪称典范，受到学界同仁的景仰。

　　2011年是黄枬森先生90华诞，也是先生从教逾60年。为比较全面系统地展示先生的研究成果，满足哲学研究工作者和广大读者的学习阅读之需，我们对先生卷帙浩繁的学术成果进行了全面梳理，并从中精选出比较重要的文献，编辑出版了这套《黄枬森文集》。令我们感到安慰的是，黄先生在世时已经看到了文集的前六卷，他对中央编译出版社和编委会的同志们表示感谢。同时，也令我们感到遗憾的是，黄先生没有能够看到文集 11 卷书的完整面貌。今年是黄先生诞辰 95 周年，我们终于完成了其余各卷的整理工作，愿以兹纪念敬爱的黄枬森先生！

《黄枬森文集》共四个部分，11 卷书。所收文献按照编年和分类相结合的方式编排：第一部分为论著，由第一、二卷构成。主要收录作者自 1983 年以来撰写的著作和主编的著作中亲自撰写的部分，共 20 多部，内容涉及辩证唯物主义、马克思主义哲学史、马克思主义哲学体系创新、人学、社会文化理论等方面，近 110 万字。第二部分为论文，由第三到第六卷构成。其中，第三、四卷是哲学论文，主要收录作者自 1957 年以来有关哲学方面的论文 90 多篇，近 100 万字；第五卷是人学论文，主要收录作者自 1983 年以来有关人学方面的文章 50 多篇，近 50 万字；第六卷是社会文化理论方面的论文，主要收录作者自 1984 年以来有关社会和文化理论方面的论文 40 多篇，50 多万字。第三部分为评论，即第七、八、九卷，主要收录作者自 1956 年以来有关哲学、人物、书刊等方面的评论文章以及自述、杂文、诗词近 200 篇，100 多万字。第四部分为讲稿和索引，即第十、十一卷，主要收录作者自 1954 年以来在校内外讲课和办讲座的手稿，约 60 多万字，全部未曾发表。在第十一卷同时附有"专题检索"和"文章标题首字拼音检索"，以便读者阅读使用。为完整真实地再现黄枬森先生的学术历程，我们尽量保持所收著述写作时的原貌，只是在编排上按照统一的体例作了必要调整，并对原版中的个别排印错误进行了校勘和订正。

由于上世纪 80 年代铅字制字不便以及电脑排版字库里没收入异体字，因此很长一段时间先生发表的文章、著作中"黄枬森""黄楠森"两种写法同时存在。随着电脑字库容量增加以及中华人民共和国居民身份证管理日益规范，"黄楠森"的写法已经不再使用，本《文集》亦统一使用"黄枬森"。

《黄枬森文集》2011 年底出版第一、二、五卷，2012 年底出版第三、四、六卷，今年出版第七、八、九卷，第十、十一卷由于整理工作十分复杂，将稍后于 2017 年出版。编辑黄枬森先生近 60 年来数百万言的丰富著述，是一项浩大的工程。尽管我们在编纂工作中尽心竭力，但由于学术水平和编辑经验所限，难免会有不足之处，恳望学界同仁和读者批评指正。

《黄枬森文集》编辑委员会
2016 年 11 月

目 录

人物评论篇

纪念篇

杂文篇

自述篇

诗词篇

人物评论篇

从金岳霖先生的哲学思想
转变中得到有益启发[*]

——在金岳霖学术思想讨论会开幕式上的讲话

　　本来决定由金先生生前好友陈岱孙先生代表北大发言，不巧他生病发烧，由我来发言。北大哲学系的师生对金先生一直怀着崇高的敬意和诚挚的爱戴。

　　表面上看，金先生在北大的时间并不长，只有四年左右，但实际上他和北大的关系是十分长久和密切的。抗日战争前，金先生就是北大的兼职教授，因此，当时的北大学生许多人都听过他的课。抗日战争期间，北大、清华和南开结成西南联合大学，金先生在联大哲学系任教授，他同北大的关系当然就更加密切了。1946 年三校复员分开了，但在 1952 年院系调整时，全国六个哲学系合并成北大哲学系，金先生又来到北大，并担任了调整后的第一任系主任。金先生调到中国科学院哲学所后，同北大哲学系一直保持着密切的联系。在北大，许多系都有金先生的老友，特别是在哲学系，50 岁以上的教师差不多都

---

　　* 发表于《金岳霖学术思想研究》（四川人民出版社 1987 年 5 月出版），为纪念金岳霖诞辰 90 周年而作。

是金先生的老友、同事或学生。我在 40 年代就是金先生的学生，在 50 年代除了在他领导下从事教学工作而外，还是他在我国新中国成立后第一个哲学刊物——《光明日报》哲学研究专刊的主编时的助手。金先生的思想、品德、学问、工作作风给北大哲学系的老师留下了深刻的印象，对我们产生了深远的影响，为我们树立了卓越的榜样。

北平解放的时候，金先生已经 50 多岁，他对西方当代哲学的研究很深，且已脱颖而出，独树一帜，形成自己的哲学体系。新中国成立以后，他在政治上和学术上都放弃了原来的立场，选择了马克思主义的道路。这种抉择绝不是赶时髦，更不是被迫的，而是他长期观察、独立思考、自由选择的结果。金先生虽然长期研究资产阶级哲学，但他是一个正直的爱国的爱护学生的学者，曾在"一二·九"运动中签名支持过爱国学生运动，对国民党的反动腐朽的统治深为不满，新中国成立后他所作出的抉择绝不是偶然的。一个长期接受并传播西方思想的老知识分子会选择马克思主义，这是值得我们今天的知识分子，特别是青年知识分子深思的。

金先生的工作作风是认真负责、深入细致的。他在 50 年代努力贯彻教学改革的方针，对把旧哲学系建成为社会主义哲学系起了重大的推动作用。他任北大系主任时，事必躬亲，不但参加学校的各种会议，而且主持系的各种会议，坚持上班处理各种具体问题。他兼任《光明日报》哲学研究专刊的主编，参加和领导全部编辑工作。从组稿、审稿到付印，他都亲自参加。每期排好清样后，他都要审阅一遍才能付印。他的眼睛历来不好，他费力地审阅稿件的情景至今历历如在目前。

这次会议不是一个单纯的纪念会，而是一次学术会议，寓纪念于学术讨论之中，我们认为是很有意义的。金先生新中国成立前的哲学思想，无疑是属于旧哲学的范畴。过去，旧哲学只有作反面教员的资格，这显然是不对的。今天应如何评价金先生过去的哲学思想的性质及其地位、有多少合理的东西可供汲取、今后如何作进一步研究，都是值得认真讨论的。很抱歉，我最近没有找到时间很好研究这些问题，因此，在今后两天的会议中我很愿意认真听取同志们对这些问题的回答，向同志们学习。但是有一点意见，我想谈一谈。

金先生的哲学思想有一个很显著的特点，即它的系统性。除去马克思主义哲学不算，他的思想体系，在我国现代哲学家中如果不说是最完整严密的，也是最完整严密的思想体系之一。极"左"路线曾把重视系统性说成教条主义、经院哲学，但是没有体系就没有科学，科学体系当然力求完整严密。马克思主义哲学是科学，当然力求建立完整严密的科学体系。诚然，我们不能像金先生当时人那样各搞一套体系，但通过共同努力建立马克思主义哲学的完整严密的体系，还是应该的，也是可能的。所以，金先生如何建立他的哲学体系，根据些什么原则来建立自己的体系，他的体系的是非得失，都可以给我们以有益的启发。当然，我们从中能够获益的绝不会仅此一点。我希望这次会议为实事求是地评价中国现代哲学家的思想体系开一个好头。

最后，作为发起单位之一，我代表北大哲学系对参加这次会议的国内外专家学者表示热烈的欢迎和衷心的谢意，预祝会议圆满成功。

从四位现代哲学体系的创立者谈起[*]

　　中国古代哲学家的哲学思想无疑是有体系的，但他们却没有建立自己的自觉的哲学体系，这是中国传统哲学的一个特点，也不能说不是一个缺点。20 世纪以来，受西方哲学的影响，我国哲学家也开始创立自己的哲学体系，其中比较著名的有熊十力先生的新唯识论、金岳霖先生的新实在论、冯友兰先生的新理学和贺麟先生的新儒学。北京大学的师生感到荣幸的是，这四位先生都是或曾经是北大的教授。

　　建立或研究哲学体系的努力曾遭到人们的非议，认为是教条主义的表现。其实不一定。任何科学对象都是一个系统，表现这个对象的科学当然应是一个思想体系，不成体系的思想自然不能完整地表现作为体系的对象。上述四位先生自觉建立自己的哲学体系，标志着中国哲学迈上了现代化的道路。马克思主义哲学是一门科学，当然有其自觉的思想体系，但过去的体系不完整、不严密，正是教条主义阻碍了马克思主义哲学体系的完整化、严密化。上述四位先生在创立哲学体系的努力中对中国哲学所作出的巨大贡献，对于建立完整、严密的马

---

　　* 本文发表于《精神的魅力》（北大校刊编辑部编，北京大学出版社 1988 年 4 月出版）。

克思主义哲学体系，无疑是很有意义的。

1986 年 3 月，中国社会科学院哲学所和北京大学哲学系联合举行贺麟先生哲学思想讨论会，贺先生也亲自参加了。会上谈到四位先生创立哲学体系的贡献时，有位年轻同志慨叹于除熊先生以外的三位先生在全国解放后放弃并批判了自己的哲学体系，没有坚持，更没有进一步丰富和发展自己的体系，致使中国哲学出现贫乏单调的局面。这引起了一场小小的争论，有的同志认为不能把三位先生的转变说成是倒退。

全国解放时，大量学者从非马克思主义转向马克思主义，从资产阶级知识分子转变成为无产阶级知识分子，有的还转变成为共产党员，如金岳霖先生、贺麟先生，这无疑是带有根本性的进步，绝不能说成是倒退，那么，相应发生的哲学思想上的根本转变怎么能说是倒退呢？应该承认，斯大林的哲学体系被看作完美无缺的体系，当代西方哲学，以及按西方哲学建立起来的哲学体系，被简单否定，这无疑阻碍了马克思主义哲学的发展，导致了单调贫乏的局面，其中有许多教训值得汲取，但不能由此得出结论把几位先生哲学上的转变说成是中国哲学的损失，把西方哲学学派林立，甚至一人一个学派的状况看作哲学最佳状况。几位先生哲学思想上的转变都是自觉的，都是他们深思熟虑的结果，正如他们创立他们的体系、熊十力先生坚持自己的体系都是自觉的一样。他们在哲学思想上的转变都是他们学术上的进步。我认为今天我们不但不应怀疑这种进步，倒是应该研究这种进步是怎样发生的，并从中得到启发，从而坚定我们坚持和发展马克思主义哲学的决心和信心，如果根本否定他们的转变，企图使我国哲学回到新中国成立前的状况，那么，这不仅是倒退，而且是这些先生所不能接受的。我们不妨分别看一看这些先生的转变。

金岳霖先生有非常完整严密的本体论体系（《论道》）和认识论体系（《知识论》），而他的认识论又是以他的本体论为基础的。由于他在逻辑学方面有极高的造诣，他的哲学体系具有极强的逻辑性。他的哲学著作采用了丰富的民族语言，具有强烈的民族特色。冯友兰先生曾说："'理有固然，势无必至。'金先生善于用中国成语说哲学命题，此其一例也。"金先生的哲学体系中不但有许多正确的东西值得汲取，就是他建立哲学体系的严谨学风和科学态度也是值得学习的。金先生新中国成立后进行的一些自我批判，有许多过火之处，否定过多。但从根本上说，金先生的哲学体系是非马克思主义的，他随着自己政治立场的转变而实现了哲学思想的转变，当然是根本性的进步，而且这种转变是他不断独立思索的结果。有一段趣闻足以说明金先生是绝不盲从的。北京解放后，艾思奇同志（一称先生，一称同志，均从当时习惯，不含任何褒贬之意）去清华大学讲学，按当时流行观点把形式逻辑说成形而上学，金先生当面对他说，你的每一句话都是符合形式逻辑的。现在金先生的《论道》和《知识论》均已重新出版，我们可以从金先生的思想转变中和他的著作中学到许多有益的东西。

冯友兰先生建立了一个庞大而完整严密的哲学体系，这就是他的《贞元六书》，即《新理学》、《新事论》、《新知言》、《新原人》、《新原道》和《新世训》。这个体系包括了本体论、历史观、认识论、伦理学等一系列丰富的内容。冯先生在中国哲学史方面也有极深的造诣。他新中国成立前出版的《中国哲学史》是我国第一部内容最完整的中国哲学史著作，因而他的体系也极富于民族语言的特色。毋庸讳言，新中国成立后中国哲学界对冯先生进行了过火的批判，有的批判不是实事求是的，例如对所谓"抽象继承法"的批判。冯先生认为对古代哲学思想的继承要区别一个哲学命题的抽象意义和具体意义，对有些哲学命题要抛弃其具体意义（特殊的意义），而汲取其抽象意义（普遍的意义），这就是继承。这本来是合理的，后来有人把这一观点夸大成一个普遍原则，并称之为"抽象继承法"，加以批判，这种批判对学术事业的发展显然是不利的。尽管如此，冯先生过去的体系确是非马克思主义的，他加以抛弃而转向马克思主义仍然是带有根本性的进步。冯先生坚持用马克思主义观点重新撰写中国哲学史，中间几经波折，至今，仍以93岁高龄，孜孜不倦地在助手帮助下撰写巨著《中国哲学史新编》，接近完成。冯先生走过的道路，无疑会给我们以极大的启发。

　　贺麟先生在新中国成立前不但以新儒学知名，尤以黑格尔哲学专家著称。他在新中国成立后的转变所迈的步子比金先生和冯先生还要大。如果谁告诉他，他的哲学思想的转变是一种倒退，他会嗤之以鼻的。他曾是一个国民党党员，经过几十年的转变，终于在前几年加入了中国共产党。我听到后心潮起伏，激荡难平。了解贺先生的人都会理解这一事件不但能典型地说明党的知识分子政策，而且能典型地说明饱经忧患、经过艰难曲折道路的老年知识分子如何为马克思主义所吸引。贺先生曾对我说过，他虽然在新中国成立前已经以黑格尔专家为人所知，但真正对黑格尔哲学有深刻的理解，还是在新中国成立后认真学习了马克思主义，用马克思主义来研究黑格尔著作之后。马克思主义不仅指引他走上了正确的政治道路，而且指引他走上了正确的学术道路。

　　熊十力先生，我了解很少，没有多少想法好谈。但可以肯定的是，熊先生的哲学体系有其明显的特色，在中国现代哲学史上有重要的地位。熊先生在新中国成立后坚持原有观点，是完全允许的。

　　现在有少数青年人，对马克思主义哲学知道得不多不深，对西方哲学也是一知半解，便侈言马克思主义哲学这里过时了、那里陈腐了，而西方哲学这也是好的，那也是好的。他们忘记了马克思主义哲学就是一种西方哲学，马克思主义哲学脱胎于传统的西方哲学又超出了传统的西方哲学。马克思主义哲学本身要建设、要发展，西方哲学，特别是当代西方哲学，能给马克思主义哲学提供许多新东西和借鉴。马克思主义哲学不能故步自封，而要兼收并蓄，但这要有一个前提，即坚持马克思主义哲学的基本立场和基本观点。我们感到欣慰的是，今天已涌现了一批既对马克思主义哲学有深厚功底，又能倾听实践和时代的呼声，视野开阔、思想活跃的青年学者，他们将是坚持和发展马克思主义哲学的中坚力量。为了巩固和壮大这股力量，研究我国老一辈哲学家所走过的道路，特别是自己具有完整严密的哲学体系的老年哲学家所走过的从非马克思主义转向马克思主义的思想转变道路，无疑是一项富有教益而又引人入胜的工作。我希望有青年学者从事这一工作。

心怀祖国　志在真理[*]

——纪念冯友兰先生诞辰一百周年

我 1942 年进西南联大上学，不久就认识了冯友兰先生，那时他给全体文理法学院的新生上公共课——《新世训》。后来我又听过他讲的《中国哲学史》。1946 年西南联大分校复员，冯先生回清华，我分到北大。1952 年院系调整，冯先生调来北大，我们成为同事，直至冯先生逝世。这样，我同冯先生前后有 40 多年的交往，虽然不同在一个教研室，但对他也有一些了解。关于冯先生的里程碑式的学术成就和崇高的学术地位，已有不少评论，我缺乏研究提不出什么独特的看法，今天我想就冯先生的品格谈几点体会，来纪念冯先生的百岁诞辰。

首先，我认为冯先生的爱国主义精神是值得后辈，特别是今天的青年们效仿的。1947 年解放战争的胜利已成定局的时候，大陆一些人纷纷出走，那时冯先生在美国讲学，友人劝他留下来长期往下走，而冯先生却毅然启程回国，他说他对劝他留下的友人说："俄国革命以后，有些俄国人跑到中国居留，称为'白俄'，我绝不当'白华'。解

---

[*]　此文曾在 1995 年 1 月 30 日纪念冯友兰先生诞辰 100 周年座谈会上宣读。

放军越是胜利，我越是要赶快回去，怕的是全中国解放了，中美交通断绝。"① 他常常想到王粲《登楼赋》里的两句话："虽信美而非吾土兮，曾何足以少留？" 1948 年北平已处于解放军的包围之中，一些教授纷纷南下，这时冯先生是怎么想的呢？他说："但是我的态度是，无论什么党派当权，只要它能把中国治理好，我都拥护。"② 冯先生留下不走是很自然的，否则他何必急急忙忙赶回去呢？清华大学校长梅贻琦先生把清华完整地交给了冯先生，冯先生又把清华完整地交给了人民。冯先生的真挚的深沉的爱国主义精神还有另外许多的表现，单从这两次去留的选择来看，他深深懂得每个中国人都有责任把中国的事情办好，中国人的事业归根到底在中国，这就是爱国主义的精髓。

其次，我认为冯先生从"新理学"向马克思主义的转变是值得我们深思的。十多年前在一次讨论贺麟先生的哲学思想的会议上，有人谈到新中国成立前有四位建立了自己的哲学体系的哲学家，即贺麟先生、金岳霖先生、冯友兰先生和熊十力先生，前三位在新中国成立后都批判了自己的体系，接受了马克思主义，只有熊先生坚持了自己的体系。有位青年学者认为这是中国哲学的不幸，如果他们都能坚持自己的体系并发扬光大之，中国哲学就不致陷入几十年停滞贫乏的境地了。会上引起了一场小小的争论。这场争论涉及不仅评价马克思主义哲学和非马克思主义哲学、如何评价新中国成立以来的中国哲学、如何估计中国哲学的前景等重大理论问题，这篇短文不可能讨论这些问题，但在这里确实应该深入思考一下冯先生的转变。冯先生的新理学，内容十分丰富，体系极其完整，《贞元六书》包括了本体论、历史观、政治哲学、认识论、伦理学和人生观的一整套思想。一般来说，体系越完整，越难以放弃，冯先生为什么毅然决然放弃了它而接受马克思主义呢？可能有人会认为这不过是迫于政治上的压力，放弃与接受都不见得是真诚的。50 年代不是就有人说过冯先生的新理学体系仍然是原封不动吗？我认为这种猜测是难以成立的。学术上的转变诚然是困

---

① 冯友兰：《三松堂全集》第 1 卷，河南人民出版社 1985 年版，第 117 页。
② 冯友兰：《三松堂全集》第 1 卷，河南人民出版社 1985 年版，第 119 页。

难的，长期的，转变也不一定是很彻底的，但从冯先生在新中国成立后立志在马克思主义的立场、观点和方法指导下重写中国哲学史，40年数易其稿，终于完成《中国哲学史新编》（七卷）的实践中，从冯先生引起的几次理论争论中（这点下面还要谈到），我认为冯先生的转变是真诚的。在我看来，勿需争论这个问题，应该好好研究一下中国老一代知识分子为什么一般都经历了这种转变，并从中引出正确的结论。这个问题要研究清楚当然是很不容易的，但简单说起来，我认为不外乎两个原因，一个是因为马克思主义总是为人民大众的利益说话的，总是诉诸事实、诉诸实践及科学的，这是任何一种思想体系所不能比拟的；另一个是因为中国老一代知识分子总是爱国的、正直的、服膺真理的。冯先生正是老一代知识分子的一位杰出的代表。应该充分肯定冯先生的转变并学习他在这种转变中表现出来的优秀品质，至于他的论著和观点当然都是可以评论的。

第三，冯先生坚持真理的精神是十分令人敬佩，值得认真学习的。坚持多数人都认可的这并不难，难在坚持多数人都不承认甚至反对的真理，我认为冯先生的可贵之处就在于能坚持这种真理。这需要坚定的理论勇气，只要自信有把握确定其真理性的观点就要坚持，不怕反对，不怕批判。冯先生在若干问题上都表现出这种勇气。冯先生在50年代提出的关于一些命题的一般意义可以继承的观点[1]当时曾引起广泛的反对，我也是反对者之一，但其基本观点冯先生一直坚持，近年来我经过反复思考，认为冯先生的观点是有道理的[2]，他对此观点的坚持是他的理论勇气的表现。他后来提出的关于哲学系要培养理论工作者的观点也被误解成了主张理论脱离实际，又引起了一场争论和批评，其实这个观点也是很有道理的。

冯先生是人们公认的一代哲学大师，然而他的文风特别朴实，说明白实话，绝不故作高深，绝不故弄玄虚，没有含糊其辞，没有模棱

---

[1] 即所谓"抽象继承法"。

[2] 参见我在《北京大学学报》1994年第6期上的文章《对冯友兰先生"抽象继承法"的重新认识》。

两可，为什么会这样呢？我想这是因为冯先生要追求的是真理，要表达的是真理，而真理总是老老实实的。朴实的文风也可以说是冯先生坚持真理精神的一种表现。

像胡绳同志那样进行两条战线的斗争[*]

胡绳同志50年代初曾在北大哲学系讲授毛泽东思想，他当时讲的一个思想给我留下深刻的印象，至今虽已40多年，我一直记得清清楚楚，那就是：我们要进行两条战线的斗争。这指的不是两条路线的斗争，而是既要反"左"，又要反右的两面作战。两面作战即反对思想的片面性和极端化，表现了思想的全面性，是矛盾规律的正确运用，当然，在不同条件下，哪一条战线是重点，会有所不同，这是无疑的，比如今天反"左"，仍然是重点，但如果因此而忽视另一方面，就会陷入片面性。"两条战线"这个术语如今已不大使用，但其精神实质是不会过时的。读了《胡绳文集》（1979—1994），感到其中处处闪耀着这种思想的光辉，给人以深刻的启示。

过去我们吃够了教条主义的苦头，邓小平重申了解放思想、实事求是的马克思主义思想路线，为十多年来的改革开放奠定了思想基础。今天提倡解放思想、实事求是，反对"左"的教条主义仍然是思想战线的重点，这一点在《胡绳文集》中得到了充分的体现。作为历史学

---

　　* 本文发表于《中共党史研究》1995年第3期，为"《胡绳文集》（1979—1994）座谈会"发言稿。

家，胡绳同志用确凿的历史材料充分论述了教条主义的危害，例如对50年代中期农业合作化运动中不管中国国情一味追求大与公的倾向的分析，十分令人信服。但如果把实际同理论对立起来，以致否定正确理论的指导，那就陷入了另一种片面性，即经验主义或实用主义的片面性。胡绳同志在文集中专门谈到过这个问题，他说："从抽象的概念、教条出发，不顾实际，怎么能制定出正确的方针、政策？但是……并不是只要从实际出发，就一定能得出正确的结论。还要有正确理论的指导。1978年邓小平同志在十一届三中全会时，并不只是说了'一切从实际出发'这一句话。他说：'解放思想，坚持实事求是，一切从实际出发，理论联系实际'；号召全党重新进行一次学习……我们党的原则是：马克思主义的普遍原理和中国的具体实践相结合。"（《胡绳文集》第83—84页，以下页码均为该文集的页码）我认为这是对"解放思想，实事求是"思想路线的确切的阐释，光死死抓住"解放思想，实事求是"八个字，排斥正确思想的指导，只是一种望文生义的曲解。

马克思主义理论与中国国情的关系问题，即社会主义理论与中国国情的关系问题，在马克思主义传入中国的初期发生过争论，至今仍有争论，这里也存在着两条战线的斗争。文集中有好几篇文章都是论述这个问题的。胡绳同志指出："最早期的中国马克思主义者曾经以为，只要把西方国家中无产阶级的社会主义革命的办法搬到中国来，就能够解决中国问题。"而另外一种观点则认为："中国自古以来就没有阶级和阶级斗争，中国近代社会的发展也不能用阶级斗争的观点来解释，中国的国情是如此'特殊'，以至于马克思主义的历史唯物主义、阶级斗争学说和社会主义理论对中国是完全不适用的。"（17—18页）以毛泽东为代表的中国共产党人一直在进行两条战线的斗争，一方面同"左"的教条主义作战，一方面同右的"中国特殊论"作战。

改革开放十多年来，这两条战线的斗争也一直没有停息，但表现形式有了鲜明的特色，从"左"面来的是反对改革开放的教条主义，从右面来的是不要四项基本原则的自由化倾向。胡绳同志的《关于防

"左"》一文是批判教条主义的，指出一要防止再"以阶级斗争为纲"，二要防止因为怕资本主义而不改革开放；他的"什么是社会主义，如何建设社会主义？"一文则是针对教条主义正面论述了改革开放理论，即有中国特色的社会主义理论。而"马克思主义和中国国情"和"为什么中国不能走资本主义道路"则是反对资产阶级自由化思潮的，他用无可辩驳的历史事实指出中国之所以没有走上资本主义道路，是因为半殖民地半封建的中国除了无产阶级及其政党中国共产党而外，没有哪个阶级及其政党能够解决中国的独立问题、土地问题与民主和统一问题（第43页）。中国人民选择了经过新民主主义达到社会主义的道路，这是唯一正确的选择。中国只有循着社会主义道路才能成为发达的现代化国家，中国要成为发达的资本主义国家是不可能的。在这些以及其他文章中，胡绳同志反复论证了马克思主义普遍原理必须与中国实际相结合的道理，指出任何一种片面性都会把中国的现代化事业引向失败。在全国全党深入学习邓小平建设有中国特色的社会主义理论的今天，胡绳同志关于两条战线的斗争的思想能够帮助我们准确掌握这一理论的精神实质。

胡绳同志自称自己的文章很少是"纯学术性"的，但我感到他的文章有很浓厚的学术性，因为他的文章有很丰富的事实材料、逻辑性很强的理论剖析，虽是朴实无华，却又鞭辟入里。他的文章，跟他的讲话一样，总是引导人进行多层次多方面的深思，而不致陷入片面性和极端化。胡绳同志的思想和文风都是值得我进一步学习的。

学习杨献珍同志的
理论勇气和科学精神[*]

　　杨献珍同志是我国有重大影响的马克思主义理论家和哲学家。我听过他的报告、发言，读过他的著作，虽然同他没有个人接触，也向他学习了许多尔西。他讲解的《唯物主义和经验批判主义》的讲稿和《什么是唯物主义》旗帜鲜明地宣传和阐发了辩证唯物主义反映论的基本观点，对我的影响尤其深刻。在 50、60 年代的三次大的哲学争论中，即关于过渡时期的经济基础、思维与存在的同一性和合二而一的争论中，他都是主角，因而也是主要的被迫害者。我没有直接参加这几场争论，但作为一个马克思主义哲学的理论工作者，对这几场争论的缘起、过程和结局都是十分关注的，也有一些想法。今天谈一谈，作为我对这位重要的马克思主义哲学家诞辰 100 周年的纪念。

　　第一，应当认真总结和吸取三场争论的经验教训，正确处理学术与政治的关系问题。改革开放以来，这个问题已逐渐得到解决，但在"文革"中和"文革"以前，这是一直困扰着理论界的一个问题，三

---

　　* 本文发表于《坚持和弘扬彻底唯物主义精神》（中共中央党校出 1997 年 12 月出版）。

次争论都是以学术问题的争论开始而以政治问题告终，树立了政治干预、扼杀学术争论的三个恶劣的样板。在这种条件下，学术事业是很难繁荣兴旺的。在三次争论中被扼杀的不仅是以杨献珍同志为代表的那一派的观点，而是整个马克思主义学术事业，是整个中华人民共和国的学术事业。学术问题是是非问题，政治问题是利害问题，或者说，学术论断是事实判断，政治论断是价值判断，但学术论断也会有政治效果，而政治论断也有是非曲直，因此，学术问题与政治问题可以相对地区分开来，而不能截然分开。对无产阶级或马克思主义来讲，学术问题与政治问题从根本上说是一致的，但并不是任何时候、任何条件下都一致，特别是当学术问题正在探讨之中，其是非曲直尚难下结论，如果此时便下某种政治结论，学术性的探讨就无法继续了。

上述三次争论，本来都是学术问题，这些问题与政治的关系无疑是很密切的，过渡时期的经济基础问题本身就是一个政治理论问题，但首先要争论的是其是非问题，一对它们作出政治结论，那还有什么是非问题可言呢？学术上的争论也就夭折了。三次争论都半途而废的教训是沉痛的，今天我们仍然应该认真地吸取。

第二，多年来我对杨献珍同志对马克思主义的坚定信念、从事研究的科学态度和提出新观点的理论勇气感到十分敬佩，我认为这是很值得今天的青年理论工作者学习的。杨献珍同志为了宣传和阐发马克思主义理论，作了无数次报告和大量内部发行和公开出版的论著，他对马克思主义理论的执著追求和坚定信仰溢于言表，读过他的书的人我想都会有此感受。但他并不拘泥于马克思主义的片言只语，而是把它们联系起来理解，而且用社会实践经验加以验证，努力阐明其基本观点，并用以分析现实问题，从实际研究中引出自己的结论。我认为这是阅读马克思主义著作和研究现实问题的科学态度。抽象地说，这种观点可以得到人们的认可，但要在科学研究的实践中真正做到，则需要很大的理论勇气。一个社会的经济基础是占统治地位的所有制，而作为经济基础的生产关系的总和是占统治地位的所有制内部的关系的总和——这是 50 年代（甚至是今天）从苏联教科书传过来的观点，被认为是唯一正确的马克思主义观点。杨献珍同志在 50 年代初期提出的关于新民主主义社会或过渡时期经济基础的观点不仅是一种解释中国社会经济基础的新观点，而且在理论上也违背了苏联教科书的观点，这在当时是离经叛道的，确实需要很大的理论勇气或者说政治勇气，才敢提出来。今天的条件当然比当时好多了，但我认为这种独立思考、有根有据地提出新观点的精神仍然是值得倡导的。

第三，杨献珍同志所倡导和坚持的有些观点在今天仍然有十分重要的现实意义，应该大力加以发扬，或者加以进一步探讨。我在前面已谈到，杨献珍同志在阐明辩证唯物主义反映论方面作出了重大的贡献，但十多年来，唯物主义和反映论受到了多方贬低、攻击，甚至根本否定，使辩证唯物主义反映论黯然失色，似乎成了历史上陈旧的东西。我绝不是否认过去阐释的辩证唯物主义反映论毫无简单化、片面之处，绝不是认为它不需要随时代的发展而不断发展，但其基本观点是不能动摇的，因为它植根于全部人类实践的总和与长期科学发展的深厚土壤之中，连攻击唯物主义和反映论的那些人在实践上（包括物质实践和非物质实践）也一刻离不开唯物主义和反映论。为了深入改革开放和实现社会主义现代化，有必要大力发扬辩证唯物主义反映论，像杨献珍同志当年所做的那样。邓小平同志倡导的“解放思想，实事求是”就是辩证唯物主义反映论的中国式的表述。江泽民同志最近强调区分唯物主义和唯心主义的界限，也反映了辩证唯物主义反映论的重要意义。

杨献珍同志提出的关于经济基础的理解，我认为今天仍有进一步探讨的必要。教科书对经济基础的那种理解未必符合经典作家的论述，也不符合人类社会实际情况，但至今仍是多数人认可的观点。这是个很复杂的问题，应该专题研究和讨论，今天不可能作进一步分析。我只想提出两个问题：（一）既然没有一种社会经济形态只有一种所有制，既然不占主导地位的所有制为这个社会提供了农业产品、工业产品、社会服务，从经济上支撑了这个社会，为什么它们不是这个社会的经济基础的一部分呢？（二）承认某种所有制是某种社会的经济基础的一部分是否就是承认它应该发展壮大而不能加以限制或消灭？我认为对前一个问题应给以肯定的回答，对后一个问题应给以否定的回答。总之，杨献珍同志提出的有些问题今天仍未得到解决，这些问题的解决在今天对于坚持和发展马克思主义哲学是有重要意义的。

钱 学 森 与 辩 证 唯 物 主 义 [*]

钱学森同志是我国杰出的科学家，他不但对中国高科技的发展发挥了巨大作用，在世界科学界也享有崇高的声誉。就是这样一位一直活跃在科学发展前沿的科学家，自觉地信奉辩证唯物主义，这当然同他的政治立场的转变有关，但更重要的是由于他对人类科学体系和科学史的正确理解。正如列宁在 20 世纪初谈论现代物理学与辩证唯物主义的关系时所说的："现代物理学是在临产中。它正在生产辩证唯物主义。"① 钱学森同志的辩证唯物主义思想虽然不是由他独创地从现代科学中概括出来的，而是通过马克思主义的中介，但它在现代科学中有其深厚的基础则是非常明显的。现在我国哲学界对辩证唯物主义的评价分歧甚大，因此，探讨钱学森同志如何看待辩证唯物主义，一定会给我们很多发人深省的启发。

我本来想充分搜集钱学森同志的哲学言论，加以深入系统地研究，

---

* 本文为"钱学森科学贡献暨学术思想研讨会"发言稿，为祝贺钱学森 90 华诞而作；发表于《钱学森科学贡献暨学术思想研讨会论文集》（北京科学技术出版社 2001 年 12 月出版）；《南通师范学院学报》2001 年第 4 期摘登。

① 《列宁选集》第 1 版第 2 卷，第 216 页。

全面论述他关于辩证唯物主义的观点，但由于种种原因，现在我只能讨论他的现代科学技术体系与辩证唯物主义的关系，并在他的观点的启发下评价一下近年来关于辩证唯物主义的错误观点。

一、世纪之交一股强劲的否定辩证唯物主义世界观的思潮

在这世纪之交，我国马克思主义哲学——辩证唯物主义与历史唯物主义的命运受到广泛的关注，许多哲学家或在会议上发言，或写文章，来反思它的过去，考察它的现在，展望它的未来。人们发表了分歧很大的意见，其中不乏根本否定马克思主义哲学特别是辩证唯物主义世界观的观点。辩证唯物主义世界观几乎成了许多观点围攻的中心。他们把辩证唯物主义与历史唯物主义叫作正统的或官方的马克思主义哲学、传统的即非现代的马克思主义哲学、讲坛哲学、教科书哲学、教条主义哲学、僵化哲学体系，等等。他们立论的根据是什么呢？概括起来，大致有：

（一）辩证唯物主义不是马克思的哲学。他们认为马克思没有称自己的哲学为辩证唯物主义。有的人认为辩证唯物主义是斯大林的哲学体系，有的人则承认它是恩格斯的哲学和列宁的哲学。那么，马克思的哲学是什么呢？有各种回答：或是实践唯物主义，或是实践哲学，或是人本主义，或是实践人本主义，或是辩证方法，或仅仅是历史唯物主义。现在流行着一个口号"回到马克思"，或是"走近马克思"。有的人是强调要挖掘马克思的论著中过去忽视了的思想，但对有的人来说，其潜台词是：恩格斯以来，离马克思越来越远了。有的人说的马克思实际是青年马克思，按照这种理解，《共产党宣言》发表以来，马克思离他自己也越来越远了。

（二）辩证唯物主义已经远远落后于时代的发展。他们认为它是19世纪末期和20世纪初期的哲学，七八十年来世界形势已经大大改变了；它也没有反映20世纪特别是"二战"以后的科技革命；现当代西方哲学也有了很大的发展，比较起来，现当代西方哲学是同时代的发展相适应的，而辩证唯物主义和历史唯物主义是与时代的发展格格

不入的。根据近期发表的文章，有一种观点甚为流行，它认为古代的哲学是本体论，近代的哲学是认识论，现代哲学是实践论，当代哲学是人学。另一种观点认为古近代哲学的思维方式是主客二分，现当代哲学的思维方式是主客统一。第三种观点认为古近代哲学研究实体，现当代哲学研究关系；马克思的哲学属于现当代，而辩证唯物主义和历史唯物主义属于近代。第四种观点认为辩证唯物主义见物不见人，而现当代哲学的研究对象离不开人，马克思虽然自称是唯物主义者，却不属于见物不见人的辩证唯物主义。在哲学转向的思想影响下，有不少人认为哲学的对象不再是作为一个整体的客观的物质世界及其一般规律，而是人与世界的关系，有的人说哲学的对象是主体和客体的关系，或者说是知识，或者说是实践，或者说是人或属人的世界。还有人认为马克思主义哲学的对象是人类社会的历史，即唯物史观。有的人认为马克思主义哲学的对象是思维方式，它就是方法论。总之，马克思主义世界观——辩证唯物主义是难以继续存在下去了，它已经过时了。

（三）哲学不是知识，不可能成为科学，而是个性化的思想意识。在他们看来，哲学根本不是科学。科学是有客观标准的，因而是能达成共识的。马克思主义哲学自认为是科学，要求人们在哲学思想上达到尽可能的共识，这是与哲学的根本性质相违背的。

持以上观点的学者都自认为是马克思主义者，有的是改革开放以来崭露头角的中青年哲学家，有的是从事马克思主义哲学研究和教学工作数十年的资深学者、教授。这种现象在贯彻"双百方针"和开展学术研究的过程中出现是正常的，甚至可以说是不可避免的，但是我认为马克思主义理论界也不能对这种现象采取放任自流的态度，不予理睬，而应该辨明是非，澄清混乱，使马克思主义哲学能够适应时代的发展而健康地发展。我近年来，确切地说近十多年来，就在从事这一工作，一方面同我认为是错误的观点争论，一方面反省辩证唯物主义和历史唯物主义本身原有的缺点和问题，分辨它的观点哪些是正确的，应当坚持；哪些过时了，应当改变或否定；以便在条件成熟的时候建构马克思主义哲学的新形态。

在这一过程中，我对钱学森同志的哲学思想，特别是他对辩证唯物主义的态度和观点，有所了解。他的思想使我受到极大的鼓舞和启发，他并没有参与哲学界的争论，没有全面回答和分析那些否定辩证唯物主义世界观的观点，但他的思想确实对那些否定辩证唯物主义世界观的观点，特别是对辩证唯物主义过时论，从科学技术革命的角度，树立了一堵难以超越的铜墙铁壁。我没有系统研究过钱学森同志的哲学思想，下面只是就我所了解的他的有些辩证唯物主义的言论，特别是他如何规定辩证唯物主义在他的现代科学技术体系中的位置，谈谈我受到了哪些启发。

二、钱学森现代科学技术体系中辩证唯物主义的位置

科学发展到今天，人们几乎已达成了一种共识：由于整个宇宙是一个系统，对这个宇宙的分门别类的研究，即不同层次和不同领域的科学，也应该是一个通过各式各样直接或间接的复杂联系而形成的体系，实际上随着科学的发展也正在形成一个体系。从这个意义上讲，多门科学成了一门科学。马克思在100多年前已经提出过一门科学思想，今天可以说多数人已经认可这个思想，科学家们或哲学家们已经提出过多种科学体系来表现宇宙这个系统，钱学森同志提出的现代科学技术体系是其中很有特色的一种理论。

钱学森同志从现代科技技术的发展情况出发，把科学技术分为11大部门，即自然科学、社会科学、数学科学、系统科学、思维科学、人体科学、军事科学、行为科学、地理科学、建筑科学和文艺理论。每一部门又分为三个层次：基础科学、技术科学和工程技术。这种分类是发展的，将随着科学情况的发展而发展变化。实际上，在钱学森同志那里已经有过多次变化，最初曾提出过四大部门，后又提出过九大部门、十大部门，原来没有建筑科学，现在加上了。[1] 这种分类体现

---

① 钱学敏：《试论钱学森"大成智慧学"》，载《首都师范大学学报》1979年第3期。

了钱学森同志对现代科学技术情况的独特的理解。特别令人感兴趣的
是，他用什么方式来表达现代科学技术的统一性，他采取的方式就是
用辩证唯物主义及其 11 个部门哲学来把这 11 门类科学联系成为一个
整体，这样钱学森的现代科学技术体系就呈现出三个层次：第一层次
是辩证唯物主义，第二层次是自然辩证法、唯物史观、数学哲学、系
统论、认识论、人天观、军事辩证法、社会论、地理哲学、建筑哲学
和美学；第三层次是前面列举的 11 门科学。钱学敏教授给我提供的一
封书信中，钱学森同志把社会论改为人学，以与行为科学相对应。第
二层次与第三层次一一对应，成为第三层联系辩证唯物主义的桥梁。
如图所示：

哲学	辩正唯物主义										
	自然辩证法	唯物主义	数学哲学	系统论	认识论	人天观	军事辩证法	人学	地理哲学	建筑哲学	美学
基础科学	自然科学	社会科学	数学科学	系统科学	思维科学	人体科学	军事科学	行为科学	地理科学	建筑科学	文艺理论
技术科学											
工程技术											

从这个科学体系我们可以看出钱学森同志把辩证唯物主义世界观
摆到科学技术的顶尖地位，不仅是哲学的核心，实际上成了整个科学
技术体系的核心。

三、钱学森现代科学技术体系的哲学内涵

从钱学森同志在他的科学技术体系中如何安排哲学的位置，特别
是辩证唯物主义世界观的位置，我们可以引申出以下一些哲学思想。

第一，哲学，确切点说，马克思主义哲学，即辩证唯物主义及其
部门哲学，是科学技术体系的成员，它们都具有真理性，即科学性。

哲学与科学并无本质区别，他们的差别不过是科学与科学间的差别，即研究对象和对象层次间的差别。钱学森同志明确地说："把马克思主义哲学放在科学技术体系的最高层次，也说明了马克思主义哲学的实质：它绝不是独立于现代科学技术之外，它是和现代科学技术紧密相连的。"

　　第二，辩证唯物主义是世界观，辩证法是世界观的一部分，认识论和唯物史观是部门哲学。哲学界的流行说法是：马克思主义哲学是辩证唯物主义和历史唯物主义，而辩证唯物主义和历史唯物主义是共产党的世界观和方法论。还有些人认为哲学就是认识论，也有些人认为马克思主义哲学就是唯物史观。这些说法都是不确切的。这种混乱，我认为可能是由于"哲学"这个含糊不清的名称引起的。科学都是以对象命名的，可以顾名而思其对象。而哲学则否，这就给随意理解其对象提供了可能。按其内容加以分析，辩证唯物主义和历史唯物主义可分为三部分：辩证唯物主义包含宇宙观和认识论。历史唯物主义即历史观，因此，笼统称之为宇宙观是不确切的，称之为方法论更不确切。方法论应该是以方法为研究对象的科学，但辩证唯物主义和历史唯物主义中并没有这个内容，有的是方法，即原理的应用。方法与方法论不是一回事。辩证唯物主义与历史唯物主义被称为方法论可能与其中的辩证法部分有关，辩证法首先不是方法而是理论，"dialectics"一律译为辩证法是不确切的，辩证法作为方法可以译为辩证法，但作为客观规律应为辩证律，作为理论，应译为辩证论。我并不主张改变习惯译法，但应有正确的理解。我认为钱学森同志的科学体系的安排是科学的。看来他是从科学的研究对象出发来作此安排的。他把认识论、唯物史观与辩证唯物主义区别开来，把辩证唯物主义视作最高层次的世界观，而把认识论与唯物史观作为部门哲学，视作辩证唯物主义世界观与思维科学、社会科学联系的桥梁。这样，他所说的辩证唯物主义在内容上已不同于一般教科书所说的辩证唯物主义，而只是唯物主义的辩证的世界观。

　　第三，部门哲学是辩证唯物主义与一切科学技术的联系的桥梁，辩证唯物主义通过部门哲学而从科学技术汲取丰富的发展自己的营养，而各门科学技术则通过部门哲学从辩证唯物主义取得认识世界和改造世界的一般方法，即哲学的思想指导。这个科学体系实际是一个多层次的金字塔式的体系，每一基础科学又包含若干层次的部门科学和交叉科学，使之成为一个以辩证唯物主义为塔尖的、上部数量较少而一般性强、下部数量较多而特殊性强的各种科学和技术纵横交错的有机整体。要用一个理论体系或一个图表来完整地严密地描绘出客观存在的现代科学技术体系是很困难的，但钱学森同志的关于现代科学技术体系的思路是科学的、符合实际的，它有利于克服分门别类的研究和职业分工所带来的只分不合、孤立片面的思维方式，更有利于克服把哲学排斥于现代科学技术之外的错误倾向。钱学森同志明确指明了哲学与科学技术的这种互相依赖和互相推动的关系，他说："哲学作为科学技术的最高概括，它是扎根于科学技术中的，是以人的社会实践为基础的；哲学不能反对也不能否定科学技术的发展，只能因科学技术的发展而发展，不然岂不僵化了吗？"① 又说："在本世纪杰出的理论物理学家如 A.爱因斯坦和 W.包利，尽管有他们的局限性，但都对自然辩证法的发展作过贡献。"② 另一方面，他又指明了马克思主义哲学对科学的指导作用，他说："马克思主义哲学作为科学技术的最高理论，就必须用来指导科学技术的进一步发展……自然科学、数学以及技术科学、工程技术都必须以自然辩证法为指导。"③ 后来他在《社会主义现代化建设的科学和系统工程》一书中对马克思主义哲学与科学技术的关系有一段全面的完整的论述。他说："所有的科学技术工作，自然科学、社会科学、技术科学、数学、工程技术，不用马克思主义的哲学来指导，或者不重视马克思主义的哲学对于科学研究的指导作

---

① 钱学森：《科学学、科学技术体育学、马克思主义哲学》，载《哲学研究》1979 年第
1 期。

② 钱学森：《科学学、科学技术体育学、马克思主义哲学》，载《哲学研究》1979 年第
1 期。

③ 钱学森：《科学学、科学技术体育学、马克思主义哲学》，载《哲学研究》1979 年第
1 期。

用，是危险的。我们一方面必须认为马克思主义哲学本身是要发展的，它要随着人类社会实践的积累而发展。发展了的自然科学、社会科学、数学、技术科学、工程技术，又影响马克思主义哲学的发展。另一方面，我们也必须承认马克思主义的哲学在任何时候都对于科学技术的发展有指导的意义。这就是理论和实践辩证的关系。科学技术的整个体系包括哲学。六个组成部分，随着社会实践的发展还会有变化。"①

　　第四，哲学通过现代科学技术体系而与人类的认识活动和实践活动以及外部客观世界相联系，这种联系是间接的，但在一定情况下也可以产生直接联系。有的人认为哲学是虚无缥缈、脱离实际的纯思辨的东西，也有人虽然不否定它同实践活动和外部世界的联系，但认为这个联系仅仅是间接的，不是直接的，因而无法用实践来检验哲学命题的真理性。但钱学森同志的整个现代科学技术体系，包括哲学，都是建立在实践及其经验的基础上，是整个客观世界的反映，其中任何一个部分归根结底都应以实践来检验，这种检验有的是间接的，有的是直接的，但很难讲有一部分仅仅是间接的，而不可能是直接的。钱学森同志认为，"马克思主义哲学，辩证唯物主义是人类知识的最高概括"，"也是人的一切实践的概括"。② 钱学森同志在给钱学敏教授的一封信中指出，马列主义要发展，绝不能脱离实践，他提出："一、要联系实际，多做社会调查。二、要知道今日社会科学和自然科学、工程技术的新进展，多与第一线的人交流讨论，也可去参加科技新发展的研讨会，多多吸取营养。三、对中国古代哲学思想也要取其精华，不能盲目崇古。四、一定要分清是非，不能跟洋人跑，搞'西化'。"这些意见我认为对今天坚持和发展马克思主义哲学的工作是有很大的启发意义的。钱学森同志十分重视解放思想、开拓创新，但他并不主张怀疑一切，他说："科学是无禁区的，但首先要看那个'禁区'的区

---

　　① 钱学森：《社会主义现代化建设的科学和系统工程》，中共中央党校出版社1987年版。

　　② 钱学敏：《试论钱学森"大成智慧学"》，载《首都师范大学报》1979年第3期。

存在不存在。"① 他举例说，"有限宇宙"、永动机都是海市蜃楼。这些话对于那些不要坚持只要发展的人是一个忠告。

我认为钱学森同志自己所表述的哲学观点和我从他的科学技术体系中所引申出来的哲学观点，同我前面所介绍的那些错误观点，是不相容的。他没有直接涉及哲学转型论，但按照他所了解的马克思主义哲学，世界观（本体论）、认识论、历史论、人学都是哲学家族的成员，没有谁取代谁的问题，它们同时存在，各不相悖。他的观点同辩证唯物主义过时论是根本对立的，在他那里，辩证唯物主义的身份（世界观）明确了，不但没有过时，而且永不会过时，虽然它要不断发展，但已与人类的科学和实践结下了不解之缘。至于哲学非知识论，其谬误更是显而易见的。如果哲学不是知识，不是学科，而是个性化的思想，它们还能成为现代科学技术体系的成员吗？

经过这一番简短的考察，我的最后结论是：哲学家们，尤其是马克思主义哲学家们，听一听科学家们的声音吧！

（附：本文在写作时，承蒙中国人民大学钱学敏教授提供了部分资料，特别是钱学森同志给她的私人信件，并允许引用其中部分言论，特此致谢！）

---

① 钱学森：《科学学、科学技术体育学、马克思主义哲学》，载《哲学研究》1979 年第 1 期。

共产主义人生观的基本特点和当代价值[*]

——重读冯定关于共产主义人生观的论著

　　22 年前我们曾写过一篇题为《评 1964 年对冯定的〈共产主义人生观〉的批判》的文章，对这场极"左"思潮批判运动进行了反批判，驳斥了那些批判者强加在冯定头上的诬陷不实之词，澄清了若干被搞乱了的理论是非。这篇文章捍卫了冯定的《共产主义人生观》，从而也捍卫了马克思主义的共产主义人生观。但是应该指出，那篇文章没有从正面论证共产主义人生观的合理性和当代价值，这些内容实际上包含在《共产主义人生观》和其他论著之中。我国当前正处在社会主义初级阶段，共产主义人生观，或曰共产主义道德，是否具有合理性和现实意义，在有些人看来是一个问题，因此，我们认为探讨一下《共产主义人生观》关于这些问题的观点，不仅在冯定诞辰百周年之际具有纪念意义，对于我国精神文明建设也是有意义的。

　　冯定论述共产主义人生观的论著不限于《共产主义人生观》，在《冯定文集》的 47 篇论著中，有 20 篇是论述人生观或共产主义人生观

---

　　* 本文发表于《北京大学学报》（哲学社会科学版）2003 年第 1 期。

的，因此，本文研究的对象除《共产主义人生观》而外，还包括这些文章。这些文章是 20 世纪 30 年代到 80 年代初期的作品。冯定一生大力倡导共产主义人生观，从各个方面论证了共产主义人生观的基本特点，而其当代价值也正是由这些特点造成的。

一、共产主义人生观是先进的人生观

冯定认为，人生观是关于人生意义或人生价值以及如何渡过人的一生的观点，用通俗的话来讲，就是对人为什么要活和如何活的回答。当然，在他看来，根本不考虑这个问题，得过且过，过一天算一天，也是一种人生观的表现。因此，他认为人生观有自觉与自发之分，但人生观首先应区分为先进的和落后的。那么，先进与落后区分的标准是什么呢？他不是抽象地谈论先进与落后，而是把先进与落后的区分同人类社会发展的水平、同阶级的区分联系起来。

《共产主义人生观》写于 1956 年，1964 年写的《人生漫谈》可以说是它的续编，他在后者的"小序"中说："我在写《共产主义人生观》的时候，是注意了不要落入个人主义的罗网或圈套。所以，当时我就不从人生而谈人生，而是在讲了资产阶级人生观和无产阶级人生观完全对立以后，就讲辩证唯物的世界观和辩证唯物的历史观，最后才将有关人生的几个具体问题讲了一讲。"[①]"人生观"中的人无疑是个人，如果离开社会谈个人的人生，在冯定看来，就落入了个人主义的圈套，因为仅就个人谈人生就是把人看成了孤立的个人，这正是个人主义的观点。因此，冯定谈人生观和共产主义人生观始终坚持辩证唯物历史观的指导，始终关注人生观的社会基础和阶级基础，始终坚持共产主义人生观的工人阶级的阶级性。

辩证唯物历史观把人类社会历史看作一个从低级到高级、从落后到先进的过程，具体讲，就是从原始公社社会，经过奴隶制、封建制、资本主义制的阶级社会，达到共产主义社会（包括作为初级共产主义

---

① 《冯定文集》第 2 卷，人民出版社 1989 年版，第 399 页。

的社会主义）的过程。共产主义人生观，顾名思义，就是以实现共产主义理想作为个人人生目标的人生观。确切讲，共产主义理想不是一个个人的目标，因为一个人或少数人是不可能达到这个目标的，它是一个社会多数人的共同目标，这里所谓的多数人是谁呢？他们就是工人阶级和其他共产主义者，因为只有在共产主义社会中，工人阶级以及全人类才能得到真正的彻底的解放。至于共同以共产主义为目标的个人当然还有其各式各样的人生目标，这些目标是这个共同目标的具体表现。因此，具有共产主义人生观的人并不一定现在就要立即建立共产主义制度，但他的具体的人生目标归根到底是为了实现共产主义。总而言之，共产主义社会是最先进的社会制度，工人阶级是最先进的阶级，共产主义人生观是最先进的人生观，相对起来讲，资本主义制度是落后的，资产阶级是落后的，资产阶级个人主义人生观是落后的。共产主义人生观是工人阶级人生观，是与资产阶级人生观对立的。正是基于这种理解，冯定指出："无产阶级的人生，是斗争的人生；这就是为了改造自然而斗争，为了改造社会而斗争，为了发现真理、实现真理而斗争。"[1] 这些斗争的具体内容当然是各式各样的，但其最后目标都是指向实现共产主义。"许多为了共产主义理想而奋斗的革命先烈，为了共产主义事业而终身劳瘁的领导人物，在战场、在工厂、在矿区、在农村、在荒野、在学校、在商店、在机关、在公路铁路线上、在河泊海洋里、在群众中间忘我劳作分子和积极分子，都是有坚定的共产主义人生观或是已经开始接受了共产主义教育的，都是可以当作我们的榜样的。"[2] 按照冯定的理解，这种先进的人生观并不是高不可攀的，并不是一定要在共产主义社会中才能具有的。

改革开放以来，由于我国经济体制逐渐从社会主义计划经济向社会主义市场经济转轨，在这个过程中不但出现了许多新的公有制形式，而且也出现了各种形式的私有制，形成了以公有制为主体的多种经济成分并存的经济制度。这种情况使得有些同志认为共产主义人生观已

---

① 《冯定文集》第 2 卷，人民出版社 1989 年版，第 491 页。
② 《冯定文集》第 2 卷，人民出版社 1989 年版，第 153 页。

经过时了，或者说，过早了。说它过时，是说它丧失了先进性；说它过早，是说它超越了先进性。我们认为在当前的中国，共产主义人生观既未丧失，也未超越其先进性，它在各种人生观中仍然是最先进的。这是因为中国的经济体制虽然有了根本性变化，但社会制度并未改变，它仍然是社会主义制度，它的前景也仍然是共产主义，总之，共产主义人生观的社会基础没有改变。改革开放以来，我国社会结构由于利益集团的变化而有了明显的变化，工人阶级作为我国最先进阶级的地位、作为领导阶级的地位也未改变，也就是说，共产主义人生观的阶级基础没有改变。既有社会基础，又有阶级基础，怎么能说共产主义人生观过时了呢？超越时代的过早说也不能成立。正如冯定在四五十年前所理解的，共产主义人生观并不要求立即实现共产主义，也不要求每一个人都信奉共产主义，共产主义是一些先进人们在具体工作中的长远目标，但对整个社会和全体人民具有积极引导的作用，谈不上什么超越时代。

二、共产主义人生观是科学的人生观

在有的人看来，人生观是一种价值观，而价值不是知识，价值评定的标准是由价值主体规定的，无正确与错误之分，无科学与非科学可言。这不是马克思主义的观点。作为坚定的马克思主义者，冯定非常看重共产主义人生观的科学性，多次明确重申并反复论证共产主义人生观的科学性。为什么说共产主义人生观是科学的呢？概括一下冯定的思想，他大致提出了以下几点。

第一，共产主义人生观的指导思想是科学的世界观和历史观。冯定很强调科学的世界观和历史观对人生观的指导作用，认为没有科学的世界观和历史观的指导，人生观不可能成为科学的。科学的指导思想是人生观成为科学的必不可少的前提。他认为，"世界观就是人们在认识客观事物时所持有的立场、观点和方法。根据这种认识，在现实生活中就有各种不同的生活态度和做人的道理。在古往今来的各种社会中，每个人都有自己的世界观。每个人的行动都在受着他的世界观的支配。不过，有的人是自觉地选择奉行一种世界观，有的是不自觉地按照某一种世界观来行事。"① 又说："有了正确而明确的世界观和历史观，许许多多抽象的或者具体的有关人生的问题，也就容易解决了。离开世界观和历史观来谈人生问题，怎么也是谈不清楚的。"② 他所说正确的世界观和历史观就是辩证唯物主义和历史唯物主义。在他看来，在马克思主义产生之前，"从人类社会由低级到高级的发展来看，以发展得比较完备的封建社会和资本主义社会为例，人们大多数所追求的道路，无非是个人成功之路，这种成功不是和光宗耀祖、显赫个人相联系，就是以个人奋斗、个人幸福为中心。但就是这样的人生目的，在私有制的社会，也是很难实现的，大部分人在严酷的现实面前会受到挫折和打击。因此，他们的人生观，又会转为消极的宿命论，或是寄托宗教，消极了此残生。"③ 冯定这里谈的是阶级社会中的情况，在阶级社会中，统治阶级总是少数，而被统治的大多数的个人愿望总是难以实现的。"而人们在马克思主义学说的指引下来探索人生的意义，应该说，我们是在认识了社会的客观规律下，能动地主宰着自己的命运，不管是顺境还是逆境，我们总是有一个坚定不移的奋斗目标，不向命运低头，也不向恶势力屈服，而是满怀信心和不屈不挠地立志于改革，推动人类社会和人类自身有所前进。"④ 有没有科学的世界观和历史观的指导，一个人的人生观是大不相同的。当然，马克思主义世界观和历史观的出现不是偶然的，它是资本主义社会充分发展和工人阶级革命运动日趋成熟的产物。

其次，共产主义人生观的科学性在于它是与人类社会发展的客观规律一致的。在马克思主义出现以前，有些人的人生观也可能是与社会发展规律一致的，但这种一致是自发的，而不是自觉的。例如不管中国还是外国，许多民主主义的革命家以推翻封建制度、建立民主制

---

① 《冯定文集》第 2 卷，人民出版社 1989 年版，第 314 页。
② 《冯定文集》第 2 卷，人民出版社 1989 年版，第 394 页。
③ 《冯定文集》第 2 卷，人民出版社 1989 年版，第 397 页。
④ 《冯定文集》第 2 卷，人民出版社 1989 年版，第 397 页。

度为人生目标，艰苦奋斗，不屈不挠，鞠躬尽瘁，死而后已。这种人的人生观当然是高尚的伟大的，是符合社会发展规律的，但他们对社会发展规律并无认识，就此而言，他们的人生观仍是自发的。而共产主义人生观则是在唯物史观的指导下自觉地建立起来的。冯定说：“马克思主义科学体系的诞生，是人类思想发展史上的一个飞跃。它运用辩证唯物主义和历史唯物主义的原理，分析了人类的过去、现在和未来。它得出的结论，就是人类社会是由低级向高级发展的，资本主义社会是人类最后一个私有制的阶级社会，人类必然要向共产主义社会前进。共产主义的低级阶段，就是社会主义。”① 一个共产主义战士之所以具有坚定的共产主义人生观，为共产主义的实现奋斗终身，无怨无悔，不是出于盲目的信仰，而是出于对社会发展规律的正确认识。冯定在他的论著中引证了许多劳动模范和先进工作者的不辞辛苦、淡泊名利、任劳任怨、一心为公的突出事迹，也引证了许多战斗英雄和革命烈士的前仆后继、视死如归、杀身成仁、舍生取义的英勇事迹，为什么他们能够达到这样的高度呢？就是因为他们对人类社会的共产主义前景具有正确的认识和坚定的信念，他们知道，他们的活动已经融入世界历史的洪流之中，共产主义是必然会实现的。即使他们个体消灭了，共产主义的胜利仍然是不可避免的。冯定指出：“共产主义并不需要我们毫无意义来牺牲自己的利益，但当一己的利益与大众的利益发生矛盾的时候，那么就得毫无条件来服从大众的利益。在革命的时期，也并不是要求革命者随时随地都在轻生送死的；但是既然认识了大众的利益高于一切，那么推而广之，自然很易舍弃一己的利益，必要时也就甚至舍弃自己的生命而不吝惜了。”② 他分析了董存瑞、黄继光在战斗中以牺牲自己生命为代价来打开消灭敌人的道路，是出于“正义的冲动”，而这种“正义的冲动”“正是平时深明革命的意义和不断接受共产主义教育的人才能有的”③。“正义的冲动”这个词曾被

---

① 《冯定文集》第 2 卷，人民出版社 1989 年版，第 315 页。
② 《冯定文集》第 2 卷，人民出版社 1989 年版，第 184 页。
③ 《冯定文集》第 2 卷，人民出版社 1989 年版，第 184 页。

有的人指责为对革命英雄的"污蔑"，其实冯定说得很清楚，这种生死抉择绝不是一时心血来潮的偶然冲动，他之所以称之为"冲动"，不过是形容其决定时间之短，但他们之所以能在极短时间内做出这样的决定完全由于他们平时对共产主义事业的最终胜利已经建立了坚定的信心，无须事到临头才来慢慢考虑。冯定的这番分析充分证明了共产主义人生观的科学性及由此产生的无穷威力。

第三，共产主义人生观的科学性是经过人们的千万次实践证明了的，是经得起实践检验的。大家知道，共产主义的高级阶段至今没有实现，还不曾有过共产主义实践，但共产主义的初级阶段——社会主义及其实践已经有过了。共产主义人生观经历了新民主主义和社会主义实践的检验。冯定不是把共产主义人生观看成人对人生的一种抽象的价值取向，而是把它看成指导着人在工作、学习、生活、对人、对己等思想和行动中的实际存在。他把共产主义人生观在这些活动中的具体表现概括为七种，即："踏实"、"为众"、"尊人"、"求知"、"热情"、"乐观"、"克己"，这些表现就是共产主义人生观与各种实践相结合的结果，其成功使共产主义人生观经受住了实践的检验。人生观是一种价值观，价值观有没有正确与错误之分，如何检验价值观的正确与错误在理论界是有争议的。我们认为，有些事物的价值有很强的主体性，如一个人的口味、爱好往往难分正确与错误，但像人生这类事物的价值不仅有主体性，而且有很强的客体性，人生的意义离不开人类社会的客观存在，即依存于是否有益于人类社会的发展，因而人生价值观是有正确与错误之分的，而检验人生观是非正误的也只能是实践。冯定没有直接提出和解答这个理论问题，但在他的论述过程中实际上回答了这个问题，例如前面谈到的董存瑞、黄继光等英雄人物，在生死关头由于具有坚定的共产主义人生观而能经住考验，视死如归，这就是实践的检验。又如他在谈到有共产主义人生观的人能够不计成败利钝而经常保持乐观态度时说："共产主义人生观要求乐观，所以我们在人生的过程中，处在顺利的环境中固然应该高兴和愉快，处在困难的环境中也不会忧郁、颓丧，而只有更加沉着、更加坚定来攻破困难。"① 他把具有共产主义人生观的人的人生历程比作顺水行舟，把没有共产主义人生观的人的人生历程比作逆水行舟。这也是实践的检验。这些论述实际上是说明共产主义人生观的正确性是由实践来检验的。

共产主义人生观的科学性是不会过时的。有中国特色社会主义的道路是中国的历史道路，也是中国通向共产主义的道路。我们现在仍然处在社会主义初级阶段，即发展中的社会主义阶段，50 年后我国即将达到中等发达的社会主义阶段。我国社会的共产主义前景没有变化。因此，共产主义人生观在今天只是改变了其具体表现，其共性并未改变；其科学性也没有改变、没有减少，甚至随着社会主义的发展而增加了。显然，共产主义人生观的科学性保证了它的当代价值。

三、共产主义人生观是自觉的人生观

共产主义人生观是先进的、科学的人生观，但这种人生观并不是人的头脑里自然存在的，而只能是人自觉学习、修养、锻炼的结果。冯定同志在《共产主人人生观》、《人生漫谈》等论著中，反复强调，树立和实践共产主义人生观的关键在于发挥人的自觉能动性。

毛泽东说："思想等等是主观的东西，做或行动是主观见之于客观的东西，都是人类特殊的能动性。这种能动性，我们名之曰'自觉的能动性'，是人之所以区别于物的特点。"紧接着他又说："一切根据和符合于客观事实的思想是正确的思想，一切根据于正确的思想的做或行动是正确的行动，我们必须发扬这样的思想和行动，必须发扬这种自觉的能动性。"② 这是对人的自觉能动性所做的正确而又深刻的概括和表述。

冯定同志在论述共产主义人生观时，完全根据并进一步发挥了毛泽东关于自觉能动性的思想。

---

① 《冯定文集》第 2 卷，人民出版社 1989 年版，第 196 页。

② 毛泽东：《论持久战》，见《毛泽东选集》第 2 卷，人民出版社 1991 年版，第 445 页。

　　一是指出："这种自觉能动性，不论从其广度来说，还是从其深度来说，古往今来，并非是始终如一的，也是在变化和发展的。"①

　　二是指出，人的自觉能动性不仅体现在改造自然，而且体现在改造社会，两者是互为前提、互相促进的。

　　三是指出，自觉能动性不仅体现在人对客观世界的改造，而且体现在人同时也改造自己的主观世界。而且强调"人，既然是在改造客观世界的过程中来改造自己的，那么客观世界越被改造，主观世界也越被改造"②。

　　四是指出，人的自觉能动性有两重性的观点。人的自觉能动性有积极的，也有消极的；有正确的，也有错误的甚至反动的。因而人生处事，必须发挥正确的积极的能动性，抵制和反对错误的、消极的能动性。他说："自觉能动性，无产阶级可有，资产阶级也可有。比如帝国主义、各国反动派，为了反对人民的革命，为了想要按照他们的利益、要求去改造世界，也是既有图谋，又有策划，有意识地在进行其反动的、反革命的实践的，也是在发挥其和无产阶级相反的反动的自觉能动性的。但是，他们的这种反动实践，他们的这种反动的自觉能动作用，是根本违背社会发展规律的，因而在人民的坚决斗争下，最后终归是要失败的。"③

　　五是指出，无产阶级的自觉能动性是突出的。他运用辩证的实践的观点，深刻论证了无产阶级的自觉能动性："无产阶级的自觉能动性，其根源在于实践，在于对真理的认识，在于对我们的斗争前途充满信心。我们从改造客观的实践中，总结了经验教训，认识了客观的规律，提高和加深了对客观世界的认识，同时改造主观，于是物质就转化为精神了。我们从提高了的、加深了的认识出发，再从主观的改造移至客观的改造，使我们在曲折、复杂的阶级斗争中不断地获得胜利，在社会主义的建设中也不断地获得胜利，于是精神就又转化为物

---

①《冯定文集》第 2 卷，人民出版社 1989 年版，第 496 页。
②《冯定文集》第 2 卷，人民出版社 1989 年版，第 496 页。
③《冯定文集》第 2 卷，人民出版社 1989 年版，第 499 页。

质了。"① 所以，无产阶级的自觉能动性的发挥，不仅表现在改造客观世界上，而且表现在改造主观世界上；这是一事一物的两面，牢不可分。

六是指出，社会主义的出现，使人民有了发挥自觉能动性的最好条件。但是，这绝不意味着，人民不需要再努力也会自动地彻底地发挥正确的自觉能动性。他在分析了人民中由于内外各种原因也有觉悟不高的情况后，强调说，在客观条件基本具备的前提下，主观的努力是社会主义事业能否成功的决定的因素。"人们生活在社会主义社会里，要发挥无产阶级的自觉能动性，首先得改造自己使之具有革命的自觉能动性，才能一动百动，对革命事业有利。如果对改造自己没有决心，那么有的不但会对于无产阶级的自觉性格格不入，甚至相反，会发挥出反动自觉能动性。"②

冯定把树立共产主义人生观和发挥无产阶级的自觉能动性联系起来，强调人们在改造客观世界的同时改造自己的主观世界，强调在社会主义条件下，人民更加需要自觉地改造自己，完全是遵循马克思、恩格斯、列宁、毛泽东的一贯思想，是贯彻了辩证唯物主义的认识论和社会历史观。对此，可以简要归纳如下：一、立足现实，认定当代社会基本矛盾的运动最终将导致资本主义的灭亡和社会主义共产主义的胜利，这是人类社会发展的历史必然；二、由于资本主义社会里资产阶级居于统治地位并在各方面长期占有优势，资产阶级的本性又决定它不可能自动退出历史舞台，因此，共产主义的胜利，只能是无产阶级为领导的人民群众自觉实践和艰苦斗争的结果；三、无产阶级始终是现代社会先进生产力的代表，是唯一具有远大前途、彻底革命、大公无私等品质的社会群体，只有它以及它所代表的最广大人民的根本利益，才是和社会发展的总的趋势始终一致的，这是共产主义事业必定胜利的主体根据；四、共产主义世界观和人生观，是迄今为止人类先进文化、科学和实践经验的最高成果。无产阶级和广大劳动人民，

---

① 《冯定文集》第 2 卷，人民出版社 1989 年版，第 499 页。
② 《冯定文集》第 2 卷，人民出版社 1989 年版，第 499 页。

由于政治上、经济上、文化上受剥削、受压迫，因而不可能天生就自发地具有，而只有经过学习和实践、锻炼和修养，才能获得；五、一旦这一先进的理论被无产阶级和广大人民群众所掌握，就会成为推翻旧世界创造新社会的伟大物质力量，这已为俄国、中国等一些国家的社会主义革命和建设的实践所证明；六、在已经建立了社会主义制度的国家里，人民有了学习、掌握和实践共产主义人生观的最好条件，但是社会主义国家成功的经验和失败的教训同样证明，即便在社会主义条件下，尤其是在中国这样经济文化水平相对落后的社会主义初级阶段中，意识形态领域中各种世界观、价值观、人生观的矛盾不可避免将长期存在，只有靠党领导人民发扬自觉能动性，在全体人民中持续地进行共产主义人生观的教育和宣传，才能使之成为广大人民群众所掌握、信奉和实行的做人准则。可见，无论是无产阶级革命时期还是社会主义建设时期，自觉能动性对共产主义人生观的确立、传播和实现，都具有特别重要的甚至决定性的意义。

那么，在共产主义人生观问题上如何才能做到自觉呢？冯定认为，一方面是要"明理"。而要"明理"，首先就得学习并确立正确的世界观和历史观。他所主张的正确的世界观、历史观是指马克思创立的辩证唯物主义和历史唯物主义。他反复强调，正确的世界观、历史观是正确的人生观的前提，在这基础上，还要进一步学习和掌握共产主义人生观的基本理论，明辨人生观上的是非、善恶，确立做人的基本原则和处理一系列人生问题的基本观点。另一方面是要付诸实践。他说，"人生的真实内容，在于实践；所以注重实践，不尚空谈，乃是首要的事。"① "我们必须一面学习理论，一面从事实践，以理论去指导实践，又在实践中充实理论。"② 这就是说，人生修养和锻炼必须从实际出发，贯彻理论和实践结合的原则。共产主义人生观与一切旧人生观根本不同之处在于，它坚决反对那种脱离社会现实生活和人民群众革命实践，去搞所谓完善个人品格的"修身养性"、"践履笃行"，而是要

---

① 《冯定文集》第 2 卷，人民出版社 1989 年版，第 508 页。
② 《冯定文集》第 2 卷，人民出版社 1989 年版，第 508—509 页。

求它的信仰者自觉地站在无产阶级和人民群众的立场上，积极投身到社会主义革命和建设的伟大实践之中去奉献自己的一份力量，在改造客观世界的过程中去提高自己的认识和觉悟，锻炼自己坚定共产主义的理想、信念和意志，培植热爱祖国、热爱人民和忠诚于共产主义伟大事业的情感，努力使自己成为一个具有共产主义觉悟的、全面发展的新人，实现人生的真正价值。

四、共产主义人生观是与时俱进的人生观

江泽民在"5·31讲话"中强调，坚持解放思想、实事求是的思想路线，要弘扬与时俱进的精神，首先理论上不能停顿。"与时俱进"是中国的一句成语，它所表达的是这样的思想：人的思想和行动不应故步自封、停滞僵化，而应紧跟时代的发展而不断进步。这个思想体现了辩证唯物主义世界观和认识论的基本观点，是完全正确的，完全适合于共产主义人生观。

共产主义人生观主张，人生应该是与时俱进的。这是基于对世界和人自身的正确认识而采取的积极的人生态度。

在辩证唯物主义看来，整个世界（包括自然界、社会和人类自己）都处于永恒的运动之中，一切事物的停滞、不变是相对的，发展、变化是绝对的。人是自然存在物，更是社会存在物，它不可能脱离自然、社会而生活在真空中，只有依存于自然和社会，同自然和社会不停顿地相互作用和相互转化着，才能获得生存和发展。不仅如此，更重要的，人之所以能够成为超越一切生物的万物之灵，成为改变自然世界并创造人的世界的主体，是在于它的思想和行动都能自觉能动地反映自然和社会的变化，为自己创造更好的生存和发展条件。这是人优于一切动物的本质所在。人类从长达几百万年的原始的、蒙昧的、野蛮的时期，转变到文明时期，至今不过几千年。可是恰恰是在这短短的几千年中，人类的智慧和能力出现了巨大的进步。这表现在社会生活的各个方面，诸如，创造语言文字、发明和制造生产工具、发展社会生产力、建立和革新社会制度，以及发展科学技术、文化艺术、思想

理论，等等。人之所以能如此，从总体和主流来看，就是因为人的智慧和能力都是"与时俱进"的，并且呈现一种以几何级数的速度向前推进的态势。（当然，由于人类社会活动的矛盾性和不平衡性，在历史长过程中，不同阶段、不同方面、不同群体和个人，也存在着各种落后、停滞甚至倒退即所谓'逆时代潮流而动'的思想和行动。但这终究是支流。）尤其是，人类发展到现在，已面临极其严峻的形势，这就是，随着社会生产和消费所造成的环境和其他生活条件的改变，地球上人口、资源、环境、发展的矛盾越来越严重，人类只有不停顿地同时又是可持续地发展，才能继续生存下去，更不用说满足人们日益增长的物质文化需要了。也就是说，已经到了不发展连生存都难以维持的地步。所以，邓小平说，发展是硬道理，确实是反映了人类社会的客观现实。总之，人类无论是思想还是行动、理论还是实践，都是随着时代的变化、发展而不断变化、发展的。真正的问题是，如何提高人的思想和行动的自觉程度，努力做到毛泽东所说的发扬正确的自觉能动性。对此唯一正确的回答是，人生应主动顺应时代的变化，自觉站在时代潮流的前列，始终把握科学的、先进的世界观、价值观、人生观，并以此作为行动的指导，不断充实和更新自己的知识，全面地提高自己的素质和能力，也就是努力做到"与时俱进"。

所以，可以说，"与时俱进"是人类社会发展的规律，是人的正确思想和各种科学理论发展的规律，也是发扬人的正确的自觉能动性、正确做人的基本要求。做一个共产主义者在如何认识人生、如何做人的问题上，首先就应该时刻关注世界的前途、人类的命运、人民的利益，经常反思个人的作为，不断提高自己的觉悟，加大自己对社会贡献的力度，在理论和实践上都不停顿，自觉做到"与时俱进"。

这里需要说明，强调"与时俱进"，绝不意味着现存的一切（无论是科技、理论、制度）都过时了，可以轻率地、不分青红皂白一概否定。那是对"与时俱进"的曲解，不是郑重的科学的态度，而是形而上学绝对肯定或绝对否定的片面性。唯物辩证法认为，发展是运动着的事物的本质和过程的表现，发展是对立面的斗争和统一、量变和质变的统一、连续性和非连续性的统一、肯定和否定的统一。用这样的观点来理解"与时俱进"，那么，对待社会的发展问题，就不能简单地肯定一切或否定一切，而应采取辩证分析的态度。这就是实事求是，从世界和中国正在变化着的实际情况出发，着眼于当代社会主义建设的实践，以有利于社会全面进步和人民根本利益为标准，来检验、评价和改变各种事物，也以此来检验、评价和改变人自己。对待马克思主义和共产主义人生观也是如此。

在共产主义人生观问题上弘扬"与时俱进"的精神，总的原则应该是同对待马克思主义一样，即：既要坚持又要发展。

一方面必须"坚持"。所谓坚持，就是要坚定地承认共产主义人生观的科学性，始终坚持共产主义人生观的基本原理不动摇。前面我们已经讲了冯定对共产主义人生观的科学性的论证，这里再从今天我们对这个问题的理解作点解释。邓小平、江泽民在谈到发展马克思主义时，都同时强调"不能丢掉老祖宗"。这不是迷信，而是出于尊重科学。因为马克思、恩格斯及其继承者所创建的马克思主义基本原理，是对人类认识自然界、社会和人自己的成就所做的整体性的概括和总结，它有全面的事实论证和严密的逻辑论证，又经过几代马克思主义者根据人民的革命实践经验加以修正、充实和发展，达到了普适的真理性。可以毫不夸大地说，马克思主义是迄今为止人类先进文化和科学的最伟大最优秀的成果；是从19世纪下半叶开始贯串整个20世纪、直到21世纪的跨世纪的时代精神的精华；是全世界无产阶级和最广大人民的根本利益的理论表现。正是在马克思主义基本原理基础上，确立了共产主义人生观的两个理论支柱：

一是建立在社会发展客观规律基础上的科学共产主义的理想和信念。应该承认，马克思、恩格斯在建立自己的科学共产主义理论过程中，没有割断历史，而是认真吸取了人类文化遗产中关于未来社会的一切有价值的思想资料。但是他们与那些建立在抽象地谈论的"理性"、"正义"，或者神的意志等唯心主义历史观基础上的空想共产主义思想家们根本不同，完全是根据辩证唯物的世界观，独立地探索和发现了人类社会生存发展的物质基础和社会运动的一般规律，进而通过对资本主义经济和社会的科学研究，深刻揭示了资本主义制度剥削和压迫人民的本质和根源，证明了这个制度由于其内在固有的不可克服的矛盾，和体现这个矛盾的阶级斗争的发展，最终必将导致自身的灭亡。而共产主义（它的第一阶段是社会主义），是以接替资本主义的更高级的社会形态和人类社会发展必然趋势为内涵的科学概念。正因如此，马克思、恩格斯才使共产主义从空想变成了科学。也正是在对社会发展客观规律的科学认识的基础上，形成了共产主义的社会理想，为共产主义人生观确立了第一个理论前提，这是共产主义者所信奉的人生理想和信念的根据。科学共产主义学说产生 150 多年来，现代资本主义虽然仍然还有相当的生命力，但马克思所揭示的资本主义和资产阶级的本质没有变，资本主义社会的基本矛盾也没有变，而且由于资本剥削和统治全世界，资本主义的罪恶本质暴露得更充分了，其固有的矛盾更加广泛、更加深刻和尖锐了，可以预期，资本主义的发展最终必将导致社会的全面对抗和革命变革。因而，马克思所发现的社会发展的客观规律，所作出的"资本主义必然灭亡，共产主义必然胜利都是不可避免的"科学论断，所提出的关于未来共产主义社会的崇高理想，都是正确的，没有也不可能过时。同理，共产主义人生观中关于人生理想和信念的基本理论，也都是正确的，没有过时。

二是建立在马克思主义人学科学基础上的共产主义人生价值、人生目的、人生道路等基本理论。已往封建的、资产阶级的、小资产阶级的各种人生观，都是以对人和人性的抽象议论作为出发点的，与此相反，共产主义人生观遵循马克思的唯物史观和人学的基本原理，认为作为人生观的对象的人不是抽象的人，而是现实的人，是在社会中、历史中活动着的人。这样的人，它的本质是结成一定的社会关系从事劳动和其他社会实践。在人群分裂为阶级的社会中，个人总是一定阶级的成员，它的本质是由他的全部社会活动和全部社会关系决定的，而且就表现在他的社会活动和社会关系之中。因此对任何阶级、群体和个人的活动，只有根据它们对社会发展和人民利益所起的实际作用，才能作出公正的评价（是还是非，进步还是落后、反动，善还是恶，等等）。正是对人和人的本质的科学认识，构成了共产主义人生观的第二个理论前提。在这基础上，进一步形成了关于人生的价值、目的、道路等一系列基本观点。共产主义人生观认为，人最宝贵的是生命，但一个人的真正价值或者说人生的意义，不是个人的生死、名利，而是对人民对社会所作出的奉献，或者说为人民谋利益。人生的根本目的就是为人民服务。既然无产阶级和最广大人民的根本利益是建设社会主义社会，最终实现共产主义的伟大理想，那么，一个共产主义者的人生定位就是坚定地站在无产阶级和人民大众一边。他所选择的人生道路就是成为无产阶级先锋队的一员，为人类的自由解放，为共产主义事业在全世界的胜利，而竭尽全力、奋斗终生。这样做了，就是实现了做人的真正价值。这些思想构成了共产主义人生观的核心和基本内容。它们也是正确的，没有过时。

回顾历史对照现实，可以看到，科学共产主义的理想、信念以及关于人生价值、目的、道路等做人的基本观点，不仅具有科学的理论根据，更重要的，它们是无数革命先烈和当代千千万万社会主义建设者和保卫者人生实践的升华和结晶。它们体现了共产主义者的高尚灵魂，是他们之所以能够为了人民的事业无私无畏、英勇奋斗、不怕牺牲、战胜一切困难去争取胜利的伟大精神动力所在。因而，对于我国社会主义精神文明建设和人的全面发展，具有极其重要的价值。对此我们必须坚持和发扬，不能动摇或否定。否则，就谈不上什么发展共产主义人生观了，整个社会主义精神文明也会瓦解。所以坚持是发展的前提。这是一方面。

另一方面必须发展。坚持是为了发展，只有发展才能更好地坚持。

与一切真理一样，现在我们所达到的对共产主义和对人生的认识，也不是绝对的，都是历史的有条件的相对的，确切地说是包含有绝对真理因素的相对真理。马克思创建科学共产主义学说和国际共产主义运动至今已有150多年，中国人民革命和社会主义建设也已经历80多年，无论国际还是国内，历史条件都已发生巨大变化。特别是进入新世纪以来，我国社会主义事业出现了很多前所未有的新情况、新矛盾、新问题，这是马克思主义前辈们不可能都预料到的，在马克思主义的原著中也并不都有现成的答案。拿共产主义人生观来说，马克思、恩格斯、列宁都有开创性的精辟的论述，我们的领袖毛泽东、刘少奇、周恩来、邓小平等也都曾结合中国革命和建设的伟大实践，作过非常深刻的、系统的论述。冯定同志是老一辈马克思主义理论家中研究、宣传共产主义人生观的杰出代表，他从上世纪 30 年代至 80 年代整整辛勤耕耘了半个世纪，真是做到了鞠躬尽瘁。从他留给我们的著作来看，他对共产主义人生观的理解是与时俱进、不断深化的。在冯定之后，从 80 年代至今又 20 年过去了，由于党重视社会主义精神文明建设，共产主义人生观的教学、研究和宣传工作取得了新的成就。理论方面的成果比较集中地反映在高校思想道德品质修养课的教材中。与改革开放以前相比，现在出版的论述共产主义人生观的著作，无论是理论结构还是内容都有了很大的进步，这是应该充分肯定的。但也要承认，共产主义人生观的理论现状与社会主义精神文明建设的任务相比，还有相当的差距。面对当前复杂多变的社会现实生活和意识形态领域里各种落后文化公开冲击社会主义文化、冲击正确的世界观、人生观、价值观的态势，迫切需要我们把共产主义人生观的研究推向前进。现在的形势是实践呼唤理论。

我们认为迫切需要研究以下一些问题：

一是进一步认识现代资本主义。马克思当年是在批判旧世界中发现新世界的。他关于人类社会发展的客观规律的理论，关于资本主义的本质和灭亡的历史必然性的理论，是完全正确的。但他对资本主义灭亡的预测似乎过于乐观。后来的事实说明，资本主义社会形态还有容纳生产力发展的能力。列宁继承并发展了马克思的思想，提出了帝国主义是资本主义发展的高级阶段的理论，加深了人们对于人类社会发展的不平衡性和从资本主义过渡到社会主义的复杂性的认识。此后，经过两次世界大战和苏联、中国等国家社会主义革命的胜利，资本主义受到了削弱。但是，从 20 世纪下半叶起，由于新科技革命、经济全球化以及资本主义制度内部的自我调节和改革（资本主义私人所有制、企业经营管理、劳动和剥削的实现形式的变化等）多种因素的作用，现代资本主义再次表现出了顽强的生命力。但是资本主义的剥削本质和固有的基本矛盾并没有改变。资本剥削、压迫和控制着全世界，结果是造成了垄断资产阶级和全世界无产阶级和劳动人民的对抗。战争与和平问题，世界贫富两极分化问题，生态和社会环境恶化问题，等等，都得不到解决，人类的生存面临着日益严重的威胁，出路只有一条，就是共产主义。因此，深化对现代资本主义的认识，这是关系到坚定共产主义理想和信念的重大问题。

二是进一步认识社会主义。马克思认为社会主义是资本主义到共产主义的过渡时期，是共产主义社会的第一阶段。我们党提出现在中国是处于社会主义的初级阶段。这与当年马克思所设想的社会主义在本质上既有共同点又有不同点。《共产党宣言》早就提出："共产党人为工人阶级的最近的目的和利益而斗争，但是他们在当前的运动中同时代表运动的未来。"江泽民则在建党80周年大会上提出我们党是最高纲领和最低纲领的统一论者，这都涉及共产主义理想和现实、理论和实践的关系问题，也是共产主义者个人人生与实践的重大问题。

三是进一步加深对共产主义理想的认识。马克思恩格斯在《共产党宣言》、《哥达纲领批判》等著作中多次论述了未来共产主义社会的特征。江泽民同志在建党80周年大会上指出："共产主义社会，将是物质财富极大丰富，人民精神境界极大提高，每个人自由而全面发展的社会。"我们应该根据社会主义的实践经验，进一步加深对共产主义理想的认识。

四是加强市场经济条件下人生理论和实践问题的研究。在中国实行社会主义市场经济和多种经济成分并存的条件下，人们的社会结构、职业分工、利益分配等正在发生深刻的变化，在这种情况下，如何正确认识和处理个人和社会以及人与人之间的关系是共产主义人生观面临的一个重大的基本问题，需要我们从社会的客观现实出发，着眼于当前和今后相当一个时期人们的社会实践，进一步深化对共产主义人生观的一系列理论问题如人生价值、人生目的、人生道路等的认识。

我们相信，只要坚持马克思主义的世界观和方法论的指导，贯彻解放思想实事求是的思想路线，继承冯定等老一辈马克思主义理论家"不断进击"的优秀传统，发挥社会主义集体力量的优势，我们就一定能够在共产主义人生观理论建设方面取得新的研究成果，做到"与时俱进"。共产主义人生观也必将被越来越多的先进的人们所掌握，并通过他们的人生实践而显示出共产主义精神的无比光辉和伟大力量。

一次有重大意义的哲学体系创新活动[*]

——为肖前教授八十华诞而作

　　我和肖前教授有特殊的缘分。我是西南联大物理系 1942 级的学生，他是西南联大物理系 1944 级的学生。不过他入学时我已转学哲学系，所以当时我们并不相识。我们是新中国成立后在北京市的哲学活动中认识的，那时他早已从物理学转到了哲学。此后我们经常有所接触，至今已经 50 多年了。在这 50 多年内，我们接触较频繁的时间是在改革开放以后，特别是在 1985 年至 1994 年这十年内。1985 年，在他的倡议、组织和主持下，当时以高校的八个马克思主义哲学（史）博士点的教授们为主，组成了课题组，承担国家教委的"七五"规划重点课题"马克思主义哲学原理体系改革"，1986 这个课题又提升为国家社科基金课题。在近十年的时间内，在肖前教授的率领下，十多位教授从事了一系列频繁的活动和艰苦努力，其最终成果《马克思主义哲学原理》（简称《原理》）于 1994 年经中国人民大学出版社出版。

　　怎么评价这次活动及其最终成果呢？

---

　　* 本文为 2004 年 5 月 9 日在"马克思主义哲学的当代发展研讨会暨肖前教授八十华诞纪念会"上的发言。

　　此书出版后并未产生强烈的反响，十年来关于马克思主义哲学及其体系的研究和讨论中很少涉及此书。我听到一种说法，认为此书是折中调和的产物，没有什么特色。这种说法流传甚广，影响了人们对此书价值的客观评估。我认为这次活动在肖前教授的学术生涯中占有重要的位置，在我国马克思主义哲学体系的改造和创新活动中有着重大的意义，这种意义可能要在几十年的长时间内才能看得出来。因此，在今天庆祝肖前教授八十华诞之际谈谈这个问题是有意义的。

　　课题组成员之间在谈论哲学体系的过程中，是有争论的，有时争论得面红耳赤。但是，在肖前教授的主持下，争论总能以大家一定程度的共识来结束，因为大家在马克思主义的基本观点上是一致的。我们的基本立场是对当时中国的马克思主义理论坚持继承和发展的观点，也就是从原有的理论为起点，根据社会实践的发展加以改变与发展，既不是墨守成规，原地踏步，也不是根本否定，完全另搞一套。课题组十年来的工作绝不是把各种不同的甚至对立的观点无原则地拼凑起来，而是经过访问、调查、研究、独立思考和讨论，统一分歧的意见，在坚持马克思主义哲学基本观点的基础上，进一步完善、丰富、发展哲学原理，并根据建构学科体系的一般原则建构新的马克思主义哲学体系。在这个过程中，肖前教授倾注了大量心血，课题组才取得了最终成果。那么，课题组在肖前教授主持下开展了哪些活动，取得了哪些进展呢？我想举出以下几点。

　　第一，坚定地贯彻马克思主义的实践观点，把课题的进行与完成建立在整个人类社会实践的基础上，力图使最终成果符合时代发展的水平。在课题进行的过程中，课题组成员逐渐形成了一种共识，认为要达到这个要求，课题组要重点从事三方面的活动：一是了解当代社会的经济、政治和文化的发展水平，并从中概括出适当的哲学结论；二是了解当代社会的科学技术水平及其哲学意义；三是了解当代中外哲学发展情况和中国传统哲学的研究情况及其对马克思主义哲学的意义。肖前教授为了开展这几方面的活动，不仅在其他同志的协助下作了具体周到的规划安排，而且同有关单位和人士进行了大量的联系。

我们计划由课题组主要成员十余人对当代社会进行实地考察，到沿海地区和西部地区访问和考察有中国特色社会主义，到香港、澳门访问和考察资本主义；同中国自然辩证法研究会联合召开会议研究和讨论科学技术和哲学的关系问题，同中国西方现代哲学研究会联合召开会议研究和讨论西方哲学与马克思主义哲学的关系问题。由于肖前教授和其他教授在我国理论界都有极高的威望，这个计划执行得很顺利。课题组部分成员组成中国哲学家考察团先后在广东各级领导的支持下，访问和考察了珠江三角洲的大部分城市，在江苏、上海各级领导的支持下，访问和考察了长江三角洲的大部分城市，在四川各级领导的支持下，访问了四川盆地的若干城市，曾深入凉山彝族自治区腹地。这三次规模较大、时间较长，此外还访问和考察了北京、天津、武汉。为了获得对资本主义生动的感性认识，考察团还访问和考察了香港和澳门，访问期间得到了新华通讯社香港分社和澳门分社以及两地社会各界的支持和协助。关于科学技术与哲学的关系的会议，得到中国自然辩证法研究会的大力支持和配合，如期举行，开得比较成功。中国现代西方哲学研究会为了同课题组共同召开马克思主义哲学和西方哲学关系的会议，进行了认真的准备，做了大量的工作，可惜由于国内形势的缘故，会议未能举行。

这些活动的目的都是为了把课题研究摆到社会实践的基础之上，这无疑是正确的。通过这些活动，课题组加深了对资本主义制度和中国特色社会主义的认识，增强了通过社会主义实现中国现代化的信心，增强了坚持马克思主义基本观点的信念，这对于任务的进展和完成发挥了极大的推动作用。今天回想起来，究竟时代的变化发展引起了哲学内容哪些变化，当时还来不及进行认真系统的研究，因而最终成果虽然在一定程度上体现了时代的变化发展，但体现得并不直接、并不具体、并不充分。我认为在今后的哲学的研究和建设中，还应该大力研究这个问题。从当代科学技术发展可以得出哪些哲学结论，虽然开了一次会，但很不够，远未达到对这个问题的系统概括。至于西方哲学和中国传统哲学对马克思主义哲学的发展有什么意义，由于会议没有开成，就更谈不上了。这是令人感到遗憾的。

第二，在继承原有体系的组成部分的基础上，充分吸收了改革开放后马克思主义哲学研究的成果，大大扩大了研究范围，改变了原来的面貌。原来的辩证唯物主义和历史唯物主义，一般认为是两块儿，即两个组成部分，但如果按照学科对象的区分来看，实际上是三部分，即世界观（部分唯物主义和辩证法）、认识论（另部分唯物主义）和历史观（历史唯物主义），一般常提到的方法论说的就是方法，每一原理都是方法，方法论在原来的体系中并非相对独立的部分。《原理》保留了原有的组成部分，第3—6章为世界观，第7—9章为历史观，下卷各章为各种部门哲学，第10章为阶级论，第11章为人民群众论，第12章为科学学，第13、14章为认识论，第15章为方法论，第16章为真理论与价值论，第17章为文化论，第18章为人的发展论。严格讲，只有辩证唯物主义世界观是一般哲学，相当于旧哲学的形而上学、本体论、玄学、道学等，历史观也是一种部门哲学，但由于下卷各章实际上都是历史观之下的部门哲学，历史观在这个体系中具有特别重要的地位。同原来的体系相比较，这个体系有一系列特点：一、历史观的分量很重，约占全部分量的70%左右。二、有许多新的组成部分，如人学、科学学、方法论、价值论、文化论，这当然不是说原体系毫未涉及这些内容，但很难说他们已构成其组成部分。三、原体系的某些内容压缩了，如世界观、政治论、意识形态论。对马克思主义哲学的构成部分如此处理是否合理呢？有什么问题呢？

今天看来，我认为这种变化反应了党的工作重心向经济建设的转移，适应了社会主义现代化建设的需要，吸收了当时研究热点的成果，丰富了原体系的内容，这无疑是一种进步。但还有值得改进的地方，例如人学应该作为一个部门哲学来论述，而现在只是在两章中有人学的一些内容，人学还没有构成组成部分；价值论的分量太少，只占一章的二分之一；世界观的分量也显得太少。马克思主义哲学究竟是应该包括哪些组成部分，或者具体说，除了世界观而外，它还应有哪些部门哲学，这个问题应做专门研究，一方面从马克思主义哲学史来研究，另一方面从当前学科发展的情况来研究，不管怎样，由于世界观是马克思主义哲学的核心，世界观应有足够的分量，而对部门哲学的取舍，应视其是否为完整地论证世界观所需要。

第三，在坚持原体系合理顺序的基础上，调整了各组成部分的顺序，并合理地安排了各个组成部分中各个原理的顺序，使《原理》的体系的逻辑性和严密性进一步加强了。《原理》坚持了过去体系从世界观开始，世界观从物质开始的做法，这是符合从抽象到具体这一原则的。《原理》把认识论放在历史观之后，而不像过去那样把认识论放在历史观甚至辩证法之前；把实践看作历史观的起始范畴，而不是像过去那样把实践首先看作认识论范畴，这都是很正确的。但有些顺序仍不完全合理，需要做进一步验究，例如科学论、认识论、方法论、真理论和价值论、文化论的顺序就值得推敲。在我看来，其顺序似乎应该是文化论、认识论、真理论、科学论、价值论、方法论。各个组成部分中原理的顺序也是可以研究的，如世界的联系和发展的环节和规律，其顺序是一个老问题，在《原理》中仍未得到明显的解决。

此外，对《原理》中的各个原理的表述、论证、验证、运用都是应该研究的，今天都应给予恰当的评价，并从中吸取有益的经验教训。

在我看来，这一次学术活动不仅是肖前教授学术生涯中的一次重要的活动，也是中国哲学界的一次重要活动，无论是为了评价肖前教授的学术贡献，还是为了考察改革开放后中国哲学界的进展情况，对这次活动作出公正的评价是必要的。以上只是我个人的一些感受，说出来，希望能起到抛砖引玉的效果。

孙伯鍨教授的学术道路[*]

　　孙伯鍨教授在大学阶段是学历史的，由于工作需要，1958 年提前从北大历史系毕业，并分配到北大哲学系担任公共哲学课教师，从此改行学习和研究马克思主义哲学。我是此时认识他的，但很少直接接触，学术上的接触尤其少，因为实际上 1958 年以来哲学系先是在"三面红旗"号召下"开门办学"，下乡参加人民公社化运动。不久全国进入三年经济困难时期，强调"劳逸结合"，无暇研究学术。1964 年师生下乡参加"四清运动"。1966 年"文化大革命"的十年动乱开始。1975 年孙伯鍨教授因家属调动问题长期未能解决而调到了南京大学。所以，在我认识他以来的最初近 20 年，我们之间几乎无学术交往。

　　看来这纷纷扰扰的 20 年，孙伯鍨教授并没有让时光虚度，他不仅在专业上完成了从史学到哲学的过渡，而且对马克思的著作进行了广泛而深入的钻研，在 1962 年就给哲学专业本科生讲授马克思早期著作，因而在改革开放后的 80 年代初期，在马克思哲学研究中就有了突

---

　　[*] 本文发表于《探索与反思——哲学家孙伯鍨》（南京大学出版社 2004 年 7 月出版）。

出的表现，作为一位高水平的马哲史专家而为理论界所重视。1983 年他加入《马克思主义哲学史》（以下简称《马哲史》）八卷本编委会，与庄福龄教授共同担任第二卷主编，这样我们之间的学术交往就频繁起来了，除共同编写《马哲史》外，还经常在各种学术会议上相遇。特别令人怀念的是 20 世纪的最后几天和 21 世纪最初几天，孙伯鍨教授、夫人籍菊芳，我和夫人刘苏四人应深圳大学蔡德麟校长的邀请在深圳和珠江三角洲讲学带休息约两个星期。朝夕相处，促膝谈心，使我对孙伯鍨教授有了更深切的了解。根据我对他的直接接触和他的论著，我认为孙伯鍨教授作为一个马克思主义专业理论家，他给后代留下的遗产是丰富的宝贵的，其中不但有思想深刻精当的大量论著，而且有他立身行事的高尚风格，特别是他的学术道路，更是我学习的榜样。我把他的学术道路概括为以下几点。

第一，孙伯鍨教授的马哲史研究的一大特色是坚持以经典著作为根据，对问题进行独立思考，实事求是地从中引出固有的而不是强加的结论。不管是他对马克思和恩格斯的哲学思想的论述，还是对毛泽东、邓小平哲学思想的论述，都是如此。这一特色在他论述马克思和恩格斯青年时代哲学思想的转变与形成的专著《探索者道路的探索》（1985 年）中已有明显的表现，特别表现在他对马克思的经济著作中的哲学思想的研究上。由他主编的《马克思主义哲学的历史和现状》第一卷（1988 年）的第七章是由他执笔的，其内容就是《资本论》中的科学方法论，由他与庄福龄教授共同主编的《马哲史》（三卷本）第二卷（1990）的第二、三章是他作为第一作者与姚顺良教授共同执笔的，其内容是《资本论》的历史唯物主义思想和科学方法论，约 22 万多字，相当详细地阐述了《资本论》中的哲学思想。后来他与张一兵教授主编的《走进马克思》（2001 年）更进一步立足于《马克思恩格斯全集》历史考证第 2 版（MEGA2）挖掘了马克思的深邃的哲学思想。大家知道，马克思的经济学著作的一大特色就是其哲理性，其中蕴涵了丰富的深刻的哲学思想，但这些哲学思想并不是赤裸裸地摆在那里的，而是内在地包含在经济学的论述中，这就有赖于后人的挖掘。

孙伯鍨教授不是从事这种"挖掘"工作的唯一者，然而确实是成绩突出的一个，这不仅使人们对马克思的哲学思想有更深入的理解，而且加强了从马克思的原著中去理解马克思的思想的科学的学风。

第二，马克思主义与非马克思主义哲学的一大区别就是它与革命实践，特别是无产阶级革命实践的密切联系，它首先是革命实践的产物，又是为革命实践服务的。孙伯鍨教授的马哲史研究一贯重视这一点。他虽然是一个专业的哲学家，却特别强调马克思主义哲学与社会实践的密切联系。无论是在会议的发言中、在讲课中、在马哲史的论著中，他都反复强调马克思主义哲学的这种实践性。在《走进马克思》中他把"实践"看作历史唯物主义的第一个核心范畴。他在今年的一篇文章中说："马克思主义经典作家不是在研究哲学的过程中发展哲学的，而是在研究现实问题的过程中排除旧哲学的影响，并推动新哲学的诞生和发展的。"① 他在处理具体的马哲史的发展问题中充分体现了这一原则。例如在《马哲史》第二卷中，他与姚顺良教授共同撰写的关于《资本论》的哲学的两章，其内容离现实问题较远，但他们仍极其关注它的实践意义，那就是，不把《资本论》的研究和写作看成纯学术性的，而是看成为科学社会主义建立理论基础的活动，这也是一种革命实践。因此，归根到底，《资本论》中的哲学思想是以革命实践为基础的，从中去挖掘哲学思想也是以革命实践为基础的。至于邓小平理论的哲学基础，他在论述时自然是不可能离开中国社会主义建设的实践的。

第三，与理论联系实际的精神相一致，孙伯鍨教授一贯强调马克思主义哲学的方法论意义，而反对对哲学体系的教条式的理解。无疑，任何一种理论，包括哲学理论，都是一个包含许多观点的体系，而方法则是观点的运用或运用的观点。由于马克思主义哲学的实践性，马克思和恩格斯都十分强调哲学的方法论意义，指出马克思主义不是教条，而是行动的指南；过去的哲学家只是解释世界，而问题在于改变

---

① 孙伯鍨：《浅谈马克思主义哲学的出场路径问题》，载《新华文摘》2003 年第 9 期。

世界。马克思在谈到辩证法时，从来都是指的方法。当然，这绝不意味他们否定理论是思想体系，认为思想、理论可以不要体系，而是说实践、运用思想的实践、用思想来指导的实践更加根本，更加重要，如果离开实践谈思想，离开方法谈体系，那就舍本逐末了；如果离开实践去追求永恒的体系，这种体系只能是僵化的体系；如果离开方法去追求纯粹的思想，这种思想只能是僵死的教条。孙伯鍨教授写作了专文来讨论这个问题，他在《再论马克思主义哲学的体系与方法》中指出："观点和方法是贯通的，其实质就是唯物主义辩证法，它既是根本的观点，也是根本的方法"。因此，"仅仅围绕体系的争论并不能真正触及马克思主义哲学的根本性质问题，问题的关键不在体系而在方法。如果抛弃或者背离了马克思主义哲学的根本方法，那么任何哲学体系，即使仍然冠以马克思主义的名称，也不能视为是马克思主义的。在马克思主义哲学体系中，能不能有人学的、生存论的以及价值论等的地位，这并不关涉马克思主义哲学的根本性质问题，关键是在研究上述这些问题是否坚持并运用了马克思主义哲学的根本方法——唯物主义辩证法或辩证唯物主义。"① 孙伯鍨教授这段话的基本精神我是很赞同的，特别是对于哲学专业工作者（包括我本人）来说是意味深长的。

从理论上看，许多马克思主义的实际工作者和理论工作者都可以同意马克思主义哲学——辩证唯物主义和历史唯物主义既是观点也是方法（当然也是立场），但由于职业分工的不同，实际工作者自然会强调方法，强调应用，而专业理论工作者则容易强调观点，强调体系，这可以说是专业工作者在体系问题上争论不休的原因之一。但孙伯鍨教授不认为这是由于职业原因而形成的两种片面性，而是从马克思主义哲学的本质特征出发，指出方法更为根本，无论如何，这对专业理论工作克服脱离实际、为理论而理论的教条主义习气是有益的。由于我也在从事马克思主义的哲学体系的研究工作，更应引以为鉴。

---

① 孙伯鍨：《再论马克思主义哲学的体系与方法》，载《新华文摘》2001 年第 7 期。

第四，作为著名的马哲史专家，孙伯鍨教授的研究并不限于历史，毋宁说他研究历史是为了解决现实问题，因此，他对现实理论问题和当代哲学问题倾注了相当大的精力，做出了引人注目的成果。1988 年他与另三位学者共同撰写的《在反思和探索中前进》就是探讨中国体制改革的历程、现状和前途的。正是因为他对中国特色社会主义建设有专门的研究，当国家教委委托北大、人大、南京大学、复旦大学编写普通高等教育"九五"重点教材《马克思主义哲学史》时，大家建议由他承担第十章《社会主义建设新时期邓小平建设有中国特色社会主义理论及其哲学基础》的写作。孙伯鍨教授出色地完成了自己的任务，这同他一贯关注现实理论问题，在理论工作中力图贯彻理论与实际相结合的马克思主义原则是分不开的。

孙伯鍨教授的学术道路其实就是理论联系实际的道路、理论与实践结合的道路，即马克思主义的革命道路、追求真理的道路，几乎没有一个自称为马克思主义者的人否认这条道路，但口头上承认这条道路并不难，行动上真正实践这条道路则不易，特别对于一个专业理论工作者则更难。孙伯鍨教授作为一个专业的理论工作者一生坚持贯彻这条道路，这是难能可贵的。孙伯鍨教授已离我们而去，这是无法改变的，但他在坚持马克思主义学术上作出的榜样是不会离开我们而去的。

张岱年先生与马克思主义哲学[*]

　　张岱年先生以国学大师、卓越的中国哲学史家著称于世。但他的哲学思想是什么，他是哪一门派的哲学家，则鲜为人知，谈到这个问题的文章也较少。我历来非常尊重张先生的道德与文章，特别是对于他的一生对马克思主义及其哲学的"信持"与执著更是敬佩，认为这对于一个精研中国传统哲学的一流专家十分难能可贵。张先生仙逝以来，他的学生与好友发表了大量的文章介绍张先生的为人与学问，我也想谈一下我所了解的张先生与马克思主义哲学的关系，以使普通读者对张先生有一个完整的了解。

　　与有些老专家在新中国成立国后才接受马克思主义哲学不同，张先生在青年时代就接触并接受了马克思主义及其哲学——辩证唯物主义和历史唯物主义。20世纪30年代，张先生正是20至30岁的青年，这时也是马克思主义哲学在中国大地广泛传播的时候。在其兄张申府的引导下，张先生开始学习马克思主义，很快为其进步性与科学性所折服，成为一个马克思主义的信奉者。他虽然后来没有把马克思主义

　　* 本文发表于《北京大学学报》(哲学社会科学版) 2005 年第 3 期；《哲学文摘》2005年第 3 期摘登。

作为自己的专业工作，但从来没有中断过他对马克思主义的信仰。在日伪统治下的北平，他不但在思想上坚持辩证唯物论，而且以它为指导，以中国传统哲学的范畴为思想资料来源，构筑自己的哲学体系——新唯物论，即中国式的辩证唯物论，写成《天人五论》。同时他也以辩证唯物论为指导来整理、研究和系统化中国传统哲学和现代哲学问题两方面发展自己的学术事业，但由于政治上受到不公正的待遇，他不得不把自己的研究领域限于中国传统哲学，但是，尽管如此，这丝毫没有动摇他对马克思主义及其哲学的信仰。在我国历史进入改革开放时代以后，他多次公开明确表示他的信念，更加鲜明地以马克思主义为指导来研究中国传统哲学的文章。张先生的哲学思想是相当丰富的，他给我们留下的哲学论著是一座哲学思想的丰富矿藏，值得我们深入开掘和系统概括。我还来不及认真从事这一哲学工作，在此仅对张先生的哲学观点作一点评价，以期引起读者的关注。

一、"辩证唯物论是当代最伟大的哲学。"这是张先生在 1991 年讲的[1]，他在上世纪 30 年代就已经有了这个观点。他说："当时我广泛阅读了古今中西的哲学著作，将马克思主义的辩证唯物论与现代西方的实用主义、新实在论、尼采哲学、新黑格尔主义作了比较，在比较之后，我肯定辩证唯物论是当代最伟大的哲学。"[2] 为什么呢？因为在张先生看来，当代西方各派都有一定的片面性，唯有辩证唯物论才正确解决了宇宙观和认识论的问题，才是最符合实际的学说。早在 1933 年张先生就公开发表过这一思想，在一篇题为《关于新唯物论》的文章中他明确指出："新唯物论或辩证唯物论，实为现代最可注意之哲学。"[3] "每思新唯物论虽成立于 19 世纪之中叶，而其中实能兼综 20 世纪若干派哲学之长。"他称新唯物论为"现代最可信赖之哲学"。[4]可见从 30 至 60 年代，张先生对辩证唯物论的崇高地位的评价是一贯

---

① 《张岱年全集》第 7 卷，河北人民出版社 1996 年版，第 157 页。

② 《张岱年全集》第 7 卷，河北人民出版社 1996 年版，第 157 页。

③ 《张岱年全集》第 1 卷，河北人民出版社 1996 年版，第 129 页。

④ 《张岱年全集》第 1 卷，河北人民出版社 1996 年版，第 129 页。

的，他自己在 1993 年也说过，"对于 30 年代 40 年代的一些观点仍然坚持未改，唯有在有生之年能做出进一步的发展"①。我想张先生直至2004 年逝世时仍未改变初衷，可谓至死不渝了。

张先生对于辩证唯物论的评价和坚持使我深受感动，引起了我深刻反思。改革开放以来，特别是苏联社会主义失败以来，辩证唯物论的身价一落千丈，尽管老中青年学者中还有不少人肯定并坚持辩证唯物论，但贬低甚至完全否定辩证唯物论的声势却愈来愈盛，年轻人不用说了，非马克思主义哲学专业哲学家也不用说了，就是马克思主义哲学专业哲学家中贬低甚至否定辩证唯物论的也大有人在。而张先生，作为中国传统哲学大师，六七十年间如此高度评价辩证唯物论且始终坚持，其原因何在呢？当然可能有一种解释，耄耋之年头脑僵化了思维糊涂了，然而张先生思维一直清晰得很，不仅坚持他的观点，而且写了不少文章进一步发挥他的观点。唯一合理的解释是他不是没有看见时代的变化，不是不知道人们对辩证唯物论的批评，不是不了解辩证唯物论的缺陷，但他从前对辩证唯物论的评价是有其充分的根据的，而时代的变化，并未达到需要根本改变甚至否定辩证唯物论的基本地位的程度。贬低甚至否定辩证唯物论那些言论以及苏联社会主义的失败并未动摇他对辩证唯物论的基本评价。不仅如此，他还在进一步建设、发展和中国化辩证唯物论方面进行一些思考，提出了一些看法，这是值得我们加以深入研究的。

二、"我对于唯物主义之为真理深信不疑。"② 这是与上述评价一致的观点，值得我们深思。在贬低甚至否定辩证唯物主义思潮中，唯物主义又是批判的重点。过去把哲学史归结为唯物主义和唯心主义的斗争史，这些观点无疑是错误的，改革开放以后受到了批判，这是应该的。但是，从其基本观点来看，唯物主义与唯心主义还有没有真理与谬误之分，我们是否应该坚持唯物主义，反对唯心主义呢？现在许多哲学家都坚持否定态度，认为肯定这种观点是思想落后的表现。然而

---

① 《张岱年全集》第 7 卷，河北人民出版社 1996 年版，第 394 页。
② 《张岱年全集》第 7 卷，河北人民出版社 1996 年版，第 159 页。

张先生却旗帜鲜明地坚持唯物主义，反对唯心主义。他在 1991 年发表的《我为什么信持辩证唯物主义》、《读列宁的〈哲学笔记〉》等文中明确地表达了他的这一观点。他说："近些年来，似乎唯心主义哲学颇受青睐，我则认为唯物主义的真理是颠扑不破的。"[①] 他不但认为唯物主义是真理，而且主张把唯物主义观点看作基本的哲学观点，是一切哲学观点的前提。他特别针对当时关于主体性和实践的讨论，指出："有人过分夸大了主体性，忽视了主体是不能脱离客体而存在的。有人更把实践说成是超越唯心唯物对立的本体，事实上实践是人类的实践，不可能成为自然界的本体。我认为，只有在唯物主义的基础上肯定主体性强调实践的意义，才是正确的。"[②] 哲学界关于实践的观点是不是马克思主义哲学的首要的基本的观点存在着分歧和争论，张先生没有直接参与这场争论，但我认为从以上引文中可以引申出一个观点，即承认外部世界的客观实在的唯物主义观点是马克思主义哲学的首要的基本的观点。这就是说，任何其他观点，包括"实践观点的马克思主义哲学的首要基本观点"，是不正确的。我赞成张先生的这种彻底的唯物主义观点。张先生对于唯心主义的危害性也深有体会。他不像有些人那样，把我国社会主义改造、建设和改革中的失误归罪于马克思主义，而是认为："这些失误的根源不在于马克思主义，而是在于违背了马克思主义的基本原理。例如失误之一是个人崇拜，事实上，个人崇拜是唯心主义的表现，正是违反了唯物史观的基本原理。"[③] 大家知道，"反右"斗争的扩大化是这种失误之一，张先生受过它的伤害，张先生对此能保持一种平和的实事求是的心态，实在是难能可贵的。

三、"关于文化建设问题，我们主张'综合创新'，即综合中西文化之长而创造社会主义的新中国文化。"[④] 这是张先生提出的关于中国文化建设的"综合创新论"的主要观点，是张先生的重要的理论创造

---

① 《张岱年全集》第 7 卷，河北人民出版社 1996 年版，第 84 页。
② 《张岱年全集》第 7 卷，河北人民出版社 1996 年版，第 158 页。
③ 《张岱年全集》第 7 卷，河北人民出版社 1996 年版，第 158 页。
④ 《张岱年全集》第 7 卷，河北人民出版社 1996 年版，第 13 页。

之一，在学术界有颇大影响，这个理论是马克思主义的，从中可以看出张先生对马克思主义的坚持、运用和发展，下面谈谈我学习和研究这一理论的体会。

文化综合创新论的基本观点并不是张先生晚年提出的，而是在 20世纪 30 年代就提出了。张先生当时的论文《世界文化与中国文化》、《关于中国本位的文化建设》等都明确表达了文化综合创新论的基本观点。张先生在 1996 年《张岱年全集·自序》中也谈到这一点，他说："从 30 年代初，我对文化问题也很感兴趣，强调必须运用唯物辩证法来考察文化问题，我坚决反对全盘西化论，也反对文化保守主义，主张综合中西文化之长以创造新的中国文化。我提出了文化'综合创新论'。"① 当然由于时代的变化张先生在早年与晚年关于中国新文化的性质、内容、特点等的论述有一定的差别。下面是他在改革开放后文化综合创新论的基本观点。

张先生认为，建设中国文化首先一个环节是分析。他强调的是综合，但认为不能忽视分析。他认为任何事物都是复杂的，包含多方面和多层次，要达到对事物的正确认识，分析是必要的，文化亦然。文化建设离不开已有的文化即中国传统文化和西方文化。"中国传统文化基本上是封建主义的文化，西方近代文化是资本主义的文化……中国传统文化中有精华和糟粕，西方近代的资本主义文化比封建文化高明，但也暴露出了弊端。所以，对于中国传统文化和西方近代的资本主义文化，都应进行一分为二的分析。② 他既反对中国传统文化否定论，称之为民族虚无主义或历史虚无主义，也反对复古主义；既反对全盘西化论，也反对自我封闭的东方优越论。综合创新论对中国文化传统论和西方文化进行了许多一分为二的具体分析。综合是在分析的基础上进行的。

文化综合创新论的第二个环节是综合。张先生说："我们主张综合中西文化之长以创造新文化，并不是说对于中西文化可以东取一点、

---

① 《张岱年全集》第 1 卷，河北人民出版社 1996 年版，第 4 页。
② 《张岱年全集》第 6 卷，河北人民出版社 1996 年版，第 256 页。

西取一点，勉强拼凑起来；综合的过程既是批判、改造的过程，也是创建新的文化体系的过程。"① 这就是说，中国传统文化和西方文化中所有优秀的合理因素都要保留和汲取，但绝不是机械地堆积起来，而是融入一个新的文化体系之中，成为这个文化整体的有机组成部分。这就包含了文化的创新。

文化综合创新论的第三个环节就是创新。综合离不开创新，创新也离不开综合。综合的环节以综合为主，但包含创新；创新的环节以创新为主，但包括综合。张先生没有明确区分综合与创新这两个互相包含的环节，但也没有说综合就是创新，创新就是综合。我之所以如此理解，就是因为我认为如此理解符合张先生原意，并能避免人们把综合误解成为创新。从张先生的若干论述中我们看得出来，综合与创新是无法截然分开的，是互相包含的，但还是有区别的。综合主要是指对中西文化精华因素的综合而言的，创新主要是指在马克思主义思想指导下，在社会主义改造、改革和建设的实践基础上创建中国新文化，即有中国特色社会主义文化。早在30年代，张先生就谈到过中国新文化是向社会主义文化过渡的文化，到了80年代，他十分鲜明地指出了中国新文化的社会主义性质和马克思主义思想指导。例如他在《综合、创新、建立社会主义新文化》中说："我们建设社会主义的新文化，一定要继承和发扬自己的优良文化传统，同时汲取西方在文化上的先进贡献，逐步形成一个新的文化体系。这个新的文化体系，是在马克思列宁主义原则的指导下，以社会主义的价值观来综合中西文化之所长而创新中国文化。它既是中国文化的继续，又高于已有的文化。这就是中国的社会主义新文化。"②

张先生不仅提出了综合创新论，而且身体力行，一生都在努力实践这一理论。张先生不是个单纯的中国哲学史家，他把研究中国哲学史作为自己的全部事业。他早期研究中国哲学、西方哲学和马克思主义哲学就有志于把三者综合起来并在社会实践和科学发展的基础上创

---

① 《张岱年全集》第7卷，河北人民出版社1996年版，第63页。
② 《张岱年全集》第6卷，河北人民出版社1996年版，第253—254页。

建新的中国哲学，并作了实际的努力，取得了一定的成果。新中国成立以后，张先生把精力和时间主要放在中国哲学史研究上，其目的也是为了哲学上的综合创新。改革开放之后，张先生以耄耋之年重新阐发自己提出的文化综合创新论，并且身体力行，取得了一定的成绩，应该说是了不起的。我对张先生了解不多，也不深，不揣疏漏，简要地谈一谈我对张先生的一点理解，希望张先生倡导的这种综合创新精神得到发扬光大。

公　能

——张伯苓教育思想的灵魂[*]

　　张伯苓校长是我国 20 世纪的现代伟大教育家之一，他虽然生活和活动于 20 世纪上半叶的旧中国，但其思想和实践对于我国社会主义教育事业仍然具有重要的价值，继承他留给我们的这一份宝贵的精神财富，并加以发扬光大，是今天广大教育工作者不可推卸的责任。特别是蜀光中学的师生和校友们，作为南开系列学校中的一员的蜀光人，一直沐浴在张伯苓的教育思想和实践的影响之下，更加责无旁贷。我是身受其惠的蜀光学子之一，愿以此文纪念张伯苓接管蜀光中学 70周年。

　　张伯苓首先是一个教育实践家，南开系列学校从胚胎到创建、兴盛、被毁、再创建的过程几乎就是他的全部生活，但他并没有单纯从事实践，而是以当时的先进教育思想为指导，不断总结实践经验，提出自己的教育思想，逐渐形成了自己的教育思想体系。他与同时代的先进分子一样，认为中国社会必须现代化才能改变中国贫穷落后、备

---

　　* 本文为"张伯苓教育思想在蜀光"研讨会专稿。《自贡日报》2007 年 10 月 12 日摘登；全文发表于《蜀光人物》（第 2 集）（四川人民出版社 2009 年 9 月出版）。

受欺凌的命运，而这个目的只有发展教育才能达到。他说："我之教育目的在于教育之力量，使我中国现代化，俾我中华民族能在世界上得到适当的地位，不致受淘汰。"这样他在青年时期就确定了毕生从事发展中国教育事业，实现中国教育现代化的目的，为达到此目的数十年如一日奋斗不止，终身不渝，鞠躬尽瘁，死而后已。

张伯苓的教育事业包括两大部分内容：一是他一手创建的包括从小学到大学的南开学校、重庆南渝（南开）中学、自贡市蜀光中学的南开系列学校及其培养出来的成千上万中国现代化人才；一是他的系统的中国教育思想。前者是有声有色、生动具体的成果，看得见，摸得着，在张伯苓逝世后不但继续存在，而且在不断成长，愈来愈兴旺发达，但后者则不大为人所了解，有待挖掘、研究，并加以发扬光大，来推动今天的社会主义教育事业。

张伯苓虽然没有写过专著来系统介绍和论证他的教育思想，但他对一系列基本教育问题都提出了自己的观点，形成自己的从教育与人类社会、教育与时代、教育与中国现代化、现代教育的中国化、教育的功能、教育的内容、教育的方针、培养学生的标准到课程设置、训练计划的系统教育思想。在张伯苓的丰富的教育思想中，被作为南开系列学校校训的公能思想，受到全体师生和教育界的重视，2004年蜀光中学建校80周年纪念活动中，我曾以校训公能为主题为《蜀光校史》作序，对中国传统文化中的公、能思想，社会主义教育中的公能思想、公能校训在蜀光中学教学中所起的作用，作了理论上的分析，但对公能校训与张伯苓的关系没有作具体论述。为了纪念张伯苓接管蜀光中学70周年，翻阅和研读了他的部分资料，深感公能思想是张伯苓教育思想的灵魂，下面谈一谈我对张伯苓的公能思想的几点理解。

第一，公能校训的提出。张伯苓是在1934年纪念南开建校30周年把公能作为校训提出来的。公能是习惯的简称，全文是"允公允能，日新月异"。张伯苓把公能作为校训提出来不是偶然的，是他投身教育事业数十年经验的总结，是他对中国优秀文化传统的继承与改造，是他长期探索思想的结果。他原是一名海军下级军官，甲午海战中中国惨败，战后备受欺凌，他目睹威海卫先被日军占领，在他国干涉下交还中国，后又移交给英军，后来他谈及他为什么弃武从教时说："当时说不出的悲愤交集，乃深深觉得，我国欲在现代世界求生存，全靠新式教育，创造一代新人。我乃决计献身于教育救国事业。""一代新人"的标准是什么呢？他最初直接动机是"教育救国"，新人的最主要的品质就是"爱国心"。后来，他把对学生的培养目标分解为"自创心"和"纪律心"。又提出过体育、科学、精神修养等要求。爱国心、纪律心、精神修养是对于一个新人的思想品德的要求，自创心、体育、科学是对于一个新人的知识才能的要求。显然，公与能两方面已蕴涵在其中了。张伯苓是现代新式教育的倡导者，但毫不崇洋媚外，一贯主张从中国国情出发来发展中国现代教育事业，他把这种教育方针称作"土货化"，用今天的语言来说就是中国化或民族化。在他看来，教育土货化包含两方面的内容，一是根据中国的条件和需要来规定教育目的、教育内容、课程设置、训练方法等，一是吸收中国优秀文化传统来培养中国学生。他特别重视中国传统文化中关于道德修养的论述，经常谈论和提倡那些有益于提高现代人的思想品德的观点，如"熏陶人格"、"学行合一"，等等，他经常引用古圣先贤的一些名言警句。就是这样，到1934年，公能校训逐渐形成了。

第二，公能校训的含义。从字面讲，"允公允能"是对《诗经》中的"允文允武"的模仿。"允文允武"意为"既有文治，又有武功"，"允公允能"就应该意为"既有公德，又有能力"。张伯苓推陈出新，作出了自己的解释，他说："允公，是大公，而不是小公。小公只不过是本位主义而已，算不得什么公了。""允能，就是要做到最能。能建设现代化国家，要有现代化的才能。"对于"日新月异"，他也作了解释，他说："日新月异，就是每个人不但要能接受新事物，而且还要能成为新事物的创造者；不但要赶上新时代，而且还要能走在时代的前列。"自从他明确提出公能校训以来，他随时随地根据当时具体条件给予新的解释和发挥。例如，他说："'能'的意思，就是对于身体的锻炼与知识的培植。'公'的意思，就是为公众，根除自私自利。"又说:"公是最高的道德。"日新月异,"与时俱进","自强不息",等等。综合这些以及其他论述,用现代语言来表述,张伯苓对于公能校训的理解大致是,学校培养学生的第一个要求就是把学生培养成具有高尚品德的人,最高的品德是公德,即把公众利益摆在私利之上,而所谓公众的利益不是一个小团体的小公,而是社会、国家的利益,乃至全世界、全人类的利益。第二个要求就是把学生培养成有为社会、国家服务的能力的人,因此,学生首先要有强健的身体,其次要有现代科学知识,第三要会运用这些知识于实践。第三个要求就是要把学生培养成自强不息、与时俱进、善于创新的人才。此外还应指出,公能校训当然是为学生而设的,但在张伯苓看来,这个要求对教师也是完全适用的,这是十分正确的,如果教师都做不到公能,他怎么可能培养学生的公能品质呢? 以今天的眼光来看,公能实际是全面素质教育的最主要的两个方面,张伯苓的解释全面反映了素质教育的要求,是非常合理的。

第三,以公能作为校训的理由。以公能作为校训的理由有正面的,也有反面的。正面的理由就是为了培养救国的人才,培养建设现代化国家的人才,这是与他从事教育的理由完全一致的。这一点他谈得很多,也为人们所熟悉。前面多所涉及,我想就不必多谈了。此外,他也谈了不少反面的理由,这就是针对中国人在品德上的一些缺点,这一点人们不大注意,我认为也是很重要的。那么,他针对什么呢? 他提出公,是针对了私。他赞同胡适的观点:"中国有五大恶魔,穷、乱、愚、弱、私。"但他认为:"私是五大魔之首,因为私可以使人穷,使人乱,使人愚,使人弱。"因此,他对私作了不少分析,值得我们今天借鉴。他所说的"私"并不等于我们今天所说的个人利益,而是以个人利益为中心的自我中心主义,亦曰利己主义或个人主义。今天人们对于利己主义或个人主义也有不同理解和评价,但我们听听张伯苓对那种把个人利益摆在第一位而不顾公共利益的"私"是如何分析和评价的,总是有益的。

张伯苓认为私有两个来源:一个来源是心理,即思想根源,他又把思想根源分为四个方面，一是公私之辨不明，二是视损公利己为小节，三是虽有为公的思想，但行为跟不上，四是只顾自己不顾团体；另一个来源是社会风气的影响，即社会根源，他把社会根源区分为反面的和正面的，反面的指社会对自私自利、损公肥私行为缺乏监督制裁；正面的指社会上舍己为公、大公无私的模范行为太少。从今天我国的理论水平来看，张伯苓的分析不很深刻，然而问题的关键他是抓住了的，那就是公私关系问题（个人利益与社会利益、国家利益、全人类利益的关系问题）是青年学生成长时期的关键问题之一，这个问题解决好了，就为一个青年一生打好了科学的世界观、人生观、价值观的基础。另一个关键问题是能力的培养，二者结合，就为一个现代化人才的成长奠定了基础。张伯苓提出的公能校训，对今天培养社会主义现代化的建设者是完全适用的。

第四，公能校训与公能训练。张伯苓提出的公能校训不是单纯的理论，它有一套把理论用于教学实践的训练方式和训练计划，这实际就是把培养学生的公能品质贯彻于整个学校生活之中，无论课程设置、教学方法、课外活动，无不是为了提高学生的公能品质。他说："无论在学校与社会，必须德智体群四育并重，不可偏于求知的智育；而且更应注意'学'、'用'相长，不可再像科举时代那样只读死书。"他在纪念南开学校建校40周年的文章中专门有一节《训练方针》，较具体介绍了他把公能校训贯彻于整个学校生活的措施。一是重视教育；二是提倡科学；三是团体组织，谈的主要是课外活动和社团活动，他提到了学术研究、讲演、出版、新剧（话剧）、音乐研究会、体育、社团等活动；四是道德训练，包括矫正个人不良习惯、以学校纪律严格要求、注重仪表举止等，五是培养救国力量，指关心世界与国家大事、提高爱国心、参加救国运动等。他总结这五项措施说："上述五项训练，一以'公能'二字为依归。目的在培养学生爱国爱群之公德，与夫服务社会之能力……此五项基本训练，以'公能'校训为指导原则，而'公能'校训必赖此基本训练，方得实现。"这样，张伯苓的教育思想构成了一个从理论到教学方针、教学计划、教学方法的思想体系，而公能校训是其教育思想的灵魂，而张伯苓教育事业则成为旧中国从理论到实践的现代教育事业的重要组成部分。人民共和国的建立不是靠教育救国路线，但旧中国的现代教育，包括张伯苓的教育事业，确为新民主主义革命和社会主义改造、社会主义建设培养了无数人才，他们在现代教育事业上接受了马克思主义思想的指导，不仅对中国革命作出了巨大的贡献，也对社会主义建设作出了而且在继续作出不朽的业绩，今天，我们召开学术研讨会来深入研究张伯苓的思想和实践是完全必要的。

平实无奇　鞭辟入里[*]

——学习赵存生同志的理论风格

我虽然很久以前就认识赵存生同志，但由于缺少直接的接触，对他说不上有什么了解。1998 年，我被聘任为北京大学邓小平理论研究中心研究员，他是中心主任，十年来，我们的接触就多了，我至少每年都有好几次参加他主持的会议。他在报刊上发表的文章我也比较注意阅读。十年接触他在我的心目里形成了一个在为人与治学方面都堪称楷模的教师形象。在这过程中他也成为北大马克思主义理论的教学与研究工作的学术带头人。他刚刚步入老年，来日方长，北大广大的马克思主义理论工作者都期望他在北大理论建设和发展上发挥更大的作用。他的逝世，使北大理论工作失去了一个优秀的工作者、组织者和指挥员，我们只有向他学习，学习他做人的品格和治学的风格，用更加努力的工作来尽力弥补这个损失。下面我想谈一下他的理论风格。

赵存生同志的文章涉及的都是一些思想性、政治性、针对性、现实性极强的主题，但他的文章又有很强的说理性、学术性、分析性、

---

* 本文发表于《北京大学校报》2008 年 9 月 15 日。

通俗性，从不故意标新立异，从不追求时髦，更不剑拔弩张、惊世骇俗，他的风格是平实无奇，而又鞭辟入里。他今年 3 月 25 日发表在《中国教育报》上的文章《市场经济条件下的集体主义教育》颇能表现他的文风。

大家知道，集体主义是社会主义制度下处理国家、集体和个人之间利益关系的公认的指导原则，但 1992 年党中央提出以社会主义市场经济作为我国经济体制改革的目标以来，许多论者认为我国社会处理利益关系的原则不再是集体主义了，集体主义应为个人主义所取代。这种观点遭到不少论者的反驳。反驳者认为个人主义只是资本主义市场经济的原则，而我国的市场经济是社会主义性质的，我们必须坚持集体主义的原则。这种反驳当然是正确的，也是有力的，赵存生同志在文章的第二部分也采取了这一反驳方式，这当然是必要的。但他没有停留在这里，而是进一步指出，"集体主义是人类社会延续和发展的重要原则"，是"人的本质的体现，是人类社会通行的原则"。这就是说，集体主义具有全人类的普适性。这同过去的观点不一致，过去一般认为，集体主义是社会主义原则，没有普适性。同时还认为社会主义的经济体制只能是计划经济，市场经济一定是资本主义的，于是，既然中国经济体制将成为市场经济，集体主义原则自然应该为个人主义原则所取代了。赵存生同志不但指出了中国市场经济的社会主义性质，而且用市场经济的具体情况，还用历史上资产阶级思想家肯定集体主义原则的言论，来说明集体主义的普适性，论证绝不能用个人主义取代集体主义。赵存生同志的分析，具有强劲的理论力量，使人心服口服。

此外，我还想指出，赵存生同志的论证涉及改革开放以来的一个重大理论问题，即普适性问题。过去许多被认为没有普适性的东西现在都被承认有了，市场经济就是一个很著名的例子。此外还有人权、人性，等等，赵存生同志提出的集体主义也是一例。当然，不能一概而论，哪些概念具有普适性，具有多大的普适性，要具体分析。我想，学习赵存生同志具体分析问题的学风，我们将获得许多有益的启迪。

从贺麟先生哲学思想转变中得到的启发*

　　新中国成立后贺麟先生不但在政治上有一个根本性的转变，在哲学上也有一个根本性的转变，即从唯心主义者转变为唯物主义者，从旧哲学家转变为辩证唯物主义者。这种转变是长期的反复的思索，是困难的曲折的推敲，是严肃的认真的思想斗争。今天重谈他在新中国成立后写的几篇有关文章，使我深感他的这个思想转变过程的复杂与曲折，也使我深受启发。写几点体会，作为贺麟先生百岁华诞的纪念。

　　第一，贺先生对辩证唯物主义的接受有一个不断反复思索，不断深入认识的过程，绝不是因为全国解放而盲目附和与违心认同。

　　贺先生原是一位著名的唯心主义哲学家，在北平解放之际，他没有随国民党去台湾而是勇敢地留了下来，这是政治态度上根本转变的开始，同时也开始了哲学思想的转变。

　　我没有研究他转变的具体过程，但从他的一篇文章可以看出他的哲学思想转变过程的大致情况。这就是发表于 1956 年的一篇谈参加"土改"体会的文章，标题是《参加"土改"改变了我的思想——启

---

　　* 本文发表于《贺麟先生百年诞辰纪念文集》（中国社会科学出版社 2009 年 4 月出版）。

发了我对辩证唯物论的新理解和对唯心论的批判》，文章结合"土改"的经验谈了他的哲学思想的转变。他首先谈到了从过去静观世界到参加"土改"，即参加革命实践的转变，使他改变了过去认为唯物论只注重表面现象的看法，认识到唯有辩证唯物论才能深入认识事物的本质、核心和典型；其次，还使他改变了过去认为唯物论只注重改变外部世界的看法，而认识到辩证唯物论不但重视改造外部世界，而且重视改造思想、改造自我；第三，还使他改变了过去认为唯物论轻视感情、没有热情、没有理想的看法，而认识到辩证唯物论不仅重理论、重理性、重科学，而且"重热情、重阶级友爱、重爱恨分明、重全心全意工作"。

今天重读这篇文章，不但可以从中体会贺先生在实践中、在理论思考中经历了怎样的历程，对我们今天如何认识辩证唯物论也是很有参考价值的。看来贺先生在新中国成立前已形成了对唯物主义与唯心主义的若干观点，但显然是在学院中形成的，没有经过实践的检验，而他对辩证唯物论的认识和理解诚然也通过书本学习，而对他触动最大最深的还是实践，尤其是革命的实践。参加"土改"使他对辩证唯物论有了新的认识，从而把辩证唯物论与旧唯物论区别开来，也对他所熟悉的唯心论有了更新更深的认识。贺先生的这一经历是符合马克思主义哲学的根本性质的，对我们长期在高校和科研机构中工作的哲学工作者有明显的借鉴意义。

其次，贺先生原先虽然是一个唯心主义哲学家，但作为一个学者、哲学家，他的哲学思想与马克思主义哲学并非毫无共同之处。

共同之处何在呢？那就是对真理的追求。什么是真理？学者们的观点是很不相同的。在任何理论领域，人们的观点也是很不相同的，特别是哲学领域，观点尤其分歧大。但是，不论古今中外，只要是一个严肃的学者、一个认真的哲学家，没有不是以追求真理为研究学问的目标的。正是在这个共同的目标下，各种不同观点才可以对话、讨论、交流，乃至取长补短，甚至根本改变自己的观点。贺先生是个严肃的学者，自然不会例外。贺先生1933年为《华北日报》哲学副刊写的发刊词中明确指出，"哲学是一种学养，哲学的探究是一种以学术培养品格，以真理指导行为的努力"，哲学副刊将致力于"真理的探求和哲学的探讨"。随着时代的发展，贺先生的思想有巨大变化，但追求真理的初衷没有变，在各种政治运动中也没有变。1981 年他在外国哲学史学会成立大会上以《我对哲学的态度》为题发言，重申："我自己为什么选择学习和研究哲学，目的也是为了追求真理。"纵观贺先生一生，"追求真理"是他的哲学思想根本转变的一个理论前提。"追求真理"的精神值得后辈永远学习。

第三，贺先生在解放后对唯心主义采取了批判的态度，但他的批判是有分析的、实事求是的，批判中有继承。

如何对待唯心主义，曾经是 50 年代哲学讨论的一个热点话题。贺先生在理论研讨会上的一些观点被认为是站在他的旧的哲学立场上为唯心主义辩护，受到了批判。现在看来，贺先生的观点是正确的。当时日丹诺夫关于哲学史是唯物主义与唯心主义斗争的历史的论断甚为流行，有些同志把这个论断简单化，认为唯物主义与唯心主义像壁垒森严的两支军队或两个阵营那样互相斗争。贺先生从哲学史的事实出发，认为哲学史诚然是唯物主义与唯心主义斗争的历史，但对这种斗争不能理解得太狭隘、太形式、太片面。在他看来，这种斗争是理论上思想上的斗争，不是政治斗争、宗教斗争、军事斗争；有时是师生、朋友、昨日之我与今日之我之间的争论，不一定是敌我斗争；除了互相斗争的一面，还有互相吸收、利用、凭借的一面；哲学史上除了唯物主义与唯心主义的斗争，还有唯心主义与唯心主义的斗争、唯物主义与唯物主义的斗争；不仅有唯物主义战胜唯心主义，也有唯心主义战胜唯物主义。贺先生从这里引出对唯心主义的继承问题。他认为哲学史上不仅存在唯物主义继承唯物主义、唯心主义继承唯心主义，而且存在唯心主义继承唯物主义、唯物主义继承唯心主义。他提出，"唯心主义中有好东西，不能一概抹杀"。他主张继承哲学遗产，并不是复古，也不是简单的照搬，而是用历史唯物主义的观点去承继。"所谓承继，是包含有为革命的需要而加以加工改造，承继从辩证法讲来，应包含有否定、保存和提高的过程。"这些观点的提出体现了一个老学者的实事求是的精神和坚持真理的理论勇气，在当时是难能可贵的。

贺先生一生追求真理、坚持真理，是一个真正的学者，从他的哲学思想的转变过程中我们可以学习不少的东西。

以上只是我所感到的几点而已。

李大钊的世界观初探 *

　　李大钊作为中国早期杰出的马克思主义理论家，其社会历史思想和革命思想，已有许多论著加以阐发，但论述其世界观思想的论著却很少。近读《李大钊全集》，发现他并非没有表达过其世界观，而且还可以明显看出，他的世界观就是辩证唯物主义。这种情况同马克思有点类似，马克思没有明确谈自己的世界观是辩证唯物主义，但事实上他确实是一个辩证唯物主义者。有什么根据断定李大钊的世界观是辩证唯物主义呢？我认为可以举出以下几点来证明。

一、从李大钊的世界观论断看

　　李大钊虽然没有明确地讲过自己的世界观是辩证唯物主义，也没有系统地叙述过自己的世界观，他谈得较多的是唯物主义历史观，但他的论著中零散地谈到世界观的论断仍然是不少的，把这些言论整合起来看，其所表达的世界观只能是辩证唯物主义。

　　他在《史学与哲学》一文中讨论的重点是史学与哲学的关系，但

　　* 本文发表于《中共党史研究》2009 年第 11 期。

对什么是哲学也有所论述。他把哲学与各种科学的关系比作宗主国与独立国的关系，说："哲学仿佛是各种科学的宗邦，各种科学是逐渐由哲学分出来的独立国。哲学的领地虽然一天一天的狭小，而宗邦的权威仍在哲学。"① 这里谈的是历史上学科分化过程，他可能是针对西方实证主义流派关于哲学分化使哲学逐渐缩小而归于消灭的观点，认为哲学不会因缩小而消灭。为什么呢？因为"科学之所穷，即哲学之所始"②。我认为他这里是指各门科学研究的是现实世界的各个部分，而哲学研究的是世界整体，后面他明确指出，"哲学是研究宇宙一切现象的"③。哲学在历史上曾经是知识的总汇，物无巨细，无所不包，由于各门科学的兴起，一个个从哲学中分化出去，即使一切部分都被分化出去了，总还有一个领域存在，那就是整体、一般，整体、一般的问题是根本问题，永远会有一门科学在研究它，那就是哲学。很显然，李大钊所理解的哲学就是世界观，这是符合科学发展的事实的，也是与历史上多数哲学家的意见一致的。自古以来，对哲学的理解有狭义和广义之分，狭义的哲学又被称为形而上学、本体论等，广义的哲学则包括各种部门哲学。马克思和恩格斯在反辩证法意义上使用"形而上学"，从来不用"本体论"，而使用"世界观"。无疑，世界观或宇宙观是更确切的称呼。总之，世界观这门学科李大钊是肯定的，也有自己的世界观，那么，他的世界观是什么呢？

李大钊没有明确讲他的世界观是什么，但从他的一些言论可以推知，他的世界观不属于唯心主义，不属于二元论，也不属于机械的或形而上学的唯物主义，而是辩证唯物主义，这是非常明显的。他反对一切唯心主义世界观，指出："历史之中国、印度，乃至欧洲之自古传来之种种教宗哲派，要皆以宇宙有一具绝对理性、绝对意思的不可思议的神秘的大主宰，曰天，曰神，曰上帝，曰绝对，曰实在，曰宇宙本源，曰宇宙本体，曰太极，曰真如，名称虽殊，要皆指大主宰而言

---

① 《李大钊全集》第 4 卷，人民出版社 2006 年版，第 164 页。
② 《李大钊全集》第 4 卷，人民出版社 2006 年版，第 164 页。
③ 《李大钊全集》第 4 卷，人民出版社 2006 年版，第 165 页。

也。由吾人观之，其中虽不无一二叶于学理的解释，而其或本宗教之权威，或立理想之人格，信为伦理之渊源而超乎自然之上，厥说盖非生于今日世界之吾人所足取也。"① 在他看来，世界是无始无终永远变化发展进步的自然界，他说："吾人以为宇宙乃无始无终自然的存在。由宇宙自然之真实本体所生之一切现象，乃循此自然法而自然的、因果的、机械的以渐次发生，渐次进化。"② 他不仅认为宇宙是不断进化的，而且认为进化的动力是事物矛盾的对立与统一，他曾说："宇宙进化的机轴，全由两种精神运之以行，正如车有两轮、鸟有两翼，一个是新的，一个是旧的。但这个精神活动的方向，必须是代谢的，不是固定的；是合体的，不是分立的，才能于进化有益。"③ 这里使用"精神"一词显然不妥，此时他已经是一个自觉的唯物主义者，稍后他就使用"质力"一词取代"精神"，说："宇宙间有两种相反之质力焉，一切自然，无所不在。由一方言之，则为对抗；由他方言之，则为调和。"④ 用今天的语言，我想他说的就是对立面的斗争和统一。大家知道，矛盾运动的思想源自黑格尔，经过马克思、恩格斯、列宁的唯物主义改造已经成为唯物主义辩证法的核心，李大钊的这些言论足以说明他的世界观是辩证唯物主义。

此外，李大钊还论述过其他一些世界观问题，如时间的客观性和永恒性、因果关系的客观性与普遍性、规律的客观性等，这里就不一一介绍了。

二、从李大钊的历史观看

今天在我国，马克思主义历史观有没有世界观前提，它是不是唯物主义，竟是一个问题。这是我国理论界的咄咄怪事。马克思和恩格斯把他们的历史观称为唯物主义历史观，其世界观前提不是唯物主义

---

① 《李大钊全集》第 1 卷，人民出版社 2006 年版，第 246 页。
② 《李大钊全集》第 1 卷，人民出版社 2006 年版，第 246 页。
③ 《李大钊全集》第 2 卷，人民出版社 2006 年版，第 196 页。
④ 《李大钊全集》第 2 卷，人民出版社 2006 年版，第 209 页。

还能是什么呢？他们在创立唯物主义历史观的《德意志意识形态》中就明确批评过费尔巴哈说："当费尔巴哈是一个唯物主义者的时候，历史在他的视野之外；当他在探讨历史的时候，他不是一个唯物主义者。在他那里，唯物主义和历史是完全脱离的。"① 显然，他们是把唯物主义和历史结合起来了，即用唯物主义来考察历史。那么，他们当时的唯物主义是什么唯物主义呢？是费尔巴哈唯物主义或一般唯物主义，还是辩证唯物主义？普列汉诺夫曾经谈过这个问题，他说："对历史作唯物主义的解释，要以辩证的思维方法为前提。"② 这是很正确的，唯心主义只知意识决定存在，直观唯物主义只知存在决定意识，只有辩证唯物主义才能坚持存在（物质）与意识的互动，没有辩证唯物主义就没有唯物主义历史观，严格一点说，马克思主义历史观就是辩证唯物主义历史观。马克思和恩格斯的早期著作中虽然没有明确提出辩证唯物主义的思想体系，但在他们的历史观中明显蕴涵了辩证唯物主义这个世界观前提。这种情况也存在于李大钊的历史观中。

李大钊 1923 年在复旦大学那一场题为"史学与哲学"的演讲中，多次谈到哲学与历史观的关系，认为人类社会"历史是宇宙的一部分，哲学是研究宇宙一切现象的，所以历史事实亦属于哲学所应当考察的对象之中"③，又说："历史哲学是哲学的一部分，哲学是于科学所不能之处，去考察宇宙一切现象的根本原理的。历史事实是宇宙现象的一部分，所以亦是史学所研究的对象的一部。"④（引文中"史学"一词应为"哲学"，可能是记录有误——笔者注）李大钊是以学科的对象的关系来观察学科的关系的。这里的哲学指世界观，世界观的对象与历史观的对象的关系是整体与部分的关系，世界观与历史观的关系当然也应该是整体与部分的关系，而由于学科都是理论的概括，这种整体与部分的关系就转变成为一般、普遍与特殊的关系，就是说，历史

---

① 《马克思恩格斯选集》第 2 版第 1 卷，第 78 页。
② 《普列汉诺夫哲学著作选集》第 1 卷，三联书店 1959 年版，第 494 页。
③ 《李大钊全集》第 4 卷，人民出版社 2006 年版，第 165 页。
④ 《李大钊全集》第 4 卷，人民出版社 2006 年版，第 164 页。

观是世界观的部门学科，即部门哲学。部分蕴涵整体，特殊蕴涵一般、普遍，所以，历史观蕴涵世界观，唯物主义历史观蕴涵唯物主义。不仅如此，正如我们在前面谈过的，唯物主义历史观蕴涵的不仅是一般唯物主义，而且是辩证唯物主义，在李大钊这里也如此。

李大钊明确指出："史学家的历史观每渊源于哲学。"①马克思的唯物主义历史观当然渊源于唯物主义哲学，不仅如此，"马克思的唯物史观，很受海格尔的辩证法的影响，就是历史观是从哲学思想来的明证"②。这就是说，马克思的唯物主义不是纯粹费尔巴哈的唯物主义，他只是采取了其中的一般唯物主义观点，并与"黑格尔的辩证法的影响"（不是原封不动的黑格尔的辩证法，而是经过马克思消化、改造的辩证法的一般因素）结合起来，这种结合在唯物主义历史观的思想体系中得到了具体的体现。这也体现在李大钊的历史观中。

李大钊的《我的马克思主义观》是马克思主义在中国传播史上第一篇由中国人写的系统介绍马克思主义的文章，其主要内容是介绍马克思的唯物史观和经济理论，它的发表对马克思主义的传播和中国革命运动的发展发挥过巨大的作用。尽管如此，今天细细阅读，可以发现此文在有些地方对马克思的唯物主义历史观有所误解。自从马克思提出经济基础决定上层建筑的原理以来，欧洲理论界一直有一种误解，把它误解成经济决定论。后来恩格斯于19世纪90年代专门澄清了这种误解，指出："政治、法、哲学、宗教、文学、艺术等等的发展是以经济的发展为基础的。但是，它们又都互相作用并对经济基础发生作用。并非只有经济状况才是原因，才是积极的，其余一切都不过是消极的结果。这是在归根到底总是得到实现的经济必然性的基础上的互相作用。"③他还指出有这种误解的"先生们所缺少的东西就是辩证法"④。马克思主义的反对者则把辩证唯物主义历史观歪曲成经济决定

① 《李大钊全集》第4卷，人民出版社2006年版，第164页。
② 《李大钊全集》第4卷，人民出版社2006年版，第165页。
③ 《马克思恩格斯选集》第2版第4卷，第732页。
④ 《马克思恩格斯选集》第2版第4卷，第705页。

论再加以攻击。李大钊在《我的马克思主义观》中也有这种误解。他在介绍了唯物史观的基本观点，就阶级斗争、法、道德等与经济基础的关系问题回应马克思主义的反对者对唯物史观的攻击的同时，也承认马克思的观点有"有些牵强矛盾的地方"①，有"应加救正的地方"②，他指的实际是对唯物史观的经济决定观点的误解，这是马克思主义理论传入的早期难以完全避免的历史局限性。这里我们感兴趣的是：李大钊如何纠正这个矛盾？恰恰就是用辩证的理解来纠正。例如，他说："经济现象和法律现象，都是社会的原动力，他们可以互相影响。"③又说："不改造经济组织，单求改造人类精神，必致没有效果。不改造人类精神，单等改造经济组织，也怕不能成功。我们主张物心两面的改造，灵肉一致的改造。"④尽管李大钊对马克思的词句有所误解，但他用辩证唯物主义观点来理解唯物史观是完全正确的，是同马克思和恩格斯的理解完全一致的。

三、从李大钊分析问题的方法看

这里所说的方法不是各式各样的具体方法，而是根本的方法，通常简称思维方法或思维方式，即党的文件中所说的思想路线，这种方法是由哲学原理转化而来。马克思主义思想路线就是由辩证唯物主义转化而来的，所以我们习惯于把辩证唯物主义称作马克思主义的世界观和方法论。因此，我们往往可以从一个人的世界观来研究他的思维方式，或者反过来，从他分析和解决问题的思想方法来研究他的世界观。我现在就想从李大钊分析问题的方法来研究他的世界观。从中可以看出他的世界观就是辩证唯物主义。下面举几个例子略作分析。

李大钊颇多关于史学的论著。他多次强调不能把历史的记载与历史混为一谈，研究历史必须通过历史的记载，但我们不能满足于历史

---

① 《李大钊全集》第3卷，人民出版社2006年版，第31页。
② 《李大钊全集》第3卷，人民出版社2006年版，第35页。
③ 《李大钊全集》第3卷，人民出版社2006年版，第33页。
④ 《李大钊全集》第3卷，人民出版社2006年版，第35页。

的记载，沉溺于历史的记载，而要通过历史的记载去寻求"真的历史"、"活的历史"。他说："历史这样东西是人类生活的行程，是人类生活的联续，是人类生活的变迁，是人类生活的传演，是有生命的东西，是活的东西，是进步的东西，是发展的东西，是因流变动的东西。他不是些陈编，不是些故纸，不是僵石，不是枯骨，不是死的历史。"① 他这样讲，反映了他研究历史的方法，即认为历史是客观的，其状况与存在是不以人的意识为转移的，又是变化发展的，是按规律永恒运动的，这就说明，他研究历史的思想方法是辩证唯物主义的方法。这是他研究人类社会的根本方法，这表现在他对许多具体问题的分析和研究上。

他对过去与现在的关系的看法中就包含了明显的辩证思维。他指出，当时有人发表文章宣传一种历史倒退论，夸大社会现象中的阴暗面、消极面，说什么"世道人心，今不如昔"，"人心不古"，"现在的风俗、道德、人心，不如古来的风俗、道德、人心"。② 李大钊除了分析这种思想的多种原因，如老年人喜欢怀旧、怀古之外，还分析了其认识上的原因，指出："社会进化，是循环的，历史的演进，常是一盛一衰，一治一乱，一起一落。人若生当衰落时代，每易回思过去的昌明。其实人类历史演进，一盛之后，有一衰，一衰之后，尚又复盛，一起之后，有一落，一落之后，尚又复起，而且一盛一衰，一起一落之中，已经含着进步，是螺旋式的循环。"③ 把历史的进程看作螺旋上升的过程就是一种辩证法思想，既不是片面推崇过去的崇古论，也不是片面歌颂今天的颂今论；既不把历史看成单纯的倒退或停滞，也不把历史看成笔直的上升，而是主张历史是在反复中前进、循环中上升的过程。螺旋上升是对辩证法中否定之否定规律的形象描写，列宁曾用这个词来形容认识的辩证过程，说："人的认识不是直线（也就是说，不是沿着直线进行的），而是无限地近似于一串圆圈，近似于螺旋

---

① 《李大钊全集》第 4 卷，人民出版社 2006 年版，第 399 页。
② 《李大钊全集》第 4 卷，人民出版社 2006 年版，第 10 页。
③ 《李大钊全集》第 4 卷，人民出版社 2006 年版，第 11 页。

的曲线。"① 毛泽东则喜欢用"波浪式前进"来形容事物发展的辩证过程，如他说："世界上的事情，因为都是矛盾着的，都是对立统一的，所以，它们的运动、发展，都是波浪式的。"② 又说："说社会主义经济的发展一点波浪都没有，这是不可能设想的。任何事物的发展都不是直线的，而是螺旋式地上升，也就是波浪式发展。"③ 列宁、李大钊、毛泽东的思想可以说是不谋而合，这是因为他们都是在用辩证思维方法分析问题。

中国特色社会主义道路是以辩证唯物主义思想路线来指导而获得的，因为这条道路是从中国实际出发辩证地处理了社会主义道路的共性和个性的关系。中国共产党系统地找到、坚定地掌握、稳定地实现这条道路是在改革开放以后，但不是改革开放以后才探索这条道路。中国共产党也不只是在新中国成立后才开始探索，早在 20 世纪 20 年代李大钊的论著中就流露出了这条道路的萌芽。他在《社会主义与社会运动》（1923.9—1924.4）的演讲中就明确提出了社会主义制度的共性与特性的结合问题，说："因各地、各时之情形不同，务求其适合者行之，遂发生共性与特性结合的一种新制度（共性是普遍者，特性是随时随地不同者），故中国将来发生之时，必与英、法、俄……有异。因中国受国际压迫（帝国主义与资本主义），各阶级是相同的，所以实行时应该与资本中等……阶级联成一气，使中国成为独立者，不受国际压迫者之国家。惟最后应注意尚有国际资本阶级……亦应打破。社会主义的运动，当然以国际为范围，因为经济情形是国际关系之故。"④ 这里还明确指出，中国社会主义道路的特性就是与中国国情适合的那些特点。他提到两个特点，一是中国社会主义应该团结中国中等资产阶级，即民族资产阶级，一是必须打破国际资产阶级的压迫，即帝国主义的侵略。应该说，中国特色社会主义道路从中国共产党成

---

① 《列宁全集》第 2 版第 55 卷，第 311 页。
② 《毛泽东著作专题摘编》上册，中央文献出版社 2003 年版，第 132 页。
③ 《毛泽东著作专题摘编》上册，中央文献出版社 2003 年版，第 132 页。
④ 《李大钊全集》第 4 卷，人民出版社 2006 年版，第 197—198 页。

立之日起就在探索了，后来的理论与实践的发展基本上是围绕着如何具体地辩证地科学地把共性与特性结合起来展开的，"左"的偏向往往出现于片面强调共性而忽视特性，右的偏向则往往出现于片面强调特性而忽视共性。改革开放后中国特色社会主义理论的出现是汲取了过去探索的成功与失败的经验教训的结果，后来中国特色社会主义理论体系的出现是这一探索臻于成熟的标志。李大钊，作为中国共产党的创建者之一，也是探索中国特色社会主义道路的先行者之一。

李大钊在分析理论问题中也流露出他的基本思想方法是辩证唯物主义的。下面以他同胡适就问题与主义的关系进行的辩论为例来说明这点。

胡适于 1917 年 7 月发表《多研究些问题，少谈些主义》一文，认为空谈好听的"主义"是没有什么用处的，偏向纸上的"主义"是很危险的，主张对各种实际问题进行就事论事的研究，而不要提高到主义。胡适是美国实用主义在中国的代表人物，哲学上是实用主义者，政治上是自由主义者，社会问题上是改良主义者，文章的矛头指向日益受到中国人民欢迎、影响不断扩大的马克思主义。这种思想从思想方法上看，不但是唯心主义的，也是形而上学的，反辩证法的。他否定社会现象中的原则性问题，亦即割裂社会现象中的共性与特性的辩证关系，甚至片面夸大特性以致否定共性。李大钊于当年 8 月即发表《再论问题与主义》来回应胡适对马克思主义的挑战，他没有具体分析和反驳胡适的观点，而是径直正面阐明自己的观点，从中我们可以看出他的思想方法是同胡适唯心主义和形而上学的思想方法完全相反的。文章一开始，他就针对胡适割裂"问题"与"主义"的辩证关系的观点，指出："我觉得'问题'与'主义'，有不能十分分离的关系。因为一个社会问题的解决，必须靠社会上多数人共同的运动。那么我们要想解决一个问题，应该设法使他成了社会上多数人共同的问题，应该使这社会上可以共同解决这个那个社会问题的多数人，先有一个共同趋向的理想、主义，作为他们实验自己生活满意不满意的尺度（即是一种工具）。"① 他所谈的就是现象与本质、事实与原则、特性与共性的辩证关系。问题与主义也就是个性、特性与共性，它们之间存在着十分不能分离的关系，主义就寓于问题之中，有了主义，有了科学的理论，有了科学理论的指导，我们才能成功地掌握、统领问题，才能把志同道合者团结和组织起来，形成一股强大的力量，才能解决问题。在经过一些分析之后，李大钊在文章的末尾明确指出"主义"其实就是马克思主义，它的根本原理是从现实世界的"问题"中概括、提炼出来的，现实世界的问题必须以马克思主义的根本原理来指导，才能"根本解决"。因而他指出："依马克思的唯物史观，社会上法律、政治、伦理等精神的构造，都是表面的构造。他的下面，有经济的构造作他们一切的基础。经济组织一有变化，他们都跟着变动。换一句话说，就是经济问题的解决，是根本解决。"② 当然，不仅唯物史观的原理，马克思主义的各个组成部分的原理对相应的实际问题的解决都能起这种思想指导的作用。

李大钊有许多文章的内容都是分析和解决现实社会问题的，如中国政局问题、中国内战问题、童工问题、妇女问题、农村土地问题、自杀问题，等等，在这些文章中都闪烁着辩证唯物主义思想方法的光芒。

---

① 《李大钊全集》第 3 卷，人民出版社 2006 年版，第 1 页。
② 《李大钊全集》第 3 卷，人民出版社 2006 年版，第 6 页。

由衷的敬仰　永久的怀念[*]

——我们心目中的任继愈先生

　　我们夫妇和任继愈先生一家的交往几乎与共和国同岁，已有 60 余年了。不仅任先生与黄枬森是亦师亦友，两家人之间也有着深厚的友谊。

　　黄枬森与任先生相识于西南联大，任先生比黄枬森长 5 岁，但 1943 年黄枬森从西南联大物理系转到哲学系读二年级时，任先生已是西南联大哲学系讲师了，两人是名副其实的师生关系。全国解放后，两人又一起共同学习马克思主义哲学，后又在北京大学哲学系共事，任先生从事中国哲学研究与教学，黄枬森从事马克思主义哲学研究与教学。直到宗教研究所完全划归中国科学院后，任先生才离开北京大学，但后来两人在北京大学哲学系的宗教学科建设方面，仍有许多合作。

　　50 年代初期，北京大学从沙滩搬到燕园，两家同住中关园，两幢平房间虽然隔着一条小河沟，但仍可以说是比邻而居。两家大人常来

---

　　[*] 本文发表于《我们心中的任继愈》（中华书局 2010 年 4 月出版），为黄枬森、刘苏合写。

常往，年龄相仿的孩子也是童年玩伴。自上世纪 70 年代起，刘苏开始协助任先生工作，直到 1988 年 61 岁离休，刘苏为任先生当了 15 年的学术工作助手，工作地点就在任先生家里，工作之余，她常常与任先生的夫人冯钟芸教授轻声慢语地闲叙家常。特别是这几十年间，任先生夫妇还在生活上给予了我们许多关怀照顾。

最近这 20 年，任先生年事渐高，但他只要到北大附近开会，都要绕道来我们家坐坐，聊些家常。无论春夏秋冬，他始终是西装笔挺、姿态娴雅。任先生那面带微笑、风趣幽默、可亲可敬的形象，是我们永远的记忆。

记得 2006 年，是任先生 90 岁寿辰之年。任先生的同事和学生们提议为他隆重庆祝 90 华诞，但是任先生坚决谢绝了。为了表达心意，黄枬森和刘苏决定书写一幅条幅送给任先生。我们挑选了王维的五言诗《过香积寺》，借用这首诗的最后一句"安禅制毒龙"，来比喻任先生致力于用马克思主义指导佛学研究，并与邪教作坚决斗争的学术品德；由刘苏以墨笔行书精心书写成条幅，装裱好送到任先生家，表示祝福。任先生一向喜欢刘苏的书法，当即把条幅挂在了客厅迎门处。

令我们想不到的是，时隔不久，任先生亲自来到我们家，回赠了我们一幅他亲手书写的墨笔条幅。他写的是一首七言绝句，诗云："互为师友不记年，山城弦诵忆南天。劫火余生伤病目，竹窗红袖缀残编。"诗后题词云："枬森导我学新哲学 刘苏助我抄书稿整录音 数十年来共经风雨 为诗志感 任继愈"。他用短短 28 个字概括我们之间的关系，虽然第一句明显过谦，但"共经风雨"一词，却十分贴切，饱含了丰富的内容。

北平解放时，任先生已是一位颇有学术造诣的中国哲学史青年学者。他服膺真理，崇尚科学。当大学之门一旦向马克思主义思想敞开，他很快就接受了马克思主义科学理论，而且不久就开始了把马克思主义理论用于他的专业研究。1956 年，任先生加入了中国共产党，黄枬森有幸成为他的入党介绍人之一。

1954 年，《光明日报》创办"哲学"专刊，任先生负责中国哲学史方面的编辑工作，黄枬森是专刊两任主编金岳霖先生和郑昕先生的主要助手，刘苏则负责专刊的事务性工作。在这几年里，我们和任先生经常接触，工作上合作得也很愉快。由于冯钟芸是北大中文系教师，刘苏也很喜爱中国文学，工作上的密切接触加上爱好相同，两家生活上的交往也日渐亲密。任先生夫妇在我们心目中是纯粹的学者和忠厚的长者，赢得了我们真诚的尊敬。

"哲学"专刊停办，是在1958年。那年哲学系"开门办学"，师生都下放到北京市大兴县，国家的政治形势也越来越紧张。其后不久，黄枬森遭遇政治风暴袭击，离开北大讲台。刘苏由于受到牵连，被单位无端退职。任先生则由于在佛教思想研究方面作出了突出的成绩，得到毛主席的重视，在上世纪60年代初期奉命创办宗教研究所。1964年，宗教所完全划归中国科学院，他作为所长，也自然就离开北大了。

任先生的工作由于得到毛主席的重视，所以在"文革"开始后，"左派"没有把他列入应"打倒"之列。但不知为什么，江青看他不顺眼，使得他无端受到《红旗》杂志刊文批判。"文革"对于我们来说是雪上加霜，任先生的日子也不好过，听说他由于在下放劳动时干重体力活，导致双眼视网膜脱落，当时只有上海有相应的治疗条件，但辗转到达上海后，最佳治疗时机已经失去，仅有一只眼睛恢复了部分视力，另一只眼却永久失明了。

听说任先生从上海治病回来，我们一起去他家看望他。他告诉我们，为巩固疗效，医生禁止他用眼。他问我们，在这段时间内，刘苏能不能每天抽点时间给他读读书报。赋闲在家的刘苏当然没有不应允之理，只是没想到，刘苏从此开始了长达15年的助手工作。

这件事表面看起来是我们在帮助任先生，其实同时也是任先生在帮助我们。自从60年代初刘苏退职后，全家老少6口的生活来源全靠黄枬森一人的工资维持，而且家人病患不断，经济上颇为紧张，那时任先生就曾主动帮助过我们。那个时代自行车是家庭的一种重要的交通工具，相对于工资来说，价格也相当昂贵。任先生看到我们家只有一辆自行车，刘苏患病出行很不方便，便主动借给我们150元钱，并表示不必急着还钱。而这笔钱，比黄枬森的月工资还多。我们用这笔钱买了一辆二手女车，直到十多年后才逐渐还清。这次刘苏担任他的助手，先是由所里按临时工支付一定工资，虽然不多，但已经帮了我们大忙。后来任先生承受着来自江青的巨大政治压迫，研究所撤销了为他聘请助手的名额，刘苏的工作仍未中断，只是工作时间减半，这半天的工资就由任先生从个人收入里支付。直到"文革"结束，进入80年代，在任先生的直接关怀下，在中国社科院和宗教所的领导和同志们的热情帮助下，刘苏才逐渐落实政策，先是恢复了正式的国家干部身份，然后是经过多方努力，接续上了解放战争时期参加革命的工作资历，最终得以享受离休待遇。

这15年来，刘苏的工作成为了任先生的眼睛，工作内容逐渐由读书读报发展成为全面的学术工作助手，如查找并抄写学术资料卡片、记录整理口述文章和讲课录音、代笔往来信件、为他的学术巨著编写索引，等等。

不难看出，虽然刘苏作为任先生的助手也做了许多工作，有一定成绩，但任先生对刘苏的帮助更是巨大。对此，刘苏深深铭感于心。

任先生对北京大学宗教学教学和研究工作的创建之功，也是值得永远记住的。上世纪80年代初期，任先生任国务院学术委员会哲学评议组召集人，黄枬森是评议组成员之一。此时黄枬森已获得平反，担任北京大学哲学系主任。会议期间，任先生对黄枬森说，宗教所尽管已经获得宗教学博士点资格，为国家培养有专业训练的宗教学工作干部和研究人员，但是生源是个问题。他提出建议，在北大哲学系设立宗教学教研室，招收宗教学专业本科生，宗教所可以派研究人员来哲学系担任教研室主任、讲授宗教学课程。当时全国普通高校还没有一所高校能够招收宗教学专业本科生。

任先生的这个建议得到北大哲学系的支持和校领导、国家教委的批准，于1983年开始招生。任先生先是派谢雨春研究员来担任教研室主任，谢病倒后改由乐峰研究员接替。宗教学方面的课程大部分由宗教所派研究人员讲授，任先生也亲自讲授过马克思主义宗教学原理。

宗教所的同志在北大哲学系宗教学专业讲课和担任职务都是义务性的，没有一分钱报酬，连交通费也是回宗教所报销，任先生和宗教所同志们的这种只讲奉献不图索取的精神获得了北大哲学系师生的真诚感谢与敬佩。经过数年的过渡，北大自身的教学力量逐渐成长，最后才由北大教师担负起全部工作。今天，哲学系宗教学专业已经发展为北京大学宗教系。事情已经过去了 20 多年，任先生和宗教所的同志们对北大宗教学教学工作的开创之功将永远铭刻在北大宗教系的历史上。

回忆起任先生作为合作方的负责人，为共同办好宗教学专业不辞辛劳、千方百计设法解决各种不断出现的困难的情景，黄枬森至今仍深深为之感动。

任继愈先生于 2009 年 7 月 11 日病逝，枬森拟词刘苏敬书挽联悼念：

当年学马列论佛陀有凤毛鳞角之誉
一生助亲朋忧国家怀扶危济困之心

任先生在我们心目中，是循循善诱的师长，又是助人为乐的挚友。他给我们留下的是由衷的敬仰和永久的怀念。

深切怀念王宪钧先生[*]

　　王宪钧先生是我国著名的逻辑学家、逻辑教育家，也是我国逻辑学专业教师中起支柱作用的教授之一。他也是我的逻辑启蒙老师。我在学习、工作和研究中都得益于他的教导。

　　我在几十年哲学的教学和研究工作中深感逻辑思维的重要，缺乏逻辑思维必然导致概念混淆、思想矛盾。当然，每个正常人都有自发的逻辑思维，但这种自发的逻辑对于思考复杂的问题是远远不够的。我每一次触及思维逻辑时都要想起王宪钧先生，是他的教导使我的自发的逻辑思维上升为自觉的逻辑思维，使我终身受益。

　　1943 年我从物理系转入哲学系，选修王先生讲授的普通逻辑课。王先生是当时西南联大最年轻的教授之一，清癯的脸上镶着一双炯炯有神的眼睛，讲课时声音洪亮、口齿清楚，讲课内容条分缕析，富有极强的逻辑性。第一堂课下课后我就形成了这样的印象：不愧是逻辑学家讲逻辑！这个印象几十年没有变。他在讲课时有些说法给我留下了十分深刻的印象。例如他说，许多人认为学了逻辑就一定聪明，说

---

　　* 本文为"王宪钧先生诞辰 100 周年纪念暨全国现代逻辑研讨会"发言稿（2010 年 4 月 24 日）。

话、写文章更有逻辑性，其实不一定。有的人思维逻辑性很强，却从来没有学过逻辑；有的人学了逻辑，思维逻辑性仍然很差。我最初颇感奇怪，后来才从他的讲课中慢慢懂得，他不是否定学习逻辑对提高人的思维能力的重要作用，而是在告诉我们首先是要真正理解逻辑，不要满足于一知半解；其次是要灵活运用，不要生搬硬套。以后学的课多了，看的书多了，慢慢知道，不仅逻辑如此，任何学科都如此。王先生的许多教导让我终身享用不尽。

以后几十年，由于所从事的专业不同，我同王先生的接触不算多，但他始终是我非常敬重的师长，特别是在1981—1987年这几年，差不多每年都要拜访他好几次，这几年的接触令我毕生难忘。我于1981年受命担任哲学系主任。当时哲学系有两个专业：哲学专业和逻辑学专业。那时正值改革开放初期，学术思想十分活跃，难免也有些混乱。逻辑学领域当然不会例外。根据"双百"方针，传统逻辑、现代逻辑、辩证逻辑当然都应得到公平发展的机会，逻辑学教师们对这几种逻辑的观点都应有自由发表的权利，这是无疑的，但哲学系的逻辑专业如何建设和发展也必须有一个主导方向，不能齐头并进，或者八仙过海，各显神通。哲学系的领导班子里没有逻辑专业的老师，有时大家都拿不定主意，这时，我就去燕南园拜访王先生，向他请教有关逻辑专业的事情。他没有拒绝过我的拜访，也没有表现过冷淡。我一坐下就是一两个小时，他总是耐心地同我研究和讨论我所提出的问题。他认为传统形式逻辑是思维所必要的，不能否定，但也不能停留在传统逻辑上，哲学系应以现代逻辑作为逻辑发展的主要方向，现代逻辑实际是传统逻辑的现代发展阶段。对于辩证逻辑，他认为应该认真研究，现在的关键问题是如何划清辩证逻辑与哲学的关系……这些意见使我在逻辑专业建设上坚持现代逻辑方向不动摇。现在看来，坚持这个方向是正确的。

王先生的音容笑貌在我的记忆中仍然栩栩如生，他的思想将永远留存在中国的逻辑事业里。

永久怀念艾思奇同志 *

　　李金山同志来信说，我曾说艾思奇不仅属于过去，也属于今天和明天，他很赞许这一观点，嘱我写一短文，在纪念艾思奇百周年诞辰的文集中刊载。

　　我不记得我何时何地说过这话，但我确实认为艾思奇一生从事的传播和研究马克思主义哲学的事业不仅在过去曾产生过巨大的影响，在今天也有非常重要的现实意义，不仅如此，在将来也会有长期的重要意义。他是中国哲学史上的一座不会坍塌的丰碑。

　　艾思奇所说的马克思主义哲学就是辩证唯物主义和历史唯物主义，他从来没有怀疑过，一生的工作就是坚持它、传播它、研究它、发展它，毫不动摇。

　　他的哲学事业的重要意义，我想结合我个人的经历作一点说明。

　　就过去来说，艾思奇在 20 世纪三四十年代所起的作用是有目共睹的，许多人都谈到艾思奇的《大众哲学》如何引领他们走上革命的道路。我的哲学启蒙读物也是《大众哲学》。作者明确指出哲学就是本体

＊ 本文系为纪念艾思奇同志百周年诞辰而作（2011 年 3 月 1 日）。

论、世界观，有正确的哲学与不正确的哲学之分，正确的哲学是真理，唯物论和辩证法就是正确的哲学，我们应以正确的哲学来指导自己的行动，等等，它不但帮我初步树立了哲学是科学的观念，而且引领我的思想逐步倾向于马克思主义和社会主义。

新中国成立以后，艾思奇作为党的理论家和哲学家，经常到北京各单位以及全国各地进行马克思主义理论和哲学的传播和教育活动，产生了广泛的巨大的影响。他也经常应邀来北大讲学，在许多会议上我得以亲聆他的发言，他那些摆事实、讲道理、朴实无华、分析深入的讲话使我受益匪浅，而且也深深影响了我，使我更加深信辩证唯物主义和历史唯物主义的科学性和实践力量。

就现在来说，艾思奇的哲学事业的重要意义也是不可低估的。改革开放以来，特别是苏联东欧社会主义失败以来，我国马克思主义哲学领域中出现了一股反对、否定辩证唯物主义的思潮，这股思潮愈来愈强劲，大有取代辩证唯物主义之势。这种思潮的泛滥逐渐形成了一种哲学氛围，似乎辩证唯物主义已经过时了，应该退出历史舞台了。这使大学的哲学教育处于一种思想动摇和混乱之中。在这种情况下，艾思奇的著作和思想，他对辩证唯物主义和历史唯物主义的坚持、阐发、研究、发展的工作对于澄清这种思想动摇和混乱、推进大学的哲学教育、发展马克思主义哲学能够发挥明显的作用。近年来我一直在从事捍卫辩证唯物主义、同否定辩证唯物主义的倾向争论、创新马克思主义哲学科学体系的工作，艾思奇的著作、思想、事业和作风都是我学习的榜样，我从中得到分析问题的能力、表达理论的勇气和坚持真理的韧劲。

至于将来，我认为艾思奇的思想也会永葆其固有的价值的。中国的社会主义道路一直是以马克思主义及其哲学——辩证唯物主义和历史唯物主义为指导的，在将来中国建设成为社会主义现代化发达国家的过程中，这一点不会改变。就以起最高指导作用的思想路线来说，实事求是的思想路线就是辩证唯物主义在认识和实践中的运用，这条思想路线实际上形成于中国现代革命的前期，后来一以贯之，直到今天。这四个字本是中国的一个古老的成语，被毛泽东加以巧妙地运用来表现中国共产党应该遵循的思想路线，把它阐释为一要从实际情况出发，二要从其中引出固有的规律性，这不是唯物主义的辩证法的基本精神又是什么呢？毛泽东认为它就是与主观主义相对立的马克思列宁主义的态度。这种态度指导中国革命取得了解放全国的胜利。新中国成立后党的工作曾一度偏离这种态度，导致"文化大革命"的灾难，恢复这种态度成为改革开放的哲学先导。邓小平将"实事求是"命名为党的思想路线，并指出它是马克思、恩格斯的辩证唯物主义和历史唯物主义的思想路线，同时指出，要做到实事求是，必须解放思想，因此，这条思想路线又被表述为"解放思想，实事求是"。后来的"解放思想，实事求是，与时俱进"也是它的发展。党中央今天强调必须在各行各业的工作中具体落实的"科学发展观"，也充分体现了这条路线，其中"科学"的根本精神就是实事求是。这条思想路线在党的90年的历史中是一脉相承的，在将来的长期发展中，它也必要和必然贯彻下去，不可能中断。既然如此，作为这条思想路线之哲学基础的辩证唯物主义和历史唯物主义，自然也不可能退出历史舞台，不可能被推翻的。而以坚持、传播、研究和发展辩证唯物主义和历史唯物主义作为毕生事业的艾思奇，其贡献自然也是不可能被消解，而将在往后悠久的岁月中为广大的人民和哲学工作者所学习、理解、借鉴，对我国社会主义现代化事业发挥出其巨大的作用。

文如其人，人如其文[*]

——谈谈陶德麟教授的为学之道

　　陶德麟教授是我国著名的马克思主义哲学家和教育家，也是著名的大学校长，是一位优秀的典型的"双肩挑干部"。今年适逢他 80 华诞，谈谈他在我心中的印象，以示庆贺。

　　我们从事马克思主义哲学的教学和研究都已在 60 年上下，但前 30年，由于地域的距离，我虽知其名，却并未蒙面。我们的交往是近 30年的事情。我认识他大致是在 1982 年我被邀请参加编写《中国大百科全书》第一版哲学卷的会议上，但我们不在一个编写组，接触不多。1984 年他被国务院学位委员会聘为哲学组成员和国家哲学社会科学基金哲学组成员，我们的接触就多起来了，以后十来年中至少每年要开两次会，而且会期比较长，这样接触就比较多了。特别是 1985—1993年这几年间，我们都参加了由当时八个马克思主义哲学博士点共同承担的科研项目《马克思主义哲学体系改革研究》，这是国家教委的委托项目，第二年又成为国家社科基金的重点项目。成员之间的观点有不

---

　　* 本文发表于《江汉论坛》2011 年第 6 期。

少分歧，发生了不少争论，但在若干问题上也取得了共识，例如，大家都认为真正的哲学是时代精神的精华，因此，大家都同意哲学体系及其内容的改造，必须以时代的性质、形势及其发展为基础。根据这个原则，我们首先开展了一系列考察调研活动：访问珠江三角洲、长江三角洲、天津经济开发区、四川成都平原和边远山区，以了解社会主义建设情况；访问香港和澳门，以了解现代资本主义的发展情况；与有关学术机构召开马克思主义哲学与自然科学、马克思主义哲学与中国传统哲学等专题会议，课题组内部也进行了多次讨论。有一次课题组内部的研讨会就是在武汉大学和陶德麟教授的支持下，由武大哲学系承办的。在项目进行的过程中课题组内部出现了两种观点，一种观点是在基本肯定辩证唯物主义世界观的前提下根据时代发展提供的新情况和新观点，合理改造原来的马克思主义哲学体系和内容，另一种观点则主张对原体系动大手术，以完全崭新的体系来取代原体系。经过反复探索和讨论，最终成果《马克思主义哲学原理》是在基本肯定辩证唯物主义的前提下完成的。

　　主要是在这些大大小小的会议中，我聆听了陶德麟教授的几十次、上百次发言。他发言的内容不外两种，一种是关于评定学位授予权、评审科研项目以及其他工作问题的讨论，一种是关于马克思主义及其哲学的理论观点以及其他理论问题的讨论。不论是关于哪一种问题的讨论，他发言不多，但态度认真，言必中肯。他总是不慌不忙，慢条斯理地娓娓道来，但他的发言并不冗长，往往是言简意赅，观点鲜明，论证缜密，结论令人信服。时间长了，次数多了，他的言谈在我的心目中形成了一种印象，这种印象也许可以叫作严谨的学者风度和科学精神。据我的了解，这也是陶德麟教授的为人处世的品格和文字风格。关于他的为人处世的品格我了解得不具体，暂不作具体说明。至于他的文字风格，有《陶德麟文集》（以下简称《文集》）在，可资佐证。关于他的语言风格我有一些记录可供参考。我疏于记录，对于许多重要会议我都记得十分简略。但在我的笔记本中我毕竟找到了几条陶德麟教授的发言的简略记录，虽不完整，亦足以看出他的基本思想和语言风格。下面我想根据《文集》和我的简略的记录，就以下几个问题谈一谈陶德麟教授的严谨的学者风度和科学精神。①

第一，关于马克思主义哲学的科学性和实践性。大家知道，这是马克思主义哲学的两个最根本的属性，二者互相蕴涵，不可分割，但也是改革开放以来争论很多，至今未止的问题。在有的学者看来，新中国成立后前30年在中国流传的马克思主义哲学忽视实践性，甚至不懂实践性对马克思主义哲学变革的意义。他们不承认哲学可以成为科学。马克思主义哲学就是一门科学。其实前30年的问题并不在于忽视实践性，倒是有时过分强调实践性而忽视了科学性，忽视了以科学思想指导实践，导致唯心主义猖狂，形而上学横行。《文集》中有不少文章谈到马克思主义哲学的科学性和实践性的统一。他明确指出，马克思主义哲学的"产生并非意味着在诸多的哲学流派中增加了一个流派，而是标志着哲学史和整个认识史的一场革命。马克思主义哲学的内容、性质、功能都与以往的哲学根本不同。它第一次为人类提供了科学性与革命性统一的世界观和方法论，开辟了认识世界和改造世界的正确道路"②。

陶德麟教授谈论这个重要问题时的特点，不但在于特别强调科学性和实践性的统一，而且在于对这种统一的分析和论证。他在作出这一判断的文章"马克思主义哲学的基本规定"中，就马克思主义哲学的产生从时代背景和产生过程具体分析了这个"统一"是如何出现的，又仔细分析这个"统一"所蕴涵的几项具体内容："理论与实践的统一"、"阶级性与人类性的统一"、"原则性与开放性的统一"和"科学精神与人文精神的统一"。③据我所知，马克思主义哲学的科学性或学术性与革命性或实践性、阶级性、意识形态性的统一是建国以来知识分子中最难理解的问题之一，我相信陶德麟教授的这番论证对反对者会具有相当大的说服力。这篇论文也颇能体现他一贯的学术道路和学

---

① 本文中引用我在笔记本中记录的陶德麟教授的话，未经陶德麟教授审阅。——黄枬森
② 《陶德麟文集》，武汉大学出版社2007年版，第683页。
③ 《陶德麟文集》，武汉大学出版社2007年版，第683—684页。

术风格。他在各种学术会议中，也经常强调对原理的具体分析和论证。我曾经记录他说现在的哲学教科书中许多概念不明确，常常含糊其辞，甚至把悖论当真理来说。其实，模糊数学的语言不模糊，而是十分精确的。

第二，关于哲学党性原则。从陶德麟教授对哲学党性原则问题的态度也可以看出他的学术风格。哲学党性原则是列宁提出来的，由于许多人把党性了解为政党的党性或党员的党性，引起许多误解，所以今天人们已不大使用这个概念。其实，列宁所说的哲学党性并不是政党的党性，而是哲学的唯物主义或唯心主义性质，俄文"партцйцность"译为派别性也许更好。但问题主要不在这里，而在于即使那些对哲学党性概念的内涵有正确理解的学者，由于受日丹诺夫关于哲学史是唯物主义和唯心主义的斗争史的论断的误导，把哲学史上存在的唯物主义和唯心主义学说简单化，把它们之间的关系片面化和绝对化，从而严重歪曲了哲学史的真实历程。这种情况也导致我国多数学者长期以来回避谈论唯物主义和唯心主义，似乎它们之间的区别没有什么意义。对这个问题，陶德麟教授作过专门论述，最后说："我们对唯心主义的整个路线当然是要作斗争的，但这种斗争不能采取简单的形而上学的方法，而要进行辩证的具体的分析。"①

陶德麟教授在各种学术会议上也多次表达了这种态度。例如，1996 年在圆明园召开的一次会议上，他说：党性原则是正确的，但过去的理解是片面的。哲学史上唯物唯心的对垒并不是很明确的。人们都承认马列以前的西方唯心主义还有合理之处，而马列之后的西方哲学似乎毫无是处。马克思主义并没有结束真理。我当时很赞同他的观点，认为这种态度是实事求是的，是公允的。

第三，关于辩证唯物主义与历史唯物主义体系的评价。这是近 30 年来争论最大的哲学问题，对这个问题的态度足以充分看出陶德麟教授一贯的学术道路和学术风格。

---

① 《陶德麟文集》，武汉大学出版社 2007 年版，第 290 页。

　　大家知道，这个名称和这个体系是上世纪 30 年代初形成的。以前马克思主义哲学在马克思和恩格斯在世时比较常见的名称是唯物史观和唯物辩证法，后来才有辩证唯物主义的名称。辩证唯物主义和历史唯物主义的体系和名称是苏联建国后经过苏联哲学家们十几年的酝酿、研究、讨论等过程，在马克思、恩格斯、狄慈根、普列汉诺夫、列宁等人论述的基础上逐渐形成的。这个体系出现后不久就传到中国，很快为中国马克思主义者所接受，逐渐成为普遍认同的马克思主义哲学形态。近 30 年来，这个体系的合理性甚至合法性都受到质疑与挑战。任何思想体系都不可能是十全十美的，其合理性受到质疑是一种正常现象，但质疑它的合理性的根据则是难以成立的。陶德麟教授对这种质疑的看法和态度，我认为是实事求是的，也颇能体现他一贯的学术风格。

　　对于有些人提出的否定辩证唯物主义的理由，即"马克思本人没有用过这个称谓"[1]，陶德麟教授作了相当详尽的分析，"认为这个理由不能成立"，因为"一般说来，一种哲学应当如何称谓，不能仅以哲学家本人给自己的哲学如何命名为准……而在他的哲学实际上是什么。"[2] 后来的马克思主义者"把马克思主义哲学称为'辩证唯物主义'或'辩证唯物主义与历史唯物主义'，符合马克思和恩格斯的论述，符合马克思主义哲学的本质特征，因而是正确的。"[3] 然后他引用了大量材料准确无误地论证了自己的观点。

　　在各种会议上，特别是在 1985—1993 年的《马克思主义哲学体系改革研究》项目的多次会议上，我都听到过他的类似观点，后来也谈过，例如 2000 年的一次会议上，他说马克思主义哲学的体系要改造，但苏联的辩证唯物主义体系绝不是错的东西、坏的东西。李达的《社会学大纲》、西洛可夫等的《唯物辩证法教程》对革命都起了很大的作用。毛泽东以辩证唯物论为指导来整风，也很成功。改造不是根本

---

[1]　《陶德麟文集》，武汉大学出版社 2007 年版，第 1043 页。

[2]　《陶德麟文集》，武汉大学出版社 2007 年版，第 1043—1044 页。

[3]　《陶德麟文集》，武汉大学出版社 2007 年版，第 1044 页。

否定、根本推翻。又如 2003 年的一次会议上他说这种看法是不正确的，即认为马克思主义哲学是从苏联传来的，不是马克思的，而是被恩格斯、列宁、普列汉诺夫歪曲了的，尤其是被斯大林歪曲了的。

第四，关于改革马克思主义哲学体系的根本途径。在陶德麟教授和我都参加的《马克思主义哲学体系改革研究》的项目中，项目成员们在若干哲学问题，甚至带有根本性的问题中，有不少意见分歧，但在一个重要问题上的观点却在讨论中取得了共识，那就是马克思主义哲学体系改革的根本途径问题。大家都同意马克思的名言：真正的哲学是时代精神的精华。按这个思想来要求，马克思主义哲学体系及其内容应该真实地深刻地反映时代的发展，因此，课题组除了讨论如何进一步改善原体系而外，还展开了考察港澳和大陆各地社会情况，研究如何以自然科学的发展、中国传统哲学的研究状况和西方哲学的发展来丰富和发展马克思主义哲学体系。这些情况我在前面已作过较详的说明。这里我想指出，这个项目结束以后，陶德麟教授一直坚持这条根本途径。在各种会议中，他不断谈到这些原则。特别是 21 世纪以来，这条根本途径在陶德麟教授率领下，在武汉大学已经逐渐形成一股以研究马克思主义哲学中国化为重点的学术力量，在全国产生了明显的影响。陶德麟与汪信砚教授主编的《马克思主义哲学的当代论域》（人民出版社 2005 年）就是这一根本途径的具体表现。武汉大学出版社 2007 年出版的《陶德麟文集》也可以说是作者一生努力坚持和丰富、发展马克思主义哲学的充分体现。

马克思主义及其哲学不仅是一种学术事业，而且是世界共产主义运动的一个重要组成部分。我相信在大批马克思主义的政治活动家、理论工作者和广大人民群众的共同努力下，中国的社会主义现代化必将实现，马克思主义及其哲学也必将发扬光大。

哲学不能脱离科学*

——纪念钱学森院士诞辰 100 周年

　　整整十年前，在祝贺钱老 90 华诞的"钱学森科学贡献暨学术思想研讨会"上，我以《钱学森与辩证唯物主义》为题作了一个发言，主要就钱老提出的人类科学体系，谈了哲学与科学的不可分割的联系。在发言的末尾，我呼吁："哲学家们，尤其是马克思主义哲学家们，听一听科学家们的声音吧！"这个呼吁，我认为今天仍然具有值得我们深思的价值。

　　上世纪 90 年代以来，社会上涌起一股十分强劲的思潮，鼓吹什么哲学与科学有本质的区别，科学研究现实世界，是实证的，而哲学是个性化的思想，是思辨的，辩证唯物主义已经过时，等等。尽管科学的哲学辩证唯物主义岿然不动，这股思潮至今仍然波涛汹涌。

　　钱老不是一个单个的人，而是一个学术团队，他对哲学的态度可以代表我国科学界对哲学的态度。我曾经多次征询过我接触到的科学家，他们无一不明确表示辩证唯物主义是打不倒的，也不能打倒，他

---

　　* 本文为纪念钱学森院士诞辰 100 周年而作（2011 年 7 月 31 日）。

们的科学活动一刻也离不开辩证唯物主义的原理的指导。科学家们中专门研究和谈论哲学问题的并不多，像钱老那样一生从事繁重的科学研究，同时又考虑和研究哲学问题，尤其是到了晚年，发表了不少哲学文章，而且提出许多哲学创见的尤其少，因而他的哲学思想弥足珍贵。他的许多哲学主张和创见值得所有哲学工作者深思。

钱老的哲学思想中使我深受启发和鼓舞的主张就是他所提出的关于科学体系的思想，他认为一切科学无一不是关于这个现实世界（包括人及其思想）的某一领域，或某一层次，或某一方面的研究，世界从整体到部分、从一般到特殊到个别，构成一个系统，相应地，科学从整体、一般到部分、特殊和个别的研究也构成一个系统。他把这个系统分为三个层次，第一层是对整体、一般的研究，即辩证唯物主义世界观，第三层是对部分、特殊、个别的研究，即各门基础科学和技术科学，第二层是第一、三层的中介，他形象地称之为桥梁，即现在哲学界所说的部门哲学，他提出了11座桥梁，它们把世界观与基础科学一一联系起来，形成一个严密的整体。且不谈钱老对这个体系内部许多复杂问题的研究和他提出的那些深刻的独创性的观点，单单这种安排的轮廓就引起了我对哲学的很多想法。我想初步谈四点。

第一，关于哲学的性质

哲学是一门学科，这是大家都承认的，没有争议的。学科的分类是由其对象决定的，哲学是世界观，它的对象是世界，即整个宇宙，其基本内容是关于这个整体的一般原理。它既然是科学体系中的一员，就应该是一门科学，至少应该成为一门科学，并随时代的发展而不断发展。哲学史同任何其他科学史一样，都是一个从非科学到科学的过程，都是一个从抽象到具体、从简单到复杂、从松散到严密的过程。科学的哲学已经出现，即马克思主义哲学或辩证唯物主义，虽然在世界范围内未得到公认，但它满足了科学需要的基本条件。钱老把辩证唯物主义看成科学体系中的平等一员，对它一视同仁，这是非常恰当的。

第二，关于哲学的位置

钱老把哲学摆在科学体系的顶端，这意味着哲学的对象是至大至高至深至久的，但哲学并不因此而悬在空中，因为它虽以宇宙整体作为对象，但它建立在各种科学的坚实的基础上，扎根宇宙的土壤之中。这种安排也意味着哲学与实证科学不是完全互相外在的截然分开的性质根本不同的两类学科，如流行观点所说，哲学是思辨的，科学是实证的。其实，一切科学既是思辨的，又是实证的，只不过它们的实证性和思辨性，在多少、程度上有所不同而已。在钱老的科学体系中，位置越低的，实证性越强，思辨性越弱；位置越高的，实证性越弱，思辨性越强。哲学的思辨性是最强的，但它并不是没有实证性。哲学原理的真假最后仍是要由实践来检验的。

第三，关于哲学的功能

哲学既然是一门科学，它的功能无疑在基本方面同其他科学是一致的。哲学有很多功能，主要是指导实践的功能，我们上至革命、建设、为政、研究，下至穿衣、吃饭、出行，都必须遵循辩证唯物主义的原理，否则就会犯错误。其他科学的主要功能也是指导实践。实际上任何一个实践活动中起指导作用往往不是一门学科，而是多门学科，包括不自觉的知识，这里就显出各门学科之间在功能上的差异来，这种差异是由它们在科学体系中的位置和关系决定的。哲学的位置最高，其作用范围最广，也最抽象，甚至显得可有可无，其他学科的作用比较窄，但比较明显、具体，甚至立竿见影。一个人如果不懂算术，不管态度多么认真仔细，也是不会运算的。当然，这并不是说他一定要系统地学习过算术这门学科，有的人一字不识，也会运算，这是因为他在生活中通过父母亲友的言传身教已经学会了运算。因此哲学并不能帮我们解决任何具体问题，但它是任何实践活动的一个必要条件。

第四，关于哲学的命运

辩证唯物主义的命运是马克思主义理论界关注的问题。它在苏联曾经煊赫几十年，曾几何时，却已经偃旗息鼓了。它的旗帜在中国似乎也摇摇欲坠了。有人主张用实践唯物主义或历史唯物主义取代它，有的人甚至建议国家以人本主义世界观取代它。辩证唯物主义往何处去成了一个问题。在我看来，它既然是一门科学，它的命运就会同其他科学一样生存和发展下去。大家知道，任何科学一旦形成，就没有被根本推翻的，虽然它的原理会发生许多变化，有的甚至被否定。辩证唯物主义的命运我认为也是如此，它将不断创新、不断发展，也不会被根本推翻。但是，在俄罗斯辩证唯物主义和历史唯物主义体系形成的地方，它不是已被根本推翻了吗？这是事实。不仅如此，从世界范围讲，它也不曾得到过西方各国哲学界的认可，也就是说，作为科学，它还没有得到过世界范围的认同。这在科学史上是绝无仅有的，那么，问题出在哪里呢？是不是它根本就没有形成为科学，说它形成了，完全是虚构的？我认为当然不是，它之所以形成为科学，是因为它的原理及其体系经得住实践的检验，是以各种科学作为它的基础。它之所以得不到哲学家们的认同，其原因是十分明显的，即因为它是在工人运动中产生的，是工人阶级及其政党的世界观，具有强烈的社会主义意识形态性。这种性质是直接同资本主义对立的。谁触犯了资本主义的利益，谁也得不到资本主义世界的认同。但是，我相信，总有一天，辩证唯物主义是会得到全世界的认同的。

　　钱老的科学体系的思想给了我信心，给了我勇气，给了我启迪。我将永远怀念钱老！

钱学森大成智慧学简论[*]

钱学森院士是我国杰出的科学家，他的成就在世界科学界和科学史中都有着崇高的地位，他同时又是一位坚定的马克思主义者，对马克思主义哲学——辩证唯物主义及其与科学的关系有独创性的研究，他构建的以 11 门基础科学为主干的现代科学技术体系是他的重要的学术成就之一。他晚年提出了"大成智慧学"的概念，我认为他用这个概念概括了他一生从事学术活动的经验，综合了他的全部道德、学问和事业，值得我们认真研究，从中学习他的人格和思想。他没有系统论述过大成智慧学，但《钱学森书信选》（2008 年国防工业出版社出版）中也有不少关于大成智慧学的论述，我国著名的钱学森思想研究者、他的堂妹钱学敏教授有一篇题为《论钱学森的"大成智慧学"》①的长文，全面、系统而深入地论述了这门学问，我根据这些以及其他资料，从哲学的角度谈谈我学习大成智慧学的体会，以纪念钱学森院士诞辰 100 周年。

---

* 本文发表于《上海交通大学学报（哲学社会科学版）》2011 年第 6 期。

① 参看《钱学森科学贡献暨学术思想研讨会文集》，中国科学与技术出版社 2001 年版。

一、什么是大成智慧学

在《钱学森书信选》中，"大成智慧学"一词最早见于 1992 年 11 月 16 日致王寿云的信（下 0714）①中，看来他最迟已于上世纪 80 年代有了这个概念，并已使用了这个称谓。大成智慧学，按照学术界为一门学科命名的一般规则，应该是以大成智慧作为研究对象的学科。钱学森也是这样来界说的，他说，大成智慧学是"以马克思主义哲学为指导的知识体系论，大成智慧学是革命的锐利武器"。（下 0780）这就是说，它既是一门系统的理论，又是一种指导实践的方法。大家知道，钱学森独创性地提出了一个多层次的金字塔式的现代科学技术体系，大成智慧学显然就是他关于这个现代科学技术体系的系统理论。大成智慧学与我们所熟悉的百科全书、世界观、认识论、科学学等十分近似，关系密切，但并不等于其中的任何一个。百科全书是人类知识的总汇，世界观是关于外部世界的整体及其一般性的理论，认识论是对人类认识及其过程、规律的研究，科学学是对人类科学及其发展过程、规律和各种科学之间关系的研究，而大成智慧学虽然要以人类知识总和作为基础，却并不提供人类知识总和；马克思主义哲学——辩证唯物主义虽然居于现代科学技术体系金字塔的顶端，对这个体系的各个层次都有指导作用，但不能取代对整个体系的研究；认识论是一种部门哲学，钱学森称之为哲学与基础科学之间的桥梁之一，它的研究范围大于大成智慧学；科学学是一种认识科学，它的研究范围也大于大成智慧学，应该说，大成智慧学与科学学的关系是更加密切的，甚至可以说，大成智慧学是科学学的一部分，但大成智慧学是更加深入的一门科学。大成智慧学还有一个主要的特点，它研究的是大成智慧，而不仅仅是一种知识；而且，按照我们对"智慧"的一般理解，它不仅是纯粹的知识，而且是活的知识，包含对知识的灵活的巧妙的运用。钱学森对大成智慧是什么还从现代科学高度提出了他独创的理

---

① 指《钱学森书信选》下卷，国防工业出版社 2008 年版，第 0714 页。以下凡引自本书的话均采取这种方式注明，不再另加脚注。

解，他说："大成智慧是性智与量智相结合。"（下746）后面我将详谈我对这个概念的进一步理解。

二、大成智慧学的历史渊源

大成智慧学虽然是一个新概念，但绝不是离开人类认识史的个人奇思怪想，它在东西方文化发展中均有其深厚的历史渊源。"大成"语出《孟子·万章下》，孟子说："伯夷，圣之清者也；伊尹，圣之任者也；柳下惠，圣之和者也；孔子，圣之时者也。孔子之谓集大成。"孟子列举了古代四位圣人各自具有的优点：伯夷清高，伊尹认真负责，柳下惠平易近人，孔子与时俱进，而孔子还具有以上每个人的优点，可以说是集大成者。孔子后来因这一评语而被尊称为大成至圣先师。孟子说的是孔子集中了四位圣人的优点于一身，严格说，这只能是集小成，说不上集大成。钱学森把这种表述引申过来表述一种思想体系，把古今中外的一切科学和技术集中于一种科学，称之为大成智慧学，可以说是非常贴切的，不愧是集大成。

中华民族的优秀文化传统之一就是重视整体性和事物间的互相联系，具有丰富的素朴辩证法思想。孟子的"集大成"的思想虽然是一种比较简单的理解，显然是这种素朴辩证法的体现。古代文化比较轻视个体性和事物之间的相对独立性，这当然是一个缺点，这成为中国学术研究后来不重视分科研究的思想原因之一，但这个缺点已在近代得到弥补。中国文化中重视整体性的优点今天促使钱学森能够形成现代的科学和技术的整体性理念——大成智慧学。

大成智慧学在西方思想史中也有深厚的渊源。古希腊同古中国一样，思想家们都十分重视整体性思想，有丰富的素朴辩证法思想。到了近代，分科研究发达起来，逐渐形成了形而上学思维方式，机械论、单向直线因果论、还原论、绝对主义成为思想领域的主流。但即使在这种学术氛围中，也不是没有人看到事物之间的普遍联系，特别是各门学科之间的联系。其中最主要的代表应该首推黑格尔。黑格尔的时代，科学已发达到很高的水平，但仍不足以提供充分的材料来构成一个基本正确的学科体系，因而他只好在多处用臆想和虚构来构建他的哲学全书的体系。从总体上看，黑格尔体系不仅是一个纯粹的思辨的体系，而且是一个唯心主义的神秘的体系，是不能用来指导人们的实践活动的。尽管如此，这个体系仍然具有巨大的理论价值。首先，它的哲学范畴之丰富远远超出了以往任何哲学家的哲学体系，而这些范畴不是来自他的生编硬造，而是来自人们日常生活、人类实践和科学，虽然其中有过于繁杂重复之处。其次，它的许多范畴及其联系实质上都体现了当时自然科学所发现的自然界的规律，正如恩格斯所指出的："黑格尔在几百处地方都善于从自然界和历史中举出最恰当的例证来证明辩证法的规律。"① 第三，它的具体内容并不是像百科全书那样按照一种方式把百科知识简单地罗列起来，而是对百科知识加以总结和概括，构成一个体系，其结果就是黑格尔的包括逻辑学、自然哲学和精神哲学的庞大的哲学体系。这个体系一度以其无比丰富的内容和精巧的结构受到哲学界的高度赞扬，但在他逝世后，虽然至今仍然一直存在黑格尔主义学派，这个体系却为多数哲学家所根本否定，只有马克思主义哲学作了一分为二的评价。马克思和恩格斯都否定其外在表现形式而肯定其内在的方法，并使之成为辩证唯物主义的主要来源之一。恩格斯有一句简明扼要的评语，颇能代表马克思主义对它的总评，他说："关于自然和历史的无所不包的、最终完成的认识体系，是同辩证思维的基本规律相矛盾的，但是这样说绝不排除，相反倒包含下面一点，即对整个外部世界的有系统的认识是可以一代一代地取得进展的。"② 在这里，我们特别关注的是在这种努力中蕴涵了一个前提：百科知识是一个系统，各种学科也是一个系统，虽然黑格尔本人当时没有自觉意识到这一思想。第一个说出这一思想的可能是马克思，他说："历史本身是自然史的即自然界成为人这一过程的一个现实部分。自然科学往后将包括关于人的科学，正像关于人的科学包括自然科学一样，

---

① 《马克思和恩格斯选集》第 4 卷，人民出版社 1995 年，第 311 页。
② 《马克思和恩格斯选集》第 3 卷，人民出版社 1995 年，第 363 页。

这将是一门科学。"① 我认为，这就是说各门科学将不再是各不相关的一盘散沙，而将形成一个系统。

自文艺复兴以来，分科研究日益发达，新学科不断出现，学科之间似乎呈现出纯粹分解的趋势，其实，分科研究中由于深入地揭示了各种对象的内在本质，从而也就揭示了这些对象之间的联系，分解中蕴含了各种学科之间的综合和整合。这种整合的趋势到19世纪愈来愈明显，正如恩格斯在研究了19世纪的细胞发现、能量转化定律的发现和达尔文的物种进化论以及其他科学发现后说的："由于这三大发现和自然科学的其他巨大进步，我们现在不仅能够说明自然界中各个领域内的过程之间的联系，而且总的说来也能说明各个领域之间的联系了，这样我们就能够依靠经验自然科学本身所提供的事实，以近乎系统的形式描绘出一幅自然界的清晰图画。"② 对客观物质世界的系统性的认识蕴涵了各门学科之间的密切的内在联系。20世纪的物质结构理论、相对论、量子力学的相继出现，尤其是现代系统论的出现，更进一步极大地揭示了这种内在联系。钱学森的现代科学技术体系的概念就是在现代科学技术大发展的基础上产生的。

钱学森虽然是以航天科学技术事业的杰出的科学家著称于世，但他的研究活动并不限于一个专门领域。青年时代以来，他就博闻强记，涉猎广阔。回国以后，学了辩证唯物主义和历史唯物主义，更是如虎添翼，除了从事我国航天科学技术事业的研究和领导而外，更加关注整个人类文明以及人类实践、科学的发展，并开始发表一些哲学和其他领域的论著。特别是上世纪80年代以来，那时他已届古稀之年，他更加关注我国整个科学事业的发展，并同各个领域的实际工作者和理论工作者广泛交流，单是他亲笔写给他们的书信就有数千封之多，2008年国防工业出版社出版的《钱学森书信选》就选录了2100多封。在他的论著和书信中，他严格遵循马克思主义的指导，提出了许多富于创造性的理论观点、实施方略和具体举措。正如宋健在庆贺钱学森

① 《马克思和恩格斯全集》第42卷，人民出版社1995年，第128页。
② 《马克思和恩格斯选集》第4卷，人民出版社1995年，第246页。

90 华诞的理论研讨会上所说："钱老在几十年的科学研究和工程实践中，一直以具有多领域的科学造诣、丰富的科学想象力、敏锐的科学直觉和勇于实践、勇于创新的精神而著称。他科学知识渊博，兴趣广泛，他的科学著作、科学思想涉及的领域很广，在很多科学技术领域中作出了开创性的贡献。他对未来科学方向的探索提出过很多创新性思想，对各学科中的青年一代都产生了解放思想、鼓励创新的推动作用。"① 其中就包含了钱学森关于现代科学技术体系和大成智慧学的观点和理论。

可以明显看出，钱学森的现代科学技术体系和大成智慧学的思想不是一时心血来潮的奇思怪想，而是在他长期学术活动和实践活动的基础上深思熟虑的结果，是几千年人类文明的精华一点一滴地积累和升华的结晶。

三、大成智慧学的基本内容

大成智慧学既然是关于现代科学技术体系的理论，它应该是论证这个体系的系统学说，但钱学森本人没有提出过这个系统学说，而只是在他的论著和书信中分散地谈到他构建这个学说的种种理由。把这些论述集中起来，用他的思路加以梳理，就大致可以窥见钱学森心目中的系统的大成智慧学的基本内容。下面我就根据我的理解尝试一下这一工作。

（一）现代科学技术体系的形成：钱学森创建的现代科学技术体系的出现是一个过程。很可能，钱学森在接受了辩证唯物主义世界观、研究了现代系统论之后，就有现代科学技术是一个体系的思想。他提出的最早的科学体系模型出现于 1979 年，它包括五个部门，即自然科学、科学的社会科学、数学、技术科学和工程技术，同时也谈了这个

---

① 宋健主编：《钱学森科学贡献暨学术思想研讨会论文集》，中国科学技术出版社 2001 年版，第 5 页。

体系同辩证唯物主义的密切关系，共六门①，这个体系同后来的体系差别显然很大。从《书信选》来看，他最早在 1985 年提出了包括八门基础科学的科学体系，他说："整个科学技术（包括自然科学、社会科学、数学科学、系统科学、人体科学、思维科学、军事科学和文艺理论）是完整的，一体化的"（上 0138 页）。同年不久，他加上行为科学，科学体系包括 9 门基础科学（上 0179）。1986 年，他对每门基础科学进行了层次划分，他说："按学科大部门划分为九大部门：每一部门按其与实际应用接近的程度划分为三个层次：基础科学、技术科学和工程技术。"（上 0280）早在 1985 年，他已经有了部门哲学是连接基础科学与马克思主义哲学（世界观）的桥梁的思想，他认为："系统科学部门到马克思主义哲学的桥梁是自然辩证法。"（上 0139）1988 年，他系统地表明了基础科学与马克思主义哲学的关系，说："我看到马克思主义哲学殿堂之外似有九架通道桥梁，各通往科学技术的一大部门。即通往自然科学和工程技术的自然辩证法，通往社会科学和社会技术的历史唯物主义，通往数学科学的元数学（或称数学哲学），通往系统科学的系统论（不是所谓'三论'），通往思维科学的认识论，通往文艺理论的美学，通往军事科学的军事哲学，通往人体科学的人天观，通往行为科学的'社会论'（暂名）。"他又补充说："这九架桥梁中只前二者比较完整（当然也还在建），后面这七个，现在还在构筑；像'社会论'，那还看不见轮廓！殿堂加桥梁合成马克思主义哲学的一体建筑。"（上 0398—上 0399）1988 年底他提出："地理科学这门研究人类存在基础的学问应该作为现代科学技术的又一大部门，是与先前的九大部门并列的十大部门。地理科学也有三层，也有其哲学概括的'桥梁'；这在附上 1986 年冬的一篇发言中都讲了。"②（上

---

① 钱学森：《科学学、现代科学技术体系学、马克思主义哲学》，载《哲学研究》1979 年第 1 期

② 《钱学森书信选》原注：所附《发展地理科学的建议》一文是钱学森 1986 年冬在"第二届全国天地生相互关系学术讨论会"上的发言，此文载于《大自然探索》1987 年第 1 期。

0412）1993 年，他谈到他读了黄锦奎的《现代点石成金术——价值转化工程》，书中提出应将价值科学作为一大部门科学与自然科学等十大部门并列，成为十一大部门体系。钱学森认为："这是一个新思想。明春的会可邀黄锦奎同志参加，同大家研讨。"（下 0834）不过，这个会后来因故没有召开，钱学森也不再提过黄锦奎的建议。1996 年，钱学森认为建筑科学技术也具备基础科学、技术科学和工程技术三个层次，符合现代科学技术体系的理解，此外，"还应该有个总的概括：对建筑用什么指导思想，唯心主义？唯物主义？辩证唯物主义？历史唯心主义？历史唯物主义？这门学问才是真正的建筑哲学。"（下 01140）这样，他的现代科学技术体系就应该有十一大部门。其中连结行为科学与哲学的是社会论，后来社会论改称人学。他最初并不赞成把人学列入科学体系之中，认为"人是社会中的人，社会是由人组成的，'人学'主要是社会科学，即精神文明学及其下属的文化学"（上 0541），"'人学'会同差不多十大部门有关"（上 0541）。后来，他把人学看作十一大部门之一，说："最合适的提法还是把人学作为科学的概括，作为行为科学到马克思主义哲学的桥梁……我们这样安排也把'人学'纳入现代科学技术体系中了。"（下 01087）这样，到 1995 年为止，钱学森提出了包括十一大部门科学的现代科学技术体系。他曾多次列表来表示这个体系的总体轮廓，我想引用他 1993 年绘制的图表来代表这个体系，同时也根据他后来的思想发展作了两点修改：（一）把"社会论"改为"人学"，（二）在"人学"后加上建筑科学一大部门。（下 0779、0787）这样，我们就可以得出下面这个图表（见下页）。

（二）现代科学技术体系图表的含义。这是一个对人类认识的纵向分层和对各门科学的横向分类的图表。它首先把人类认识分为两大层，一层是最原始的还未记录下来的个人感受，另一层是记录下来的知识积累；另一大层是在知识库基础上已经形成的各门科学及其技术，另一大层从下而上分为五层，即应用技术、技术科学、基本理论、连结基本理论与哲学的桥梁（部门哲学）和马克思主义哲学。然后它又把基础理论横向分为十一大部门，与此相应，上面的部门哲学和下面的

马克思主义哲学——人认识客观和主观世界的思维													
性　智			量　智										
		美学	建筑哲学	人学	军事哲学	地理哲学	人天观	认识论	系统论	数学哲学	唯物史观	自然辩证法	基础理论
	文艺活动	文艺理论	建筑科学	行为科学	军事科学	地理科学	人体科学	思维科学	系统科学	数学科学	社会科学	自然科学	技术科学
		文艺创作											应用技术
实践经验知识库													
不成文的实践感受													

技术科学和应用技术也分为十一部门，但实际上它是一个下大上小的金字塔，因为基础理论包括基础科学及其部门科学，而部门科学的层次是很多的，如自然科学的低一层是物理学、化学、生物学等，它们还有更低一层的部门科学，如生物学低一层的是古生物学、微生物学、动物学、植物学等。这个图表的最高层只有一门科学，即马克思主义哲学，有时钱学森又将它写成辩证唯物主义世界观。这里还有一种横向分类，即把十一大部门分为性智和量智。从形式上看，性智和量智似乎是科学体系的一个层次，但从实质上看，我认为不是，而是谈的获得各种知识的方法，这点后面将详谈。

那么，钱学森为什么这样构建现代科学技术体系呢？他没有提出系统的说明，而只是零散地在其著作和书信中有所涉及，以下就我所知梳理一下这些论述。

第一，现代科学技术体系的客观根据是客观世界的辩证联系和辩证运动以及人类实践和科学发展的现代水平。1985年，钱学森曾说："现代科学技术有一点特点，也就是恩格斯在《路德维希·费尔巴哈和德国古典哲学的终结》一文指出的，'世界不是一成不变的事物的集合体'，不但要'能够指出自然界各个领域内的过程之间的联系'，而且要'指出各个领域之间的联系'。这就是现代科学技术的体系观点。在今天，如果从实践和实验总结出来的规律不能纳入科学体系中，安放好，就位，那这部分规律就未入科学技术的殿堂，只能算是知识，尽管也很有用、很珍贵，但不是现代意义的科学。当然，科学技术的体系也是发展的，科学技术殿堂也要翻修改建。"（上 0138）这就是说，客观世界是统一的、发展的，而真实反映这个世界、以这个世界的各个部分作为研究对象的科学当然应该是一个体系，而且也是发展的，正如客观世界一样，它不是停滞的、封闭的、僵化的，而是开放的、不断变化的、与时俱进的。

第二，马克思主义哲学之所以安放在科学体系的顶峰是由它的研究对象决定的，而部门哲学之所以成为哲学与基础科学之间的桥梁是由于哲学是通过部门哲学而与基础科学及其相应的实践进行互动的。钱学森之所以单单把马克思主义哲学放在科学最高处，简单说，就是因为哲学以一切科学及其实践作为其创立和发展的基础，同时又对一切科学及其实践发挥着不可缺少的指导作用。钱学森关于哲学和科学技术的关系的言论是很多的，这里我引证一段谈得最完整的论述："所有的科学技术工作，自然科学、社会科学、技术科学、数学、工程技术，不用马克思主义的哲学来指导，或者不重视马克思主义的哲学对于科学研究的指导作用，是危险的。我们一方面必须认为马克思主义哲学本身是要发展的，它要随着人类社会实践的积累而发展。发展了的自然科学、社会科学、数学、技术科学、工程技术，又影响马克思主义的发展。另一方面，我们也必须承认马克思主义的哲学在任何时候都对于科学技术的发展有指导的意义。这就是理论和实践的辩证的关系。科学技术的整个体系包括哲学的六个组成部分，随着社会实践的发展还会有变化。"[①] 这其中。包含了一些重要思想。

[①] 钱学森：《社会主义现代化建设的科学和系统工程》，中共中央党校出版社 1987 年版。

一、辩证唯物主义世界观是现代科学技术体系中平等的一员，是一门地地道道的科学，它并未过时，更不是什么主观随意的东西。

二、它之所以高居体系的巅峰并不是由于它有什么凌驾于其他科学之上的特殊地位，而是由于它的研究对象是整个世界，它是对世界的整体研究、综合研究和一般研究。

三、它与人类的实践、认识和科学之间有着互相依存和互相推动的作用，它以人类的实践、认识和科学作为生存与发展的基础，对人类的实践、认识和科学发挥着自觉或自发的指导作用。

第三，纵向分层的标准是理论离实际的距离，或者说，具体与抽象的程度。实际是客观世界的各种现象，包括人类社会的实践活动，是最实际的；人在实践中的感受、认识就有一定程度的抽象性，越往上越抽象，哲学世界观最抽象，但它并未脱离实际，而是通过部门哲学的桥梁而同实际相联系。部门哲学的名称本身就体现了桥梁的性质，如自然辩证法、历史唯物主义、数学哲学等都是一头在基础科学、一头在世界观，是世界观在相应部分的体现。其实，每一层都有桥梁的性质和作用，钱学森特别指称部门哲学为桥梁，一方面可能是针对当时有些人硬要把哲学与实证科学绝对分开的错误思潮，另一方面可能是吸收了当时讨论"应用哲学"的学术成果。

第四，横向分类的标准不只一个，至少如下三个：能否与其他部门明确区分、发展是否充分成熟、有没有社会需要。横向分类主要指基础科学的分类，因为其上的部门哲学、其下的技术科学都是以它为根据来分类的。部门哲学的分类也要看这三个标准。例如人学，钱学森最初不赞成以它作为一个部门哲学，认为许多部门哲学均与人有关，难以区分。再者，人学在国际上和国内出现不久，发展不够成熟，后来情况有所发展，他就用人学取代社会论而与行为科学相连结。他曾考虑把价值论作为一大部门，后来，由于没有进一步讨论就作罢了。以后，他又加上地理科学和建筑科学，可能也考虑了这些方面。

看来横向分类是一个十分复杂的问题。其中蕴涵的几个分类的标准，我认为是可以成立的，但究竟应有几个部门恐怕大有文章可做。

钱学森本人自提出八个部门后也一直在考虑，最后提出了十一个部门的体系，至今十余年过去了，是否应该有所增减呢？就现阶段来说，究竟怎样才算是最完整的科学体系呢？这是需要集思广益、进一步研究的问题。

第五，获得大成智慧的方法是定性与定量相结合的综合集成法。顾名思义，大成智慧必须集一切智慧之大成，集中外古今文化之大成，集现代科学技术体系之大成，才能获得，集任何一个局部之小成是无法获得的。钱学森说："把人类几千年来的智慧成就集其大成，把计算机科学技术、人工智能技术、作战模拟技术、思维科学、学术交流经验，加上马克思主义哲学，合成为'大成智慧工程，Metasynthetic Engineering'。用这样一个词是吸收了中国传统文化的精华的，有中国味。"（上 0673）也有称从定性到定量的综合集成法。在他绘制的现代科学技术图表上，他把定性所得知识称作性智，把定量所得知识称作量智，他认为美学、文艺理论、文艺创作等学科归属于性智，把其余十大部门属于量智，而马克思主义哲学属于性智与量智的统一，即大成智慧。因此，在前面，我们说性智与量智那一层次不是科学的分类层次之一，而是指科学的方法。

大家知道，定性是弄清楚对象的性质、特征等，其中包含直观的感性的因素，而定量则要求测量出对象性质的各种精确的数据，借以揭示其规律，是更加深入的认识阶段。但在这里，钱学森不是在一般意义下使用这对概念，而是用它们来指称两种思维模式，即笼统的整体思维和精确的逻辑思维。它们曾经在人类思维发展史上表现为两大阶段，即古代素朴辩证思维与近代的逻辑思维，历史上亦称形而上思维。他所说的大成智慧学的思维则是从定性到定量的综合集成法，或定性与定量相结合的综合集成法。他说："'量智'主要是科学技术，是说科学技术总是从局部到整体，从研究量变到质变，'量'非常重要。当然科学技术也重视由量变所引起的质变，所以科学技术也有'性智'，也很重要，大科学家就尤有'性智'。"（下 0788）"'性智'是从整体感受入手去理解事物，中国古代学者就如此。所以是从整体、从'质'入手去认识世界的。中医理论就如此，'从望、闻、问、切到辩证施治'，但最后也有'量'，用药都是定量的嘛。"（下0788）"我个人体会是埋头于细节、埋头于量变是'死心眼儿'，von káimán教我认识这一点。后来学了点马克思主义哲学才豁然开朗。近年来弄系统科学，真有点整体观了，才搞了点'性智'。当然，我国老一代革命家都是兼备'性智'与'量智'的'大成智慧者'。"（下0788—0789）

钱学森的这些观点同恩格斯关于辩证法的三种历史形态的观点是一致的。恩格斯在《自然辩证法》中曾指出："第一种是希腊哲学。在这种哲学中，辩证思维还以原始的朴素的形式出现……自然现象的总的联系还没有从细节上加以证明，这种联系对希腊人来说是直观的结果。"① 这就是古代希腊的朴素辩证法。""辩证法的第二个形态……是从康德到黑格尔的德国古典哲学……在黑格尔的著作中已经包含了辩证法的一个无所不包的纲要，虽然它是从完全错误的立脚点展开的。"② 这就是黑格尔的唯心辩证法。第三个形态是马克思的唯物辩证法，他称之为合理辩证法，并说："黑格尔的辩证法同合理的辩证法的关系，也就正像热质说同机械的热理论的关系一样，正像燃素说同拉瓦锡的理论的关系一样。"③ 就思维方式来说，恩格斯在《反杜林论》中认为，在古希腊的朴素辩证法与黑格尔的唯心辩证法之间有一个形而上学阶段。恩格斯指出近代自然科学的分科研究获得了巨大的进展，"但是，这种做法也给我们留下了一种习惯，把自然界中的各种事物和各种过程孤立起来，撇开宏大的总的联系去进行考察……这种考察方法被培根和洛克从自然科学中移植到哲学中以后，就造成了最近几个世纪所特有的局限性，即形而上学的思维方式。"④ 黑格尔企图破除这种思维方式，而以辩证法取代它，由于时代发展程度和唯心主义的限

---

① 《马克思恩格斯选集》第2版第4卷，第287页。
② 《马克思恩格斯选集》第2版第4卷，第287—288页。
③ 《马克思恩格斯选集》第2版第4卷，第290页。
④ 《马克思恩格斯选集》第2版第3卷，第359—360页。

制，黑格尔未能成功。马克思和恩格斯生活的年代，几项对认识自然界的辩证性质的关键性发现——能量转换定律、细胞学说、物种演化理论等等的出现，使他们得以唯物主义地改造黑格尔的辩证法，创立了唯物辩证法，实现了人类思维方式从形而上学到辩证法的飞跃。把钱学森的论述同恩格斯的论述比较一下，我认为不难看出钱学森所说的性智、量智、性智和量智的统一，或曰定性、定量、定性与定量的综合集成，同恩格斯所说的朴素辩证法、形而上学、合理辩证法是相当的、一致的，获得大成智慧的方法就是现代唯物辩证法的思维方式。

大成智慧学有着丰富的内容，在《书信选》中他还谈到过大成智慧学与社会发展的互动关系、大成智慧教育、从定性到定量综合集成工程、大成智慧工程，等等，这里就从略了。

30 多年来，这位蜚声国内外的大科学家对马克思主义哲学——辩证唯物主义和历史唯物主义的支持，尤其是他把辩证唯物主义摆在他的现代科学技术体系金字塔的顶端，给了我极大的鼓舞，也给了我极大的启发。辩证唯物主义在金字塔上的位置使人对它的性质、它与其他科学技术的关系、它的功能一目了然，响亮准确地回答了某些人的质疑：马克思主义哲学就是辩证唯物主义，它是现代科学体系中的一员；它与现代科学技术血肉相连，其他一切科学技术都是它的基础，它对其他一切科学技术都具有指导的功能。初步钻研了一下钱学森的大成智慧学之后，我深感他的知识的渊博与精深，我虽然写出了这篇讨论大成智慧学的文章，但由于我的知识功底陈旧落后，我的理解只能说是一知半解。我不敢期盼拙文能帮助读者了解多少大成智慧学的内容与价值，如能引起读者对大成智慧学的关注，进一步去研究它、解释它，我就心满意足了。

今年适值钱学森诞辰 100 周年，谨以此文表示我对这位大成智慧者的敬意！

纪 念 篇

回顾"哲学"专刊的早期工作[*]

　　1954—1958 年，作为《光明日报·哲学》专刊主编（先是金岳霖先生，后是郑昕先生）的主要助手，我参加了专刊的编辑工作。30 多年过去了，今天回顾一下这项工作，特别是对比一下当时和今天的情况，可以使人产生不少感想。关于专刊创刊和编辑方面的一些情况，张世英同志的文章作了比较全面的介绍，我这里就不多谈了。我主要想就专刊在这四年间发挥过的作用谈几点感想。

　　这四年是属于"十七年"之列，对十七年，人们褒贬不一，议论纷纷。有的说，十七年，特别是 50 年代，这样也好，那样也好。有的说，反正是"左"倾路线统治，一无是处。我想这些都是极而言之，发此论者未必真的如是想。谈到哲学，人们的评价也是颇不一致的。在我看来，作为 50 年代哲学活动的一部分，专刊有其应该肯定的方面，也有应该引以为戒的一面。如能加以历史地具体地分析，无疑可以给今天提供有价值的借鉴。

　　专刊在这四年间发表的文章可以分为五大类，第一类是通俗宣传

　　* 本文发表于《光明日报四十年》（光明日报出版社 1989 年 5 月出版），为纪念《光明日报》创办 40 周年而作。

马克思主义哲学原理以及中外哲学史、逻辑学等。那时全国解放还不久，多数同志对马克思主义哲学不熟悉，学习的热情很高，而哲学论著发表的很少，除《学习》、《新建设》等少数杂志刊登一些哲学文章而外，没有一本专门的哲学刊物（《哲学研究》杂志是 1955 年创刊的，最初是季刊），"哲学"专刊可以说是新中国成立以来第一种专门的哲学刊物。专刊是报纸上的刊物，篇幅较小，当时强调发表短的通俗性文章，这种文章接近全部篇幅的一半。现在看来，这些文章的水平很难说有多高，但在那时对于广大干部、知识分子和青年学生学习哲学确实起了一定的积极的推动作用。

第二类是学术论文和学术争论文章。学术论文和通俗文章之间找不到明确的界限，有些文章很难说是学术论文还是通俗文章，尽管如此，专刊还是发表了一些富于独创性的有学术价值的论文，开展了一些学术争论。例如关于真理有没有阶级性问题，就发表了好几篇文章，各种不同意见的文章都登，绝不以编辑部的观点为取舍。这种做法在今天也是值得提倡的。此外还就飞跃形式、不可知论、老子哲学思想、韩非的哲学思想等开展过一定程度的讨论。

第三类是联系实际的文章。抽象地说，理论联系实际当然是完全必要的，马克思主义哲学是实践的哲学，难道不该联系实际么？理论联系实际无疑在任何时候都应该强调。当时把联系实际问题看得很简单，以为只要联系了实际就不会错，其实不然，这里有一个怎样联系的问题。当时联系实际的文章有两种，一种是运用马克思主义哲学原理研究一些实际问题，如当时讨论民族资产阶级和工人阶级矛盾性质的文章。这种文章无疑是很有理论意义和现实意义的，今天我们也提倡写这种文章。可惜这种文章专刊发表得不多，因为大家知道，写这种文章的难度也比较大。另一种是紧跟政治形势，为当时政策作理论论证的文章。这种文章专刊发表的比前一种多，这里有些教训应该记取。

我认为不能一般地否定为政治和政策作论证的文章，如果我们的政治和政策是马克思主义的政治和政策，为什么不能从理论上加以论证呢？一来政治和政策有此需要，二来哲学也有此任务，从哲学上论证当前政策无疑是必要的。但是，第一，我们不能把哲学的任务限于为政治和政策作论证，哲学还有宣传和建设自己的任务，特别是把哲学作为一门科学来建设，是一个艰巨的任务。第二，论证不能是盲目的，尤其是不能听到风就是雨，无根据地"超前"论证所谓"新精神"。专刊没有发表过超前论证"新精神"的文章，但发表过一些盲目论证当前政治或政策的文章，如关于加快合作化的步伐、片面夸大生产关系对生产力的适应的文章。这些教训今天应该记取。当然，这不是要责备作者，除了那些闻风而动、见风使舵的人有自己的原因而外，那时写这种文章也是一种历史现象，作者是没有多少责任的，有的文章本来是由编辑部组织的。当然，也不能说这种文章都是错误的。

第四类是批判文章。这类文章可以包括在第三类里，但因比较多，要单独抽出来谈谈。最大规模的批判当然是对胡适实用主义的批判和对"右派"言论的批判。此外还有对冯友兰先生、贺麟先生、梁漱溟先生的批判。我并不认为对唯心主义、形而上学不能批判，也不认为当时的批判全是胡说八道，但今天再回头来读一读这些文章（其中包括我本人写的批判文章），不难看出，这些文章的根本出发点是错误的，因而文章的内容很大部分是站不住脚的。今天应该从中汲取教训。下面举两个例子来说明我今天的想法。

胡适的实用主义无疑是唯心主义的，今天看来也是应该批判的，问题在于如何批判。我不敢说别的同志究竟如何想，但就我来说，我当时的思想状态是：胡适的任何重要的哲学观点都要批，不好批的要想方设法批。例如他经常提到的"大胆假设，小心求证"，这本来是对科学发展经验的一种正确的概括，也要勉强去批，说"大胆"是主观自生的毫无根据的臆想，"小心"是挖空心思地歪曲甚至制造根据。这不是实事求是的。胡适的根本观点是唯心主义的，他的唯心主义当然会影响他对这个公式的正确理解和运用，这都是无疑的，但这个公式不能认为是错误的，因为有大量事实说明，假设就是要大胆，不大胆很难突破，而求证必须小心，要一丝不苟，假设经过证明或证实才能成为科学理论。如果其中出现差错，那是运用问题，不能归罪于这个公式。我认为还应进一步指出，实用主义作为一种世界观当然是错误的，但它的合理之处，即注重实用或实践，过去对此是根本不承认的。

对冯友兰先生的所谓"抽象继承法"的批判，现在看来，也不是实事求是的。冯先生没有说过对传统哲学的一切观点都应该抛弃其具体意义而继承其抽象意义，只是说对某些观点可以这样。这一观点被夸大成一种普遍适用的方法，然后再加以批判，这显然是强加于人。批判文章进一步根本否认对任何传统哲学观点进行抽象与具体的分析，马克思主义哲学史说明，这是经常出现的情况。对传统哲学要批判继承，对当代哲学要批判吸收，就要分析，当然分析不一定就是分析为抽象与具体，也不一定舍弃其具体意义、吸收其抽象意义，但冯先生所说的情况无疑是存在的。但由于批判文章立足于批，根本不想冷静分析一下冯先生观点的是非，结果只能夸大和歪曲冯先生的观点，并使自己在继承传统哲学问题上陷于被动。

贺先生认为唯物主义与唯心主义除了互相斗争而外，还有互相渗透、互相推动的一面。这个观点今天已为大家所承认，但在那时却遭到了批判，被认为违背了哲学党性原则。

批判文章占了专刊的很大分量，为了认识过去和今天，以利于将来的发展，我认为值得对这些文章进行一番实事求是的研究和分析，我这里所谈不过是一点感想而已。

1958 年下半年，专刊还发表了大量工农兵学哲学的文章，这可以说是第五类文章，今天应如何评价这类文章，我认为也是很值得研究的，不过当时我已不负责专刊的编辑工作，这里就不谈了。

专刊是历史的产物，在我国哲学发展史上发挥过作用，不管是积极的作用还是消极的作用都是历史的作用，都是我国哲学在它的历史途程中发挥过的作用。令人欣慰的是，专刊虽然中断过一些时候，至今仍然朝气蓬勃，在我国哲学战线上发挥着它的重要作用。回顾和总结一下它在 50 年代的工作，一定有利于它今后的发展。作为专刊早期的一个编辑人员，我祝愿它乘风破浪，不断前进！

50 年 的 师 友 情[*]

　　从 1942 年到西南联大上学算起，我在北大整整学习和工作了 50 年。50 年来同北大图书馆的来往已成为我的生活中不可分割的一部分。如果说我在学术上还为人民提供了一点积极的东西的话，那是同北大图书馆分不开的。如果老师的重要作用之一就是答疑解惑的话，那么，北大图书馆就是我的毫无愧色的良师益友。

　　50 年来我经历了四代北大图书馆。我首先接触的是西南联大图书馆，西南联大包含北大，西南联大图书馆当然包含北大图书馆。联大校舍全是简陋建筑，联大图书馆也是铁皮土墙的简陋建筑，不过比一般建筑大些高些而已。联大图书馆在外表上给我最深的印象就是满地黄沙，因为室内地板就是原来的田土，每日成千人践踏，形成一层黄沙，无法清扫。但是，就是在这样简陋的屋子里，我开始了自己的宝贵的大学生活。

　　第二代是沙滩图书馆，这是抗日前的红楼图书馆。它的规模并不大，但毕竟是一座现代化建筑，它的楼上楼下四个大阅览室是我经常

---

　　* 本文发表于《文明的沃土》（庄守经、赵学文编，北京大学出版社 1992 年 12 月出版），为纪念北京大学图书馆建馆 90 周年而作。

光顾的地方。解放前由地下党领导的民间图书馆——孑民图书馆应该算是沙滩图书馆的一个组成部分，它为北大学生提供了大量进步书籍，发挥了学校图书馆当时发挥不了的作用。新中国成立后，它的藏书并入了北大图书馆。

第三代是燕园图书馆，院系调整时由燕大图书馆、中法大学图书馆和北大图书馆合并而成，馆址除原燕大图书馆馆址而外，还包括许多分散的馆址，记得东南门附近就有一个藏书室，收藏着一大批解放前出版的西文书籍，对我的工作发挥了特别重要的作用。

第四代是今天的北大图书馆，它是"文革"期间修建起来的，十多年来只要我在教学和科研上遇到了困难，我就得光顾它。我最常去的是文科教师和研究生阅览室，那里开架陈列了各种图书，可以自由翻阅。

北大教师在教学和研究工作中都同图书馆结下了不解之缘，我当然不会例外。同其他教师比较起来，我同北大图书馆的交往不算是最密切的，然而它对我的支持与帮助确使我终身难忘。在对马克思主义哲学史的研究中图书馆尤其使我受益匪浅。

60年代初，我和一些同志受命进行列宁的《哲学笔记》的注释工作。这是一本很重要又很难读的书，因为它对哲学史著作作了大量摘录，再对摘录作了很多发挥，不理解他的摘录就很难理解他发挥的思想。我们于是发狠心找寻这些原始著作，在弄清楚这些摘录的基础上作出注释。感谢北大图书馆，它为我们提供这些著作的大部分，这些书都是列宁生活时代和过去时代出版的，都是很难找的。例如列宁说："不论是黑格尔（见《逻辑学》），不论是自然科学中现代的'认识论者'、折中主义者、黑格尔主义的敌人（他不懂黑格尔主义！）保尔·福尔克曼（参看他的《认识论原理》）都把认识看作一串圆圈。"（《列宁全集》第2版第55卷第308页）这种观点的具体内容是什么呢？黑格尔的观点大家比较熟悉，福尔克曼的观点是怎样的呢？这就需要把他的书找出来。我从北大图书馆比较顺利地找到了这本书，才弄清楚了他的思想，原来他作为一个科学家虽然极力反对黑格尔的思辨哲学，却也大谈特谈认识过程是主体与客体之问的反复震荡。他举了许多事例来论证认识过程的这种圆圈运动。《〈哲学笔记〉注释》这本书于 60 年代初完成，内部铅印交流，1981 年公开出版，对于哲学专业学生学习列宁的《哲学笔记》起了重要作用，并荣获国家教委第一届文科优秀教材一等奖。这固然是由于全体编写人员的艰苦努力，但如果没有北大图书馆所提供的大量原始材料，这本书是写不出来的。

列宁的《唯物主义与经验批判主义》一书比《哲学笔记》一书当然要好读一些，讲解和评论这本书的文章可以说是汗牛充栋，但要真正理解它和评论它也并不容易，因为其中涉及的哲学家和科学家约 200 人，涉的著作和刊物约 200 种，其中许多人和书对中国人来说都是很生疏的。"文革"期间我同一些同志共同编写《〈唯物主义和经验批判主义〉解说》，决心把重要问题都讲清楚，不回避问题。这本解说虽然不像《〈哲学笔记〉注释》那样逐字逐句地注释，但也有许多难题不能放过，这样我们又遇到了必须翻阅原始著作的问题。这时又是北大图书馆给了我们很大的帮助与支持。列宁这本书涉及俄、英、德、法几种文字，旧俄文书在北大图书馆难以找到，但其他几种文字的旧书却不少，这就大大方便了我们的工作。例如经验批判主义的创始人之一阿芬那留斯的著作在国内不易找到，但北大图书馆有不少。他的著名理论"原则同格论"，列宁批判过，但其具体内容，列宁语焉不详，我们在阿芬那留斯的《人的世界概念》中找到了他对"经验的原则同格"的具体说明。原来他认为在经验中自我和环境（主体与客体）是不可分割的，缺少任何一项都没有经验，因此二者是同格的（地位相同）或同值的。到此为止，看不出阿芬那留斯有什么错误，但进一步追问自我是什么？环境是什么？他认为它们都是经验，不能谈论经验以外的任何存在，这样，"原则同格论"的错误就暴露出来了。《〈唯物主义和经验主义〉解说》一书，也曾内部铅印交流，在众多类似著作中发挥了独特的作用。

我不赞成咬文嚼字的烦琐注释，也不赞成不求甚解地为我所用。读马列书首先有一个如实理解问题，这就必须从原始材料出发。当然不能以此要求一般读者，但应该以此要求专业工作者。在这里，大型的学术性的图书馆便可以充分发挥它的作用。我与北大图书馆交往几十年，惠我良多，留下了许多甜蜜的回忆，但也感到这个宝藏太丰富了，我从它那里吸取到的尚不及其万一，到此止步，未免遗憾。我有一个志愿，从原始材料出发研究马克思和恩格斯的著作，但一直没有时间。将来如有机会，我还要借重北大图书馆。值此北大图书馆建馆90周年之际，聊写数语以表达我的祝贺之意和感谢之情，也表示一下我的期望。

恩格斯关于人的自由发展的思想[*]

　　社会主义建设可以大致区分为物质文明建设和精神文明建设，更细一点，可以区分为物质财富的生产、精神财富的生产、各种社会制度的建立和完善、人的发展四个方面。对人的发展过去有所忽视，近十多年来得到重视，许多论著都把人的自由而全面的发展看作共产主义的目标之一。但什么是人的自由全面的发展呢？看法颇为分歧。谈到人的发展时，人们谈得较多的是马克思，其实恩格斯也有不少论述，今天重温他的有关言论，能给我们不少启发。

　　首先应指出，《共产党宣言》中的名言——"代替那存在着阶级和阶级对立的资产阶级旧社会的，将是这样一个联合体，在那里，每个人的自由发展是一切人的自由发展的条件。"——是马克思和恩格斯共同提出来的，说明恩格斯对人的发展也是十分重视的。因此，我们就可能进一步研究一下恩格斯对人的自由发展的理解。

　　在《社会主义从空想到科学的发展》中，恩格斯对人的自由发展作了较详细的说明。他认为人的自由发展就是人的体力和智力的自由

---

　　* 本文发表于《高校理论战线》1995 年第 7 期"纪念恩格斯逝世 100 周年"专栏。

发展，其必要的条件一个是充裕的物质生活，一个是社会对生产资料的占有。"人们自己的社会结合一直是作为自然界和历史强加于他们的东西而同他们相对立的，现在则变成他们自己的自由行动了。一直统治着历史的客观的异己的力量，现在处于人们自己的控制之下了。只是从这时起，人们才完全自觉地创造自己的历史。只是从这时起，由人们使之起作用的社会原因才在主要方面和日益增长的程度上达到他们预期的结果。这是人类从必然王国进入自由王国的飞跃。"①他又进一步把这种自由区分为三个方面：对自然界、对社会、对自己，他说："人终于成为自然界的主人，成为自己本身的主人——自由的人。"②这里特别值得注意的是随心所欲并不是自由，人要自我控制、自我解放。

自由不能定义为对必然性的认识，而只能定义为自主选择，这是恩格斯的一贯思想。但人要获得真正的自由，一个人或少数人是达不到的，只有共产主义才能为每一个人提供这种条件，才能使每一个人都获得这种自由，从而在体力和智力上获得自由的发展。这种自由发展有三个领域：自然、社会和自己。在对自然和对社会中得到自由发展是好理解的，怎么在对自己中得到自由发展呢？

按照恩格斯的一贯观点，既然对自然、对社会的自由不是为所欲为可以得到的，而必须首先认识其必然性，那么，对自己的自由也必须认识自己，认识自己对自己的自由发展有些什么制约，弄清楚哪些制约是不能破除的，哪些制约是可以经过努力而破除的，也就是说，也只有认识了自己的必然性才能对自己获得自由。那么，自己是什么呢？自己就是自己的生活、经历、历史传统、知识、思想、品格、兴趣、习惯等的总和，也就是一个人的社会实践和私人生活的各种因素的总和。每一个人都应该认识自己，特别是区分其中合理的因素和不合理的因素，即符合自然界、社会和个人的必然性的因素和违反自然界、社会和个人的必然性的因素，使自己摆脱自己的迷信、偏见、低级趣味、思想包袱、不合理的生活习惯、坏的工作作风等的束缚，对

---

① 《马克思恩格斯选集》第 1 版第 3 卷，第 441 页。

② 见《马克思恩格斯选集》第 1 版第 3 卷，第 443 页。

自己获得自由。

　　我国今天处于社会主义初级阶段，当然谈不到人的充分的自由发展，但新中国成立以来，特别是改革开放以来，人的自由发展也有了一定进展，人的自由发展也有利于改革开放。我们不应讳言人的自由发展，而应肯定人的自由发展，并进一步来论述如何得到人的可能的自由发展。

北大传统与自由主义

在庆祝北大百年校庆的前后，社会上掀起了一场不大不小的争论：北大有没有自由主义传统？如果有，应不应该弘扬北大的自由主义传统？今年是五四运动 80 周年，而五四运动又与北大传统的形成有密切的关系，故借此机会谈谈北大传统与自由主义的关系，我想也是合适的。这个问题看似简单，仔细琢磨起来，却颇为复杂，其中涉及许多问题，例如什么是传统？北大有些什么传统？什么是自由主义？只有先解决了这些问题，然后才能问北大有没有自由主义传统？我对这些问题虽然也有自己的看法，然而若明若暗，借此机会清理一番也好。

有一种观点认为，传统是从过去传承下来到今天已形成为一种权威的社会制度、思想潮流或风俗习惯。我感到这种理解基本正确，但过于狭窄。我认为传统之"统"是"系统"，不是"统治"，只要是过去传下来形成了某种系统的东西，不管是否居于统治地位，都是传统。历史上，昙花一现的东西不是传统。传统也不限于今天存在的东西，传统有活着的，也有死了的。

---

　　* 本文发表于《北京大学学报》（哲学社会科学版）1999 年第 3 期；《民族复兴的历史起点：当代北大学者论五四运动》（张国有主编，北京大学出版社 2010 年 5 月出版）。

　　中国社会有些什么传统，是一个非常复杂的问题，这里暂时不谈。北大有些什么传统，也是一个非常复杂的问题，我没有系统研究过这个问题，难以回答，但我们可以研究某些东西是不是北大传统，例如我认为可以说自由主义是北大传统，因为自由主义在北大曾经形成为一种思潮，今日在北大也仍然是一种传统。但北大不仅有自由主义传统，还有科学传统，还有马克思主义传统以及其他传统。

　　科学传统，亦即学术传统，可以说建校以来 100 年间不管政治形势如何变化始终绵延不断，哪怕是在日本帝国主义侵占了半个中国的年代，北大作为西南联大的一个成员僻居西南也弦歌不绝，保持着自由研究和独立思考的传统。自由主义传统也是形成了的。自由主义也就是五四新文化运动前期的民主思想，即资产阶级民主主义。现在有许多文章不区分自由和自由主义，认为只要赞成自由，努力争取自由权利就是自由主义，这是不对的。"自由"是一个中性名词，资产阶级讲自由，主张自由主义；无产阶级也讲自由，但并不赞成自由主义。有些人正是由于不分自由和自由主义，喜欢引用马克思和恩格斯在《共产党宣言》中的一句名言：在共产主义社会里"每个人的自由发展是一切人的自由发展的条件"，来证明他们也赞成自由主义。这岂不把反对资本主义的共产主义变成自由主义了吗？那么，究竟什么是自由主义呢？

　　西方同中国在许多观点上是不同的，但一般说来，它们对自由主义的理解却是很接近的。我们以《简明不列颠百科全书》代表西方的观点，以《中国大百科全书》代表中国的观点，它们对"自由主义"的解释基本上是一致的，它们都指出了自由主义的三个基本特点：经济上的资本主义（市场经济）、政治上的代议制的民主主义和价值观上的个人主义。这种自由主义的民主的主要代表当然首推孙中山；陈独秀最初打出科学与民主两面旗帜时，他所说的民主也是自由主义的民主。这种民主在北大逐渐也形成为一种传统。但是，十月革命胜利后，在中国新文化运动中又树起了第三面旗帜，即马克思主义旗帜，当时的北大是传播和研究马克思主义的一个重要据点。马克思主义的传入并没有扼杀或阻挡科学与民主的发展。马克思主义的核心是科学社会主义，它同科学当然是一致的。马克思主义与民主的关系比较复杂。它对西方民主有所肯定，有所否定；有继承，也有批判。马克思主义传入中国之后便引起了原来西方民主派的分化，一部分人以陈独秀、李大钊为代表主张把西方民主改变为人民的民主，另一部分以胡适为代表坚持西方民主，反对马克思主义。社会上如此，北大里也如此。这样在北大就形成了两种民主传统，即西方民主传统与人民民主传统，亦即自由主义传统与马克思主义传统。马克思主义遭到北洋军阀和国民党的镇压之后，北大自由主义传统仍在发展。但马克思主义传统并未中断，只是被打入了地下，而且在北大讲坛上在新中国成立前始终还开设了少量马克思主义课程。具体地讲，新中国成立前的北大（包括西南联大）有三种势力，地下共产党及其外围、国民党和三青团、自由主义者。自由主义者是中间派，其中有的倾向于国民党，有的倾向于共产党；但是，根据我的所闻所见，国民党的反动思想始终没有在北大扎下根，始终没有形成传统。北大师生中有些国民党党员或三青团员，但在北大校园之内，他们是少数派，多数派是马克思主义者和同情革命的自由主义者的统一战线。新中国成立后，国民党势力被彻底清除出去了，自由主义者大都转到了马克思主义一边。但是，也不能说，新中国成立以后自由主义传统就中断了，虽然它是被大大地削弱了。无可讳言，不仅自由主义在北大是被大大削弱了，而且在"左"的路线的影响下，自由思考、自由研究和自由讨论也被视作自由主义而被大大削弱了。改革开放以后，由于"双百方针"的真正贯彻，北大的自由研究和自由讨论的学风得到了恢复，20 年来学术研究呈现出蓬勃发达之势，方兴未艾。与此同时，自由主义也抬头了，但它已不是新中国成立前的革命的同情者，而是马克思主义的反对派。20 年间自由主义随着形势的发展时而高涨，时而退缩。总而言之，北大建校百年以来，特别是五四运动以来，的确形成了自由主义传统，至今仍然存在和发展，由于国内外条件，北大自由主义传统还有生命力，还会延续下去。

现在的问题是：自由主义传统在今日的北大是否已占主导地位？要不要弘扬自由主义传统？我没有作详细的调查研究，就我所接触到的来看，我认为自由研究的科学传统无疑占主导地位，但在意识形态领域内占主导地位的仍然是马克思主义而不是自由主义。作为社会实践活动的一种指导思想，马克思主义在大多数老教师中已经根深蒂固，牢牢树立。在中青年教师中马克思主义的指导地位同样明确，而且这20年来已涌现出一批致力于坚持和发展马克思主义的有突出表现的中青年学者。学生的思想意识正处于变化发展之中，自由主义无疑对他们有很大的影响，马克思主义还是自由主义，正是他们反复选择的问题。他们常常随着社会、媒体和教师的引导而摇来摆去。如果引导得法，由于中国社会的社会主义性质，由于在整个意识形态中占主导地位的是马克思主义，多数学生是会选择马克思主义的；相反，如果加以误导，由于国际上自由主义的影响，由于国内的复杂情况，不少学生也是会选择自由主义的。很显然，在纪念五四运动80周年之际，我们不能弘扬北大传统中的自由主义，除非我们要引导学生走自由主义之路，即资本主义道路。但是，中国不能走这条道路，北大当然也不能走这条道路，而只能走有中国特色的社会主义道路。中国究竟应该走什么路，这是国际国内存在着根本分歧的大问题，这个问题不是短短的笔谈就能够谈得清楚的，我只想说，由于种种历史因素的集结，中国已走上了有中国特色的社会主义道路。实践与理论均已证明，中国能够，而且也只能通过这条道路实现中国社会的现代化；离开这条道路，中国不仅在经济上，而且在政治上、文化上都没有自己的独立的国际地位。

50 年 的 交 往 *

　　《光明日报》创刊整整 50 年了，可以说我同它打了 50 年的交道，建立了比较密切的关系和牢固的友谊，这对于我的一生是有重要意义的。对于《光明日报》我有三重身份：读者、作者和编者。我同《光明日报》关系最密切的时期当然是 1954 年至 1958 年我担任《光明日报》的哲学专刊主编的主要助手的几年，但这几年我的主要身份是编者。作为读者和作者，我这 50 年的生活同《光明日报》无法分开。

　　《光明日报》50 年来在领导体制方面经过不少变化，但它把知识分子作为自己的主要读者，以文化建设和学术研究作为自己报道、发表、讨论的重点始终没有变，因此，一创刊我就成为它的忠实读者，后来成为它的长期订户，直到今天。

　　我充当它的一个作者，差不多也有 50 年的历史。创刊后不久我曾为报纸写过一篇专文，可惜题目和内容我都忘记了。我记得比较清楚的是毛泽东的重要哲学论文《实践论》在 1950 年底重新发表后，《光明日报》一位编辑委托我组织北京大学的哲学教师撰写一篇注解。我

---

　　* 本文发表于《光明日报 50 年丛书·名人与光明日报》（张义德、彭程主编，光明日报出版社 1999 年 6 月出版），为纪念《光明日报》创办 50 周年而作。

自己也参加了写作。经过一番紧张的工作，注解很快就完成了，注释发表时占了整整一版。关于"哲学"专刊的工作，我在《回顾"哲学"专刊的早期工作》（载《〈光明日报〉四十年》）中已介绍，这里不再赘述。后来我不再从事《光明日报》的编辑工作，但作为读者和作者，我和它的关系仍然是密切的，特别是改革开放以来的20年间，可以说年年交往不断，这是同大环境的改变分不开的。改革开放后"百花齐放，百家争鸣"的方针得以真正贯彻，知识分子的作用得以真正发挥，我国学术事业也日益繁荣起来，知识分子与《光明日报》的联系当然也就越来越密切了。

我感到20年来我与《光明日报》联系较多的有三个方面：（1）作为一个读者，《光明日报》是我每天必读的读物，我从中获得了大量信息，特别是关于我国学术事业的进步、创新、发展的信息，可以说，它是我的日常精神食粮的来源之一。（2）20年来学术会议之多可能是我国历史上从未有过的，我参与和组织的会议有马哲史会议、人学会议等，我们都要邀请《光明日报》理论部或者作为发起单位或者作为新闻单位参加，几乎年年都有，每次都得到了《光明日报》的热情支持。张义德、李景瑞、李瑞英、李亚彬以及其他同志都参加过我们的活动。（3）《光明日报》理论版多次发表我的文章或访问记，使我的一些研究成果能够同读者见面，这给我的研究工作以极大的支持和推动。在祝贺《光明日报》创刊50周年之际，我要特别感谢它对我的支持。

作为国家级的大报，《光明日报》的内容涉及国家生活的各个方面，我认为它在整体上的一些特点也应进一步加以发扬。一是《光明日报》善于从一些貌似平常的不起眼的现象中发掘出重大问题，引起全社会关注，并连续报道其发展与逐步解决的过程，这种做法形成了《光明日报》的一个特点，得到广大读者的赞赏。这个特点无疑应加以大力发扬。一是报纸经常发表一些旗帜鲜明、言词犀利的文章对某些丑恶现象进行无情的解剖和鞭挞，打击邪风，伸张正气，如"各说各的"栏目，虽然是各说各的，然而是非分明、真伪自辨。一是开展一些学术问题的针锋相对的讨论，这也是《光明日报》的特点，也可以说是一个传统。在报纸上进行学术讨论有其特别的优越之处，因为比起杂志来，报纸文章短小精悍，观点鲜明，观点交流及时。《光明日报》上有几次哲学问题讨论至今仍使人印象深刻，其中有些虽然由于受到政治的干扰而蜕变成了政治迫害，但其前期的学术讨论仍然留下了积极成果，影响深远。百家只是"争鸣"而不又鸣又争，学术的发展也会受到限制。人们常说，真理愈辩愈明，但是近年来在各种刊物上形成了一种风气，真正是各说各的，互不交锋，很少有点名道姓的讨论和商榷，更少围绕某一问题展开集中的针锋相对的争论，似乎争论就是"大批判"，就是违背百家争鸣的方针。《光明日报》近年来也很少发表争论文章了。我认为《光明日报》可以把这一传统的特点再度发扬起来。至于其他特点和优点，我就不多说了。

经过风风雨雨 50 年，《光明日报》已达"知天命"之年，形成了自己的特色，日益成熟了。作为它的一个忠实读者，我祝愿它今后进一步发扬特色，越办越好，为我国社会主义现代化建设作出越来越大的贡献。

不断做好马克思主义的编译、
研究和宣传工作 *

　　50 年前毛主席批准成立中共中央马恩列斯著作编译局，这使我国人民学习和研究马列主义的活动出现了一个崭新的局面。这个日子不仅对中央编译局的同志们具有重要的意义，而且对广大的理论工作者、全体干部、全国人民都具有重要的意义。作为一个理论工作者，我的感想是很多的，限于时间，我只谈三点感想。第一点是祝贺，第二点是感谢，第三点是赞美。

　　中央编译局建立以来的 50 年，除"文革"期间工作停顿了一段时间而外，基本上是凯歌前进的 50 年。50 年来不但出齐了马恩列斯全集，《列宁全集》还出了第二版，成为名副其实的马恩列斯著作编译局，而且规模日益扩大，任务日益多样化。特别是改革开放以来，它已发展成为集编译、研究、宣传于一身的"翻译与研究并重，研究经典著作与研究现实问题并重，理论研究工作的提高与普及并重"的马列主义理论工作机构。可以毫不夸张地说，中央编译局已经从一个单

---

　　* 本文发表于《传播真理奋斗不息——中共中央编译局成立 50 周年纪念文集》（中央编译出版社 2003 年 9 月出版）；《当代世界与社会主义》2003 年第 6 期。

纯从事编译工作的机构成长为国家级马列主义理论的重要阵地之一，对全国马列主义宣传、教育、研究发挥着支持、推动、指导的重要作用。这确实是值得大贺而特贺的。

我一直是中央编译局的忠实读者。我在上世纪40年代学的是西方哲学，后来专门从事马克思主义哲学的学习、教学和研究。马克思主义哲学最初是西方哲学的一个流派，从西方哲学转向马克思主义哲学似乎并不难，但原始资料的缺乏却使人难以升堂入室。中央编译局陆续出版马恩列斯全集，帮助解决了这个难题。我的书架上一直放着《马恩全集》，《列宁全集》一、二版，《斯大林全集》以及它们的不同版本的选集。我本人也随着马恩列斯著作的陆续出版而逐步成长起来，成为一名马克思主义哲学工作者。改革开放20多年来，我和中央编译局还有不少个人的特殊的交往，在此过程中，中央编译局给了我很大的支持与帮助。首先是在我和庄福龄、林利同志主持的国家项目《马克思主义哲学史》八卷本的撰写过程中，得到了中央编译局在资料、历史、理论方面的许多帮助；同时由我们三人任会长的中国马克思主义哲学史学会的工作也得到了中央编译局的大力支持。后来，我任会长的中国恩格斯学会向民政部申请登记时得到了中央编译局的信任，由中央编译局担任了学会的主管单位，顺利完成了登记工作，现在这个学会已扩展为中国马克思恩格斯学会，在中央编译局的支持下迅速发展。中央编译局主办的杂志和出版社不仅支持我发表了若干论著，而且我要特别指出的是，前年我的同事们为我80岁生日编辑了一本论文集，在中央编译局和出版社的大力支持下从交稿到出书不到一个月就完成了，当我看到这本载有多帧照片的精美图书时，感到出人意外的喜悦，心中充满了感激之情。总之，50年来中央编译局是我的良师益友，没有中央编译局的支持与帮助，我难以完成我所承担的工作。我要衷心感谢中央编译局对我的大力扶持和帮助。

中央编译局的众多译者都是无名英雄。尽管各种全集每一卷都对译者有所说明，但在读者心目中，译者都是中央编译局，中央编译局好像是一个人。我并不了解翻译的具体过程，但毫无疑问译者是众多的，而风格却是统一的；译文忠实于原著，但又符合中国语言文字的表达方式；遣词造句严谨规范，而又通俗易懂。可以看得出来，中央编译局的译文是经过众多译者千锤百炼的结果，是集体智慧的结晶，这种水平是个别译者的译文达不到的，哪怕是名家的作品。久而久之，读者忘记了或说根本不知道各篇的主要译者或第一译者是谁，而把中央编译局的译文看成有关篇章的标准译文、权威译文。当然这绝不是说，中央编译局的译文就无懈可击了，也有译得不妥或译错的地方，也有人对译文提出过不同的意见，其中不乏故意挑刺儿的意见。我认为中央编译局的同志们对不同意见的态度是正确的：虚心听取并认真研究不同意见，如果译文有错就坚决改正；如果译文没有错，也绝不盲目改动。这无疑是马克思主义的实事求是的态度。我认为中央编译局的文风和学风，对待不同意见的态度，都是值得赞美的。

中央编译局的工作目前正处于蓬勃发展的阶段，在翻译、研究和宣传方面都还有大量的任务有待完成，借此机会，我衷心祝愿中央编译局在往后的时间里作出更加卓越的辉煌成就，为建设中国特色社会主义文化和坚持马克思列宁主义的指导作出更大的贡献。

同呼吸共命运 50 年 *

——纪念《北京大学学报》创刊 50 周年

　　《北京大学学报》(社科版，以下简称《学报》) 创刊 50 年了，我同它交往也是 50 年了。我对《学报》而言有三重身份：读者、作者和编者。我从《学报》诞生以来就是它的忠实读者，它是我获得各种新鲜的学术信息的重要源泉之一。我也是从它的诞生之日起成了它的作者的。《学报》1955 年第 1 期上刊登了金岳霖、汪子嵩、张世英三位先生和我共同撰写的文章。此后，除十年"文革"而外，我关于列宁的《辩证法的要素》的独创性理解，是 20 世纪 60 年代在《学报》上首先发表的。改革开放以后，我在《学报》上发表了若干坚持和研究马克思主义哲学的文章，其中《必须坚持辩证唯物主义》获得了"五个一工程奖"。80 年代以来，我成了《学报》的编委，1987 年成为副主编（当时负责实际编辑工作的是编辑部的同志们，主编、副主编实际是今天的编委会主任、副主任），1991 年成为主编，后来改称编委会主任，直至今天。可见，50 年来，我同《学报》的关系是非常密切

---

　　* 本文发表于《北京大学学报》（哲学社会科学版）2005 年第 5 期。

的。不仅如此，我还是在《学报》的支持和帮助下不断成长的。当然，我所做的一些努力对《学报》的进步也发挥了一定的积极作用。所以，这 50 年是我同《学报》同呼吸、共命运、共同成长和前进的 50 年。

无可讳言，同我们的国家、我们的学校一样，《学报》在"文革"期间也走过一段弯路，但整个说来，它走的是一条不断成长、不断成熟、不断前进的道路，特别是改革开放以来的 20 多年，尤其是最近十多年。这确实是值得纪念的 50 年，在这 50 年中，《学报》前进的步伐是与整个国家前进的步伐、与整个学校前进的步伐一致的。作为北京大学的一个学术窗口，《学报》反映了北大学术事业进步和北大人学术水平的提高，也是我国学术发展的一面镜子。《学报》从 50 年前一本篇幅不大的简单刊载一些北大教师学术论文的刊物，成长为今天一本内容丰富厚重、有较高学术水平、较大社会影响、受到广大读者和理论界重视的刊物，这使它获得了多项荣誉，例如 1999 年设立的国家期刊奖，至今颁行了三届，它就连续获得了三次奖，这在全国社科类综合性学术理论期刊中是唯一一家。最近，经过专家严格评审，《学报》以排名第一的好成绩进入了"教育部哲学社会科学名刊工程"。由于我同《学报》的密切关系，我对《学报》所取得的成就和达到的水平感到由衷的高兴和欣慰。

根据我的印象，《学报》之所以能取得这些突出的成绩是由于以下的特点和优点：第一，《学报》的编辑队伍人数偏少，但甘为人作嫁衣，非常敬业，非常团结，非常勤奋，非常严格，是一支坚强过硬的队伍；其次，《学报》有正确的指导方针，在内容上力求把学术性、科学性与现实性、思想性结合起来，在社会作用上，力求把反映北大学术水平和推动学术研究结合起来；第三，《学报》形成了一种优秀的学风，努力使创新性和严谨性、理论性与应用性统一起来，既能为专家提供启发，又能为一般读者提供参考。当然，《学报》也还有一些不足之处，但我相信，以创刊 50 周年活动为起点，通过"名刊工程"的实施，《学报》一定会在原有基础上跃上一个新的台阶，为北大创办世界一流大学作出突出贡献！

20 年 的 良 师 益 友 [*]

　　《高校理论战线》最初叫《高校社会科学》，创刊不久我就在 1989 年第 1 期上发表文章。从此开始，我几乎每年都有文章在《高校理论战线》上发表，粗略统计了一下，已经有 20 余篇。以后我又荣幸地受聘担任《高校理论战线》顾问。但是，为《高校理论战线》写文章只是我与《高校理论战线》的关系的一个方面，更主要的是另一方面，即我是《高校理论战线》的长期读者。

　　《高校理论战线》的主办单位是教育部高等学校社会科学发展研究中心，这个中心从成立之日起就十分关心我的教学和研究工作，经常同我联系，向我通报理论信息，邀请我参加中心的一些活动，承担中心委托的一些科学研究任务，例如我参与主编的《中国特色社会主义文化建设研究》就是中心所组织的科研项目之一。《高校理论战线》创刊以后就成为我了解时代发展形势和理论信息、向中心学习的经常渠道，我长期从《高校理论战线》得到启发和引导，这对于我的工作无疑是非常重要的。如果说我这些年来还能在政治方向上保持比较清

---

　　[*] 本文发表于《高校理论战线》2008 年第 3 期，为纪念《高校理论战线》创刊 20 周年而作。

醒的头脑和比较正确的倾向，这是同中心的活动和《高校理论战线》的影响分不开的。中心对我的工作上的支持也是不少的。我在国家社会科学基金的一个科研项目就是以中心作为主管单位，有关这个项目的许多具体工作都是中心的同志们帮我办理的。一句话，《高校理论战线》是我的良师益友。

据我所知，《高校理论战线》同一批高校教师之间都存在着这种互相支持和互相促进的关系，为什么《高校理论战线》和这些教师之间能建立起这种关系呢？我认为这是由《高校理论战线》的特点决定的。

《高校理论战线》2008 年第 1 期首页有一篇题为《敬告作者》的编辑部文章向作者提出了五点要求：一、学习宣传党的十七大精神；二、继续做好马克思主义经典著作的研究和普及工作；三、深入开展对大学生思想政治教育的研究；四、充分反映高校改革和发展的成就；五、充分反映各学科运用马克思主义观点，深入研究重大现实问题和学术理论问题取得的成果。这五点也是《高校理论战线》对自己的要求，是由《高校理论战线》的特点决定的。

《高校理论战线》的特点我认为可以如下表述：一、坚定地与党中央保持一致；二、鲜明地坚持马克思主义的基本观点；三、密切关注大学生思想政治工作；四、充分重视高校改革和发展的成就；五、努力运用马克思主义观点来分析哲学社会科学对现实问题和理论问题的研究成果，力戒"左"或右的偏向。这些特点是互相联系的，有机统一的。这些特点也可表述为一个特点，那就是马克思主义基本理论与中国特色社会主义建设实践的紧密结合。

正是由于它有这些特点，而且这些特点在编辑工作中不断发挥作用，《高校理论战线》才能在众多哲学社会科学理论刊物中脱颖而出，办出了自己的特殊的风格，使各个时期的中央精神与马克思主义基本观点融为一体；使《高校理论战线》中提出的一些理论观点做到既与马克思主义基本理论一脉相承，又能与时俱进；使《高校理论战线》的内容具有很强的科学性，又有鲜明的创新性和坚强的战斗性。不愧为马克思主义理论战线中的一块岿然不动的坚固的阵地。我相信它会

30 年、40 年长期坚持下去，发挥它作为我国马克思主义理论战线的一部分的应有的作用。

我虽已年迈力衰，精力有限，仍将一如既往从《高校理论战线》吸取营养，同时尽可能支持《高校理论战线》的工作。祝愿《高校理论战线》越办越好，越办越辉煌！

岁月对精神的诠释[*]

　　北大的传统究竟是什么？这是北大人一直在思考和讨论的问题。有人说是兼容并包（或兼收并蓄），有人说是综合创新，有人说是科学与民主，观点分歧，莫衷一是。我也一直在思考这个问题，不过，我认为"传统"这个概念太宽泛，内涵繁杂，可以视为传统的很多，如各种制度、各种观念、思想、理论、方针、风俗、习惯，等等，我想大家追问的不是所有这些东西，而是某种在北大漫长的历史中形成的具有最广泛共同性和持久作用而存在于北大师生员工的头脑中的精神，可以简称为北大传统精神或北大精神。那么，北大精神究竟是什么呢？

　　北大自建校以来，已经 110 年了，大致可以分为三个阶段：一、1898—1949 年，共 51 年，是北大在时局动荡中诞生和逐渐成长的阶段；二、1949—1978 年，共 29 年，是北大在社会主义改造和建设中曲折发展的阶段；三、1978—2008 年，共 30 年，是北大在社会主义改革和建设中顺利发展的阶段。如果从 1942 年我进入西南联大算

　　* 本文发表于《精神的魅力—1988》（北京大学校刊编辑部编，北京大学出版社 2008 年 4 月出版），为纪念北京大学建校 110 周年而作；又以《我所理解的北大精神》发表于《北大之精神》（赵为民主编，世界图书出版公司 2010 年 10 月出版）。

起，我在北大已学习和工作了 66 年，超过了北大年龄的一半，贯穿了它的发展的三个阶段，对北大精神有亲身体验，应该对北大精神有所理解。下面我就把北大精神的形成与发展按照学校发展的三个阶段谈谈我的看法。

北大精神就是兼容并包，这是大家谈得最多的。我认为这无疑是北大精神的一个因素，但很难说这是北大精神的核心因素。兼容并包精神就是一种宽容的态度，只要持之有故，言之成理，就允许进入北大，不故步自封，不党同伐异，但这并不是说北大没有选择，不分是非，不辨好坏。宽容提供一种宽松的环境，使真的好的脱颖而出，为师生主动接受。宽容本身不是目的。

综合创新无疑比兼容并包前进了一步，是北大精神的一个重要因素，但仅仅综合创新不免失之笼统，因为新的不一定是真的好的，我们追求的不是抽象的新，而是新真理、新的科学、新的优秀的品格和风气。

在我看来，把追求民主与科学看作北大精神比较合适，这种精神如果将其内涵稍微扩大，表述为关心国家大事，投身学术事业，也许更为贴切。北大的前身——京师大学堂本来就是戊戌维新的产物，是按照西方大学的模式创立的，在政治上是进步的，在内容上是科学的，所以尽管陈独秀于1915年在《新青年》上提出民主与科学的口号时并不在北大，这个口号无疑易于为北大师生所接受。不久蔡元培主持北大工作，提倡兼容并包，陈独秀和李大钊先后被聘为北大教授，又经过五四运动，北大逐渐成为新文化运动的中心，高举起民主与科学两面旗帜。同时，由于马克思主义的影响，民主与科学虽然保留原有形式，但实质上在一部分人心目中，已成为马克思主义的口号。后来北大的历史中，除了经常性的教学工作而外，最使人关注的就是两件事，一是关于国家大事的议论与行动；二是各门学科的理论研究与建设。前者如共产党的地下活动和历次政治运动，后者如历次学术争论和静悄悄的学科建设。当然，这两件事往往是互相交错的，互相渗透的。北大就是在这些活动中逐渐形成规模、逐渐完善、徐徐前进成为北大的。我未曾亲历 1942 年前的北大，下面谈谈我 1942 年入学后的一些亲身体验。

1942 年秋，我考入西南联大物理系。我投考联大物理系的一个因素就是听说联大物理系是东亚第一，超过日本。后来由于个人原因，我转入了哲学系。哲学系也是以学科齐全、水平一流而闻名全国。当然，整个联大的规模与水平不是由北大一校决定的，然而北大是主要决定因素之一。当时，令我大开眼界的是联大教师的各种形势报告和学术报告，使我像一个井底之蛙那样从一口深井一下子进入了大江大海，感到世界是那么广阔无边，那样丰富多彩。当时学生政治运动是比较沉寂的，后来有人告诉我，那是因为不久前联大地下党由于反对国民党政权的腐败（具体指孔二小姐从香港乘飞机回重庆时大办妆奁，却拒绝接回民主人士）遭到破坏。这种沉寂状况一直延续到 1945 年上半年。

在我进入联大后的三年中，也就是抗日战争的最后三年中，曾出现过两次参军的热潮，这曾长期被看作"问题"。一次是 1943 年下半年国民党政府号召大学生参军做美军翻译，一次是 1944 年底国民党政府号召大学生和高中生从军。联大学生热烈响应号召，《西南联大纪念碑》（北大西校门内有其复制品，原碑存昆明西南联大校园内）背面近千人的从军学生名单中绝大多数是在这两次热潮中参军的。当时的参军无疑有两面性，一面是抗日爱国行动，一面是增强了国民党的军事力量。那么，从整体上说，它是什么呢？学生报名参军是为了什么呢？我是 1944 年 12 月报名参军的，我是为了什么呢？

当时日本侵略军占领了贵州独山，西南震动，国民党政权趁机号召知识青年从军，保家卫国。实际上抗日战争已接近结束，日军失败已成定局，它进攻西南是为了廓清铁路两厢以保证其安全撤退。吸收知识青年从军的主要目的是提高军队现代化水平，为内战做准备。地下党用大字报指出这是一个阴谋，因此报名开始之后报名者寥寥无几。联大当局在截止期前一日召开动员大会，邀请几位知名教授作了动员报告，第二天报名者一下子增加到了 300 人。1945 年初真正参军的达

200 人。我也是最后一天报名的，而且报到了。我当时一方面是把形势看得太严重了，另一方面也下定决心，如果被命令把枪口对准共产党，我就设法离开。我自认为参军是关心国家大事的爱国行动。大家知道，后来无论是参加翻译工作还是参军，都是一个政治历史问题，是受到审查的。改革开放后北大西校门内竖起了刊有从军学生名录的纪念碑，才算给抗日时期的参军事件下了最后的结论：这是一次爱国行动。在我看来，这次行动的性质同北大历次进步学生运动的性质基本上是一致的。

在参军的半年中，联大学生也把民主精神带到了部队里。1945 年 1 月联大学生参军不久就被送到印度集中编入中国汽车兵第一团的两个连中，全团士兵都是大学生或高中生。团长是金陵大学毕业生，后又毕业于美国西点军校，他一再强调政府的军队不能有反政府的言论和行动，同时在生活上表现出很"民主"。他不顾军官的反对，规定各连成立由士兵选举组成的生活委员会，由生活委员直接从团部领取给养，或直接发给士兵，或交厨房在生活委员监督下使用。这样就截断了军官们克扣中饱的可能。我认为这是团长慑于学生们的民主思想而采取的措施，这在国民党军队中可能是绝无仅有的。尽管如此，联大批评政府的民主之风也仍吹了进来。

1945 年五四纪念日过后不久，我们连一位联大同学收到联大学生会发表的要民主、反内战的《国是宣言》（以下简称《宣言》），他读了几句，大家一下子就活跃起来，争着要看。他于是把《宣言》贴在墙上供大家观看。大家纷纷议论起来，惊动了连长，他立刻撕下报告了团长。当天夜里，接到《宣言》的同学就被宪兵逮捕了。后来知道，联大同学寄了许多张《宣言》来，都被团部扣下了，这一张是"漏网之鱼"。同学被捕，生命未卜，大家立即行动起来，选出代表，要求团长设法营救。团长怕事态扩大，表示一定要大力营救。几天以后，这位同学得以无罪释放，但调到另一部门作翻译，不让回部队。事后，联大同学被分散到全团各个营连。我从这件事得出一个结论：现实与想象的差距很大，此处绝非可以久留之地。

　　现在自我评论一下当时北大精神对我的影响。尽管我在进入联大之前，对马克思主义、共产党已略有所知，对国民党的腐败反动也有所认识，但基本上还是一个中间群众。联大民主精神的熏陶使我慢慢地睁开了眼睛。特别是 1945 年秋，抗日战争已经结束，我随多数同学一起回校复课了，当时国内形势日趋复杂和紧张，联大学生政治运动日益高涨，"一二一事件"使学生们看清了国民党的反动面目，民主运动更加高涨。1946 年 5 月三校复员，我选择了北大。我先回四川富顺老家度暑假，准备秋天去北平报到。暑期中传来了李公朴、闻一多教授在昆明遭国民党特务暗杀的消息。我因父亲病重，在家休学半年，年底又传来北平学生抗议美军强奸北大女生暴行的消息。所有这些都大大影响了我的政治倾向，并使我体验到北大的民主精神。因此，当我 1947 年春到北大复学后便积极投身北大民主运动，1948 年毕业前加入了共产党。我虽然没亲历过抗日战争前北大民主运动的洗礼，就是解放前这短短的六七年，北大的民主思潮也犹如一股炽热的铁流烘烤着我，最后使我熔化进去。

　　民主精神塑造学生人格仅仅是北大精神的一个方面，它的科学精神对学生人格之塑造也是至为深沉和久远的。当然我在高中对现代科学已有初步了解，只是进了联大我才在长期日常的学习中树立了牢固的科学思想。我在物理系学习了一年。我不是一个优秀的物理学学生，一年后就转学到哲学系了，但那一年我还是认真学习了的。联大的设备很简陋，但基本实验一次也不能少，老师要求很严。我在实验中获得的数据比标准数据误差总是很大，但我仍从实验中得到了科学的锻炼。我经常在反思，我至今坚持不渝地走哲学的科学化的道路，恐怕同我受过一年的物理学的磨炼有一定的联系。转学以后我不再从事自然科学的学习，谈不上有什么亲身体验，我还是以哲学为主谈谈科学问题。

　　我在 1943 年秋转入哲学系学习。哲学是一门学科，但在当时不被看成一门科学。郑昕先生讲的《哲学概论》实际是从古希腊哲学开始到康德哲学的历史，不是一个理论体系。老师强调的是它的学术性。

什么是学术呢？一般理解，学术有两项内容，一是对资料的收集、考证、鉴别、整理，一是对分析、综合、论证、体系构建，尽可能排除主观臆断、利害考虑，特别是政治影响。我认为按照这种理解，学术性的核心其实就是科学性。但是，"学术性"概念比较含糊笼统，说哲学是学术，大家都能接受；说哲学是科学，恐怕没有几个人能接受。根据我几十年的体验和反思，哲学研究的最后目标仍是真理，哲学研究也是科学研究，推动哲学建设和发展的根本动力是科学精神。

我在高中时就读过一些马克思主义哲学书籍，如艾思奇的《大众哲学》、苏联出版的《新哲学大纲》，对哲学虽然是一知半解，却已有这样的观念：马克思主义哲学是新哲学，是科学。联大哲学课程中没有马克思主义哲学，也没有一个老师讲马克思主义哲学，当然更没有老师说马克思主义哲学是科学。但是，不管哪派哲学家，不管他是否承认真理是与客体一致的认识，都认为自己的观点是真理，是正确的。历史上的哲学家和我在课堂上面对的哲学家没有一个说，我的话都是胡说八道，或说，我的话无所谓正确不正确。当然有个别哲学家宣称自己说的与外部世界无关，只是自说自话，但他们也认为自己是正确的。实际上古今中外的哲学家们举的旗帜也是民主与科学，而不仅仅是民主。

大家知道，北大可以说是马克思主义最早在中国传播的主要基地，为什么它在联大却没有一席之地？其原因也是人所共知的，那就是因为它不仅是科学，也是政治。自1927年以来，倡导一般的民主，即西方民主，还可以勉强存在，而倡导马克思主义的或共产党的民主在国民党统治区将被赶尽杀绝。马克思主义及其哲学是随着革命形势的发展而重新回到北大的，它先是在地下，不久由于新中国成立而进入北大课堂，并进入各种课程之中。

总起来看，民主精神与科学精神在北大发展的第一阶段都在不断加强，呈现出不断进步的过程，而且民主与科学之间的关系也比较协调，基本上相辅相成，互相推动，这是北大精神的形成与比较顺利发展的阶段。

　　新中国成立以后，北大精神的发展进入第二个阶段，民主精神与科学精神明显地加强了，但 1957 年以后，民主精神与科学精神都遭到了严重的扭曲，发展走了一条曲折的道路。

　　新中国成立以后，马克思主义理论不仅公开地回到了北大，而且它的系统性较之从前大大加强了。不可否认，当时强调向苏联的系统理论学习，苏联的教条主义弊端也影响了北大，但那种规模的系统学习、普及和研究毕竟是过去无法比拟的。系统地学习、传播和研究马克思主义无疑有利于民主精神和科学精神的巩固和增强，因为马克思主义不仅是一种政治理论，而且是一种科学理论，它的主要特征之一就是把哲学、经济学和社会主义理论变成科学。因此，新中国成立后几年内北大精神在两方面都大大地增强了。北大哲学系进入了它历史上最辉煌的时期：全国六个大学的哲学系师生并入北大哲学系，使它的规模与完整的程度超过了西南联大的水平，不仅人数众多，而且学科齐全，哲学各学科开展了系统的学科建设。1957 年"反右"的运动使整个国家的生活进入复杂和动荡之中，北大精神经受着折磨、锻炼和考验，这种状况延续了整整 20 年之久。

　　在这段时间里，北大的政治热情和民主精神被引导到"左"的极端，乃致真假难辨，是非颠倒。这不仅把北大民主精神引上了歧路，科学精神也被极大地蹂躏和伤害。"文化大革命"初期"停课闹革命"，科学建设完全陷于停顿。后期恢复招生，最初排斥系统教学，提倡所谓"活学活用，急用先学，立竿见影"，后来才逐渐恢复系统学习。当然，不能认为在这段时期，北大精神已完全消解，荡然无存了，但是被扭曲了，被破坏了，被削弱了。

　　但是，真正的北大精神仍然在坚持，在发展，因为据我所知，仍然有不少北大师生在坚持、在推进多年形成的北大民主精神和科学精神。我没有做过广泛的调查研究，不能提供准确无误的资料，还是谈谈自己的亲身经验吧。

　　1957 年春天鸣放阶段，我响应中央号召，对当时的国内形势谈了一些自己的看法。由于这些看法与后来公认的观点不一致，在 1958 年受到批判，被定性为"右派言论"，我于 1959 年春被开除了党籍。我反复思索，认为自己的观点还是符合事实的，而且即使是错误的，在党章上也找不到应该开除党籍的根据。因此，我坚信我的行为符合党内民主，对我的错误处分终将得到纠正。我思想上对此没有动摇过，因而我对马克思主义理论和共产主义信仰也没有动摇过。正是在这种思想支持下，近 20 年我对马克思主义理论的研究也没有停顿过。这里有两件事可以为证。

一件事是 1959 年以后一批当时视为不宜授课的教师被安排到哲学系编译资料室工作，我也以同样原因被调到资料室担任副主任。有鉴于列宁《哲学笔记》缺乏一本能帮助读者读懂此书的注释，我们组织了几位外语能力较强的教师来编写注释。列宁虽然是一个政治领袖，他的《哲学笔记》却是本纯粹学术笔记。我们于上世纪 60 年代初写成 50 多万字的《〈哲学笔记〉注释》，当时在各高校内部交流，80 年代初公开出版，此书对哲学专业学生学习《哲学笔记》发挥了明显的作用。

另一件事是 1972 年，我们趁周恩来总理发出恢复高校系统学习的指示之机，向哲学系的军工宣队建议集体编写马克思主义哲学史教材，准备在哲学系开设这门课程，得到了批准，我和几位教师集中到办公楼中的一间屋子里开始编写，一年多写成了初稿（只写到斯大林）。由于有这些准备，改革开放后不久就开出了马哲史课程，北大是我国高校最早开设马哲史课程的学校之一。

这些事可以说明 1957 年以来，北大精神受到一定的抑制和扭曲，但并非毫无进展。我个人的力量是微不足道的，但我深信北大的各个教研机构一定有不少人的工作仍然有助于北大精神的建设和发展。这时的北大精神像一股暗流在寒潮滚滚之下默默流淌着，蓄势待发。这就为第三阶段的大发展作了准备。

改革开放之后，"左"倾思想路线逐渐被纠正了，30 年来，马克思主义思想路线推动了全国政治生活和生产活动顺利前进，也推动了北大的政治生活和教学活动正常展开。北大师生一贯高度关注国家的改革开放事业，对重大政治事件表示了自己的见解，发挥了积极的作用；努力开展系统的严格的教学活动和科学的学科建设，使北大的思想水平、教学水平和科学水平达到北大历史上全新的阶段。北大精神在这个过程中不但恢复了原貌，发挥了积极的推动作用，而且进一步大大发扬光大了。

还是以我个人的亲身体验来说吧。

我在 1978 年底恢复了党籍，对我的错误处分被纠正了。事实证明，马克思主义的思想路线是正确的，北大精神应该坚持下去。30 年来，在这些思想的支持下，我做的工作超过了前 30 年，而前 30 年我处于 27—57 岁之间，这 30 年我处于 57—87 岁之间；前 30 年差不多是法定退休年龄前年富力强的阶段，后 30 年差不多是退休后年老力衰的阶段。这 30 年我做的工作主要是同一些志同道合的同志从事学科的科学建设。首先是马哲史的建设。在与北大哲学系同志一起从无到有开设马哲史课程的基础上，我参与编写或主编了三种马哲史教材和一种马哲史专著，教材是《马哲史稿》、《马哲史》（三卷本）和《马哲史》（一卷本），专著是耗时 13 年、57 人参加的 400 万字的《马哲史》（八卷本）。这些努力使马哲史作为一门科学在中国建设起来。

其次是马克思主义哲学体系建设。我在 1986 年参加了当时八个马克思主义哲学博士点共同参与的马克思主义哲学体系建设项目，其成果是 1994 年出版的《马克思主义哲学原理》。目前，我所主持的国家社会科学重点基金项目《马克思主义哲学体系创新研究》正在进行之中，这是一项更大规模的项目，还得到北京市社科联的大力支持，不久即将完成。

第三是马克思主义人学研究。人学是一个新兴学科，从上世纪 80 年代开始，我和一批同志在北大筹建了人学研究中心，组织和建立了中国人学学会，2005 年以北大学者为主出版了《人学的理论与历史丛书》三本，近 200 万字。人学作为一门学科逐渐得到了社会和学术界认可。

第四是马克思主义文化理论研究。文化是学术界的热点问题，但一直缺乏系统的马克思主义文化学，上世纪 90 年代以来，我参与了文化问题的讨论与研究。我参加主编、于 1999 年出版的《有中国特色社会主义文化研究》就是这些研究的成果。

此外，对于邓小平理论、"三个代表"重要思想、科学发展观的研究和宣传，我也写过一些文章，发表了一些成果。

我所参与的这些科学研究活动在整个北大的科学研究活动和成果中不过是沧海一粟，整个北大的科学活动和成果，其数量之多、规模之大、水平之高，是前 30 年无法比拟的，更是新中国成立前难以想象的。

这些，我想就是北大精神在今天结出的硕果，而这些成果反过来又会使北大精神更加硕大，更加深邃，更加辉煌！

真理标准讨论开辟了
"百家争鸣"的时代[*]

"真理标准"讨论的伟大政治意义

1978 年 5 月 11 日《光明日报》以"本报特约评论员"的名义发表了"实践是检验真理的唯一标准"一文，引发了一场大讨论，这就是影响广泛而意义深远的关于真理标准问题的大讨论。这场大讨论的首要意义不在于理论，而在于政治。对马克思主义哲学来讲，真理标准问题在基本观点上早已解决。《光明日报》的文章不过是重申了一个马克思主义哲学的基本观点。为什么会引起如此强烈的反响和如此广泛的讨论呢？因为它适应了中国社会发展的需要。1976 年 10 月"四人帮"被粉碎后，随着揭批"四人帮"罪行的深入，广大人民群众迫切要求清算和纠正"文化大革命"中的错误，包括理论上、纲领路线上、组织处理上的错误，为"天安门事件"以及一大批冤假错案平反，把我国社会引上社会主义现代化建设健康发展的道路。但是，这些要

---

* 本文发表于《北京观察》2008 年第 5 期。

求受到了当时党的主要领导人的阻挠和压制，提出"两个凡是"的观点，即"凡是毛主席做出的决策，我们都坚决维护，凡是毛主席的指示，我们都始终不渝地遵循"，以此作为党的指导思想。按照这一观点，深入揭批"文化大革命"、拨乱反正、平反冤假错案都无从谈起。这一形势引起了全国人民，尤其是广大理论工作者的沉思：究竟什么是党的思想路线？究竟什么是检验真理的标准？

其实，1978 年 3 月 26 日，即在"两报一刊"发表"两个凡是"观点之后一年又一个多月，《人民日报》发表张德成文章"标准只有一个"，提出，"真理的标准，只有一个，就是社会实践"，批评"有的同志不愿承认或不满足于马克思主义的这个科学结论，总想在实践之外，另找一个检验真理的标准"。这是第一枝报春花，然而却没有引起关注。

一个多月后，"实践是检验真理的唯一标准"一文发表。文章一开头就提出："检验真理的标准是什么？这是早就被无产阶级革命导师解决了的问题。但是这些年来，由于'四人帮'的破坏和他们控制下的舆论工具大量的歪曲宣传，把这个问题搞得混乱不堪。为了深入批判'四人帮'，肃清其流毒和影响，在这个问题上拨乱反正，十分必要。""任何理论都要不断接受实践的检验"，"革命导师们不仅提出了实践是检验真理的唯一标准，而且亲自做出了用实践去检验一切理论包括自己所提出的理论的光辉榜样。"最后说："党的十一大和五届人大，确定了全党和全国人民在社会主义革命和社会主义建设新的发展时期的总任务……我们要完成这个伟大的任务，面临着许多新的问题，需要我们去认识，去研究，躺在马列主义毛泽东思想的现成条文上，甚至拿现成的公式去限制、宰割、裁剪无限丰富的迅速发展的革命实践，这种态度是错误的。"文章重申"实践不仅是检验真理的标准，而且是唯一的标准"，明眼人一看就知道这是对"两个凡是"的批驳。

一石激起千层浪，文章引起了强烈的反响。文章发表当天，新华社全文播发，次日，《人民日报》和《解放军报》全文转载。全国绝大部分报纸后来也陆续转载了这篇文章。广大干部、群众和知识分子赞同文章观点，认为文章发表得非常适时，各报刊陆续发表了大量讨论真理标准的文章。但同时也遭到少数人的强烈反对和压制，力图缩小其影响。时代的潮流不可阻挡，坚持"两个凡是"、反对实践标准的思想路线终于彻底失败。1978 年 12 月 22 日闭幕的党的十一届三中全会对这场两条思想路线的较量作了结论，全会公报指出："会议高度评价了关于实践是检验真理唯一标准问题的讨论。认为这对于促进全党同志和全国人民解放思想，端正思想路线，具有深远的历史意义。一个党，一个国家，一个民族，如果一切从本本出发，思想僵化，那它就不能前进，它的生机就停止了，就要亡党亡国。"

中共十一届三中全会是新中国成立以来党的历史上具有深远意义的伟大转折，它结束了 1976 年 10 月以来党的工作在徘徊中前进的局面，开始全面地认真地纠正"文化大革命"中及其以前的"左"倾错误，标志着马克思主义的思想路线、政治路线和组织路线的重新定位，作出了实现全党工作重点转移的重大决策，开辟了改革开放的新阶段。对于这个历史转折的出现，真理标准问题讨论发挥了思想先导的作用，这就是这场讨论的伟大政治实践意义之所在。

深化丰富了马克思主义哲学

马克思主义哲学是经得起实践检验的，它的基本观点是不会被实践推翻的，但是经过一次检验会被修正、被深化、被丰富、被发展，实践标准的观点当然不能例外。作为一个理论问题、学术问题，真理标准问题的讨论也具有发展马克思主义哲学理论的重要意义。这不仅表现在确立了正确的思想路线，而且表现在对于实践标准认识的深化和发展。

什么是"真理标准"？或者说，"真理标准"的含义是什么？真理的标准是客观世界，但客观世界本身不能检验真理的正确与否，这就需要实践。比如，要知道一匹布的长短，就需要一把尺子，使用的方法是衡量。在这一活动中，这匹布的长短相当于认识，我们要弄清楚它的确切长度，唯一的方法、途径是用尺子去实地丈量，相当于实践。

最后得到的长度数字是这匹布的确切长度，相当于"真理"。就当时讨论的问题来说，"真理标准"一词是省略语，说全一点则是"检验真理的标准"，更全一点是"检验某一认识是真理还是谬误的标准"或"检验某一认识是否符合外部世界的标准"，所以说，实践是检验某一认识是真理还是谬误的方法、方式或手段。

如果把"检验真理的标准"理解为"检验真理的方法、方式、手段"，那么我们就可以问是不是只有一种方法？如果有多种方法，其中有没有一种是最终的或最根本的，其他方法是由它派生出来的？实践怎样检验认识？能不能把实践效果成败的检验等同于实践检验？这些问题都有待于进一步深入研究。

经过研究我们发现，感性经验活动与逻辑推理都是检验真理的标准之一，但是只有"社会实践总和是检验认识的真理性的唯一的最后的标准"，这也是对"实践是检验真理的唯一标准"这一命题的完整表述。"实践总和"意味着多次反复的实践，而不是一次实践或几次实践。"唯一的最后的标准"意味着感性经验活动和逻辑推理虽然也是检验真理的标准，但它们不是最后的。能够最后检验真理的只有实践，不能在实践之外去寻求更根本的检验真理的途径。

真正开启了"百家争鸣"的时代

这场关于"真理标准问题"的讨论除了具有政治意义与理论影响之外，还对思想和学术研究领域产生了重大作用，开辟了新中国成立以来理论研究工作的新时代，即"百家争鸣"的新时代。

经过真理标准问题的讨论，解放思想、实事求是的思想路线逐渐恢复。在批判"四人帮"罪行和拨乱反正的过程中，人道主义问题作为一个重大理论问题提了出来，并掀起了 20 世纪 80 年代初中国的人道主义思潮。

人道主义一词是从拉丁文"humanistas"（人道精神）引申来的，在古罗马时期曾被引申为一种能够促使个人的才能得到最大限度发展的、具有人道精神的教育制度。在 15 世纪新兴资产阶级思想家那里，人道主义是指文艺复兴的精神，即要求通过学习和发扬古希腊和古罗马文化，使人的才能得到充分发展。在资产阶级革命的过程中，人道主义反对封建等级制度和教会专制，要求充分发展人的个性。直到19世纪，人道主义始终是资产阶级建立和巩固资本主义制度的重要思想武器。

"文革"结束以前，中国理论界对人道主义持全盘否定的态度。思想解放之后，人们认识到应该在理论上对这种"全盘否定"进行拨乱反正。但人道主义在马克思主义中应处于什么地位，或者说，它与马克思主义的关系怎样，却出现了原则性的分歧。当时一种观点认为，马克思主义就是人道主义，宣扬所谓现代的科学的人道主义，主张人是马克思主义的出发点、核心和归宿，人类社会的历史就是人的异化或人的本质的异化和异化的扬弃的过程。另一种不同的观点则认为，对人道主义既不能全盘否定，也不能全盘肯定，而应有分析地具体对待。马克思主义包括人道主义，但不等于或归结为人道主义。用抽象的异化理论来解释社会历史和现实是与唯物史观的基本理论背离的。马克思主义应用辩证的历史的观点看待各种人道主义理论。这两种观点在80年代初进行了针锋相对的争论，争论在1983年纪念马克思逝世100周年时达到高潮。虽然争论过去多年，理论界至今仍未达成共识，这正说明，思想理论界有了真正意义的"百花齐放、百家争鸣"。

"真理标准"讨论后，还引发了许多理论问题的探讨，如，关于人的活动的主体性问题、实践唯物主义问题、人学问题、中国现代文化建设问题，等等，都是这场大讨论的延续。政治对学术的干预渐渐退出，这是"真理标准"讨论产生的更深层次的影响。

改革开放对马克思主义哲学学科建设的巨大推动作用[*]

——纪念改革开放 30 周年

　　改革开放与马克思主义哲学之间存在着密切的关系。1978 年的真理标准讨论成为改革开放的思想先导，后来马克思主义哲学又保证和推动了改革开放的扩展和深入。反过来，改革开放的实践也大大推动了我国马克思主义理论的创新与发展，其中包括哲学的创新与发展。邓小平理论、"三个代表"重要思想、科学发展观以及新时期一系列战略思想都是改革开放实践经验的概括和总结。就哲学学科的创新与发展来说，其成果也是非常丰富的。我想举出三点作为例证来说明这点，并纪念改革开放 30 周年。

---

　　* 本文为"首都理论界学习胡锦涛同志重要讲话、纪念改革开放 30 周年"理论研讨会（中共北京市委宣传部等单位联合举办，2008 年 12 月 29 日）发言稿，发表于《北京日报》2009 年 1 月 5 日，标题为《改革开放赋予了马克思主义哲学勃勃生机》，有删节。

一、破除过去对西方人道主义的全面否定，实事求是地分析和评价人道主义，并在此基础上开展对人学的研究和建设

科学社会主义是在批判人道主义历史观的基础上产生的，当时批判的只是人道主义历史观，并没有批判人道主义价值观，但马克思主义创始人没有明确地作这种区分。由于这一历史原因，加以革命运动需要强调斗争，苏联对人道主义就笼统地采取了批判的态度。毛泽东虽然也说过"救死扶伤，实行革命的人道主义"，中国也对人道主义一直采取批判的态度，这种态度在"文革"中更趋于极端，把人性论等同于地主资产阶级人性论，人道主义等同于修正主义，同时出现了许多反人道主义的暴行。确定改革开放方针和解放思想、实事求是思想路线不久，上世纪 70 年代末就有人提出科学评价人道主义问题。这个问题后来逐渐成为理论界的热点。讨论中出现了两种意见，一种意见认为马克思主义就是现代的科学的人道主义，一种意见认为人道主义应区分为人道主义历史观和价值观，前者应该否定，其价值观则可以改造成为社会主义人道主义。后来胡乔木发表文章支持后一种意见。这两种意见至今还在争论，但无论如何理论界还是达成了一些共识，不能完全否定人道主义，社会主义价值观也是一种人道主义价值观；人道主义应成为社会主义社会道德原则之一，即社会主义人道主义，等等。

看来人们对自己缺少研究，才对人和人性、人的本质、人际关系、人与社会的关系等一系列人学问题意见如此分歧。人们在争论中还发现，马克思在早期著作中谈人之处甚多，后来他研究的重点转移到人类社会及其历史，专门谈人的言论不多，这就使一些后来者误认为马克思主义理论体系中没有人学，正如今天仍有一些人认为马克思没有世界观一样。关于人道主义的讨论使一些学者认识到人学研究的重要，80 年代中期以来人学研究逐渐成为热点。同时，中国社会主义现代化建设的实践与理论的发展也处处凸现了人和人际关系研究的重要性和

必要性。他们以马克思主义的世界观和历史观为指导对人开展了多方面的研究，初步形成了人学的理论体系，至今方兴未艾。没有改革开放，就没有对人道主义价值观的普遍肯定和马克思主义人学的兴起。

二、破除过去对马克思主义哲学苏联体系的教条主义态度，实事求是地分析和评价苏联体系，并在此基础上开展了对马克思主义哲学的科学体系的研究和构建

真理标准问题的讨论开始打破了教条主义的坚冰，人道主义问题的讨论又扩大了破除教条主义的战果，解放思想、实事求是的思想影响深入理论研究的各个领域，其中自然涉及了苏联哲学体系——辩证唯物主义和历史唯物主义体系。应该说，这个体系基本上是一个科学体系，因为它初步贯彻了构建科学体系的主要原则，但由于对它的教条主义的僵化的理解，长期以来被束缚于原有的框架中，即把辩证唯物主义分解为唯物主义与辩证法，唯物主义又分解为本体论和认识论，辩证法又分解为辩证法规律和辩证法范畴。尽管它传入中国以来已经有所变化，但由于旧框架的束缚，使之很难有大的突破，很难达到真实性、完整性与严密性的新阶段。上世纪 80 年代中期，关于哲学体系的研究和讨论形成了热潮。

讨论中出现了两种意见，一种意见认为应在继承苏联体系的基础上加以改造，使之成为更加科学的体系，一种意见认为应以完全崭新的体系取代之，学者们主张用以取代它的体系则有：一、历史唯物主义，因为马克思只有历史唯物主义体系，没有辩证唯物主义体系；二、实践唯物主义；三、实践本体论或实践一元论；四、实践人本主义；五、主体性哲学。当然，还有主张其他哲学体系的。其中实践唯物主义有较多的信奉者。经过 20 年来的讨论，我认为占优势的还是辩证唯物主义与历史唯物主义体系，而且有不少学者在从事改造旧体系、构建新体系的工作，并取得了一定的成果。

尽管在体系问题上意见分歧，学者们还是达成了一定的共识：一、马克思主义哲学是现当代时代精神的精华，它必须反映时代的变

化和发展；二、它必须从哲学的高度总结自然科学和社会科学的成果，并用以丰富和更新哲学的内容；三、它必须继续吸收中西哲学的合理成分，回答中西哲学中提出的问题；四、它必须按照科学学关于构建科学体系的原则来构建自己的更真实、更完整、更严密的科学体系。当然还有不少学者把哲学仅仅看成个人安身立命之地，根本否定它能够成为科学，但马克思主义者把哲学看成安邦治国的思想武器，是不可能不讲科学性的。无疑，要构建成多数人认可的马克思主义哲学科学体系，还有很长的路要走，但有了以上共识，这个目标总是可以达到的，这还需要继续解放思想、实事求是地深入研究下去。

三、坚持以历史唯物主义为指导，实事求是地分析和研究人类社会的文化现象，推动了中国马克思主义文化理论的建设

"文化"一词在日常语言和学术著作中出现的频率是很高的，但文化理论及其在传统马克思主义理论体系中的位置是不清楚的。毛泽东在《新民主主义论》中曾对文化问题作过专门的系统的论述，在历史唯物主义思想指导下提出了关于文化的一系列基本观点，但他后来也没有做过进一步更加系统的发挥。上世纪 80 年代，随着改革开放的扩展和深入，西方现代文化因素大量涌入，国内掀起了崇尚"蓝色文化"（西方文化）和贬低"黄色文化"（中国传统文化）的思潮，并引起了争论。90 年代又出现了以儒家思想为主导的国学热，即中国传统文化热潮，这一思潮至今仍在继续，这也引起了议论。这两次文化热潮给中国马克思主义理论提出了许多问题：文化是什么？文化现象与其他社会现象的关系究竟应该怎样安排？中国现代社会主义文化与中国传统文化、西方文化之间是什么关系？中国文化建设应该采取多元化的方针还是一元化的方针或其他方针？马克思主义在中国文化建设中起什么作用？等等。这样，文化问题逐渐成为我国理论研究的一个热点，30 年来发表了大量的论著。

比起前面两个问题，文化问题上观点分歧更大，更难取得共识，

但也有了一些共识，如对文化概念的广义和狭义的理解、以历史唯物主义为指导来研究文化问题、社会主义文化的先进性等，特别是文化研究的重要性为大家所认同，这就使文化研究成为我国马克思主义理论研究中的一个重要的领域，从而开拓了一个前景广阔的新的理论部门。没有改革开放，文化研究的热情是不可能如此高涨的。

胡锦涛总书记在纪念党的十一届三中全会召开的大会上说："30年来，我国改革开放取得伟大成功，关键是我们既坚持马克思主义基本原理，又根据中国实践和时代发展不断推进马克思主义中国化，形成和发展了包括邓小平理论、'三个代表'重要思想以及科学发展观等重大战略思想在内的中国特色社会主义理论体系，赋予当代中国马克思主义勃勃生机。"马克思主义理论与中国社会主义现代化实践这种相互作用包括了马克思主义哲学与改革开放实践的相互作用，我相信随着改革开放的深入和胜利，马克思主义哲学将获得愈来愈大的成就。

一体两翼　振翅高飞[*]

——祝贺《马克思主义与现实》创刊 20 周年

我没有准备，不过因为我同编译局的关系，时间是很长的，关系也是很多的。所以我想即席谈一些想法。编译局的工作，从前主要是以编译为主，当然编译也离不开研究，但是研究是摆在比较次要的从属的地位。这个情况，改革开放以来，有很明显的转变，就是把研究同编译放在同等重要的地位。这是改革开放以来 30 年的事实。我所参加的编译局所主持的一个马克思主义理论建设工程中规模最大的课题——马克思主义经典作家基本观点研究，就充分体现了编译局在马列著作、马克思主义理论研究方面的成就和作用。

谈到《马克思主义与现实》这个杂志，它也是这种转变的一个主要表现。它诞生的时候，我就接触到了，没有想到一晃就 20 年了，我感觉时间过去好像不是太久，它还是一个新杂志。它最初出现的时候，还只是薄薄的一本，在理论杂志中可能是最薄的一本。20 年来，这个杂志每一期我都看过，眼见它一天天成长，现在它可以说是大杂志了，

---

* 本文发表于《马克思主义与现实》2011 年第 1 期。

在理论杂志里面，是篇幅最大的杂志之一。它的影响也在逐渐加大，不说别的，由于我一直是这个杂志的忠实读者，它对我的帮助就很大。它的特点不仅在于宣传和研究马克思主义的基本理论，它对现实重大理论问题的研究也是很有特色的。近年来，我从它上面学了不少东西。例如对经济全球化问题，这个杂志发表了不少文章，对我很有帮助。又如生态问题，也是这个杂志近年来十分关注的一个重大现实理论问题。根据杂志上发表的文章，生态问题似乎是编译局的一个科研重点。编译局同美国生态学者合作、同厦门市有关单位合作所开展的一些学术活动和调查研究活动在杂志上有比较充分的体现，给我留下了深刻的印象。我写成的《生态文明建设的哲学基础》一文就是由于受了这个杂志的启发和帮助。这个杂志还有一个特色，就是它对国际理论界的研究情况和问题的关注。编译局在外文方面的力量是很强的，这个特色正体现了这一点，上面已提到由编译局跟一些国际组织共同举办的一些学术活动，这些活动的成果在这上面发表，这形成了《马克思主义与现实》这个杂志一个很鲜明的特色，这恐怕是许多理论杂志所没有的。

我衷心希望这个杂志不仅能够把编译局以及编译局所主持的各种科学研究的理论成果进一步在这个杂志上表现出来，引领我国理论界在坚持和发展马克思主义基本理论和研究现实理论问题方面发挥更大的作用。现在我国理论界很重视马克思主义文本研究，这是马克思主义理论研究的必要途径。编译局有国内最强大的外文编译的力量和几十年的编译成果及其经验的积累，进一步与科研结合起来，一体两翼，振翅高飞，一定能飞得更快更远。《马克思主义与现实》作为这个趋势的重要组成部分，一定能越办越好，发挥更大的作用，产生更大的影响。

马克思主义与中国文化发展研究 *

——在北京大学中国文化发展研究中心成立大会上的发言

北京大学中国文化发展研究中心的成立是十分必要的，不仅是北京大学文化研究中的一件大事，对整个我国文化研究也具有重要的意义。我想借马克思主义对我国文化研究的指导作用这个主题谈一点粗浅的看法来表示我的祝贺之意。

作为现代社会的三大类现象之一，文化现象的内涵比经济现象和政治现象远为多样和复杂，要得到对文化的科学认识，要制定解决文化问题的正确政策，也特别难，因而学术界关于文化问题的争论也特别热烈。改革开放以后，我国学术界在上世纪 80 年代出现过西方文化热，90 年代出现过传统文化热，今天高潮虽然过去了，讨论并未停止，各种不同观点仍在不断出现和发展。

80 年代的文化热是由电视专题片《河殇》掀起的。《河殇》认为中国传统文化是黄河文化、大陆文化、黄色文化、落后文化，西方文化是海洋文化、蓝色文化、先进文化，宣传"彻底反传统"、"全盘西

---

* 本文发表于《马克思主义与中国文化发展》（北京大学出版社 2011 年 7 月出版）。

化"、"西体中用"的主张。这种观点一出现就引起了热烈的讨论，受到多数论者的拒绝和反驳。不久，这股热潮就慢慢冷却了。到了90年代中期，又有一股文化热潮悄然升温，这就是传统文化热，或称国学热。这股热潮中尽管也有些复古主义的因素，但其主张是强调中国文化的几千年传统特色，立足弘扬中国优秀文化传统，也不拒绝有条件地吸收或借鉴外来文化，因而得以持久地延续至今。同时，在实际生活中，尤其是文娱活动和学术活动中，西方文化影响的势头仍然十分强劲，使人有时可以感到它的热度。看来，来自各种源头的文化因素，在这个经济全球化时代都会进入中国社会，与原有文化因素发生龃龉或交融，形成文化世界的万花筒。加以科学的文化理论没有形成，各式各样的文化哲学、文化观、文化观点，争妍斗艳，莫衷一是，这就大大增加文化问题的复杂性和以马克思主义为指导对文化现象进行科学研究的必要性和紧迫性。

马克思主义世界观——辩证唯物主义和历史唯物主义，是唯一科学的世界观和思想方法，用它来指导我们对文化现象的研究未必能得出科学的结论，但不用它而用形而上学唯心主义来指导则必然得出错误的结论。我们必须坚持运用马克思主义来指导对文化现象的研究，但这种指导不是简单地从它"推出"结论，而是在它的指导下全面地研究实际材料，深入地分析实际问题，从而得出结论，这种结论必然是比较可靠的科学的。这是因为文化现象是一种社会现象，必然受一般社会发展规律所制约，而关于人类社会一般规律的科学正是马克思主义历史观，即唯物史观，而唯物史观又为辩证唯物主义所制约。为了建设社会主义先进文化，对文化现象的研究尤其需要马克思主义的指导，我想这是无需多作说明的。

根据我国目前文化理论研究状况，我想对新成立的中国文化发展研究中心的研究内容提几个建议。

一、对科学的文化哲学的系统构建。我认为大学的任务除了培养全面发展的各种专门人才而外，还应以系统研究、建构和发展各门基础学科为己任。科学的文化学或文化哲学是马克思主义理论的薄弱环节，其科学形态一直没有建立起来。几十年来，探讨文化哲学的理论形态的文章与著作并不少见，但还没有一种理论形态得到比较普遍的认同。我认为只要以唯物史观为指导，对实际的文化资料进行深入、细致、全面的分析与综合，一个科学的文化哲学的形态是可以构建起来的。

二、对中国传统文化和文化观的研究和评论。中国现代社会的文化生活和中国特色社会主义先进文化建设都离不开中国传统文化，而中国传统文化是很复杂的，它不仅是我们一般理解的古代文化，而且包括现代百年来形成的革命传统文化；不仅包括各种文化现象，而且包括各种文化观点。对传统文化总有扬弃与继承的问题，彻底反传统与复古主义是两种极端的观点，应该受到批判。在这方面有许多工作要做，要正确地解决这些问题，也要依靠马克思主义的指导。

三、对外国文化，特别是西方文化和文化观的研究和评论。外国文化因素实际上已成为中国现代文化中的组成部分，而且在日益增多，这是无法避免的，也是不应避免的。对外来文化采取完全接受和完全拒绝是两种错误的极端观点，我们只能采取有所接纳、有所拒斥的态度，这就需要以马克思主义为指导来研究和评论外国文化。

四、对中国特色社会主义现代化中的文化建设以及现实生活中的文化因素和文化问题的研究。中国共产党是在新文化运动中出现和成长的，历来十分重视文化建设和文化问题。"文化大革命"的错误使中国共产党深知文化的重要性。改革开放以来，党中央提出精神文明建设要与物质文明建设同步，90 年代后又提出了如何建设中国特色社会主义先进文化的任务，力求以先进文化引领广大人民群众的文化生活，使社会主义生活的文化内容更加多样，更加丰富，更加具有中国特色，更加使人喜爱，更加生机勃勃。这都有赖于坚持马克思主义的指导，具体研究具体文化问题，具体处理各种文化之间的关系问题。党中央最近提出的引领党员、干部增强政治敏锐性和政治鉴别力的"四个分清"中，第一个是"划清马克思主义同反马克思主义的界限"，第四个是划清"社会主义思想文化同封建主义、资本主义腐朽思想文化的界限"，就说明党中央对文化问题以及在马克思主义指导下解决文化问题的重视。我相信北京大学中国文化发展研究中心的成立将对中国文化发展起积极的推动作用。

杂 文 篇

节约应形成为一种社会风气[*]

　　近几年来，我有机会几次出国。第一次是 1981 年随教育部副部长
周林同志访问墨西哥和委内瑞拉，第二次是 1983 年赴巴黎参加联合国
教科文组织主办的纪念马克思逝世 100 周年的学术会议，第三次是
1987 年作为中国马克思主义哲学史学会代表团成员访问苏联。几次访
问，大开眼界，长了见识，长了知识，思想上收获不少，感触颇多。
其中有一点常在我脑际萦迴，使人难以忘怀，那就是，这些国家在富
裕程度上都超过中国（其中墨西哥的年人均国民收入最低，但也有约
2400 美元，远比中国为高），但无论正式宴会还是家庭便宴都很节约，
而中国的宴会比较起来都是非常浪费的。外国与中国在宴会上形成了
强烈的反差。

　　西方正式宴会往往都采取这一模式：面包、酒和饮料而外，一盆
汤、一碟冷食、一大盆主菜（一大块肉食和土豆，或米饭，或其他），
最后是点心、水果、咖啡，有的宴会也把主菜改为三四小份肉食。我
在墨西哥参加过教育部长的宴会，在委内瑞拉参加过教育部长和智力

---

　　* 本文大概写于上世纪 80 年代末期。

开发部长的宴会，在苏联参加过哲学所长的宴会，这些都是一些高规格的宴会，其方式都差不多。委内瑞拉两部长的宴会很隆重，很讲究，是在委内瑞拉的开国元首波瓦利尔的故居中举办的，也是这种方式。我也在这些国家的外省市参加过一些宴会，情况也一样。委内瑞拉首都加尔加斯的华人协会举办一个中国式宴会欢迎我们，每桌主菜四大盘，由参加者选用。这种方式也比较节约。有的中国同志参加这种宴会，吃不饱，这主要是习惯问题，而不是分量问题。在这种宴会中，食量再大的同志都是可以吃饭的，但一般说来不会剩下很多，像我国宴会上一般只能吃下二分之一甚至三分之一的情况是不会发生的。我在国外还参加过一种自助餐式的宴会，即把食品集中放在一起，由客人自取，吃什么，取什么，吃多少，取多少，这种宴会当然不会造成浪费。我在巴黎参加过一次由教科文组织举办的这种宴会。

在这几次访问中，我还参加过多次家庭便宴，特别是在苏联，有好几位教授请过我们吃饭。便宴花样较多，不像正式宴会那样正规化，但像在中国的家庭便宴中那样摆满饭桌的情况还没有遇见过。看来，外国家庭便宴的状况是同正式宴会相适应的，也相当节约。

在这段时期内，我在国内也参加过多次宴会，也作为单位代表宴请过许多客人，眼看着一半左右的菜肴倒进海水中，想象全国全市有多少宴会在进行，有多少甘美的食品白白倒掉，真令人感到痛心。这个问题早已引起普遍的关注，许多同志写文批评这种浪费现象，国务院对宴会也作过一些规定，但宴会浪费之风依然故我。这里首要问题是要纠正新宴上的不正之风，从根本上铲除大吃大喝的宴会原因，只有这样才能减少不必要的宴会，禁止不合理的宴会，改变宴会威风的局面，这个问题涉及面很广，这里不拟讨论。其次还有宴会方式问题。中国宴会方式（不是烹调方法）经常受到中外人士的批评。中国宴会的浪费使宴会的主人与客人都深感不安。做主人的很想改变这种方式，做客人的也感到大可不必，那么，为什么主客双方都不赞成的方式就改变不了呢？其中原因值得认真分析。

我认为问题不在客人，而在于主人，尤其在于餐厅。主人明知浪费，但不得不如此，这里有两点考虑：菜肴少了，同别的宴会比较起来相形见拙，这对客人不是简慢了吗？还有，钱少了，餐厅也不接受。餐厅也有两点考虑：菜肴少了，影响餐厅声誉；价格低了，减少餐厅利润。于是逐渐形成了一种习惯势力和社会风气①：不能节约请客，必须大吃大喝。在这种风气下，虽不愿意，也只能随波逐流，身不由己。

　　我所访问过的这几个国家发达程度不同、社会制度不同，但从生活习惯和文化传统来看都属于西方世界，他们已经形成一种比较节约的宴会方式。这也是一种宴会风气，大家都比较节约，自然没有人会担心简慢了客人，也不会有人认为不大吃大喝就是简慢。中国人宴客都要大吃大喝，你宴客不大吃大喝，无形中就感到一种压力，只好屈从。显然，这种习惯势力必须打破，这种社会风气必须改变。

　　很多同志都已认识到大吃大喝是一种公害，这就为改变这种风气奠定了思想基础。只要有一定数量的同志从上到下、从下到上，自觉树立比较节约的宴会方式，在一定时间内，这种浪费的宴会风气还是可以改变的。当然，这需要一个前提，即前面提到的纠正不正之风问题，方式问题毕竟是第二个问题。

---

　　①　在家庭便宴中，也有这种不由自主的情况。现是物价高，工资低，大家都在叫，按理，家庭请客就该节约了，然而不然。许多家庭请我吃饭时，菜肴都是极其丰盛，往往只能吃掉四分之一或五分之一，剩下的虽不至于倒掉，但请一次客花钱不少、费力不少，成为主人的一项沉重负担。为什么一定要这样呢？我认为也是一种不良的宴会风气在作怪。主人的考虑是：人人请客都要大操大办，我不大操大办，不是不仅寒伧，而是简慢客人了吗？再说，我去他家作客时，他招待我很热情，我不为此，不是太不礼貌了吗？这样，就形成了这种矛盾，不愿意浪费，但不得不浪费；想节约，但无法节约。

自相矛盾的哲学家[*]

　　哲学家的思想往往以其大而无当甚至空虚无物而为世人所诟病。但人们都承认哲学家比起其他"家"来，思想严密，无懈可击。然而，也有不少哲学家常常思想混乱，前后矛盾，特别是有一派哲学家，其基本观点就规定了其思想不能不自相矛盾，这就是怀疑主义。怀疑主义者怀疑一切，但不怀疑怀疑主义，而且不能怀疑。从他的前提来看，怀疑主义当然也在怀疑之列，但如果他连怀疑主义也怀疑，他就不能主张怀疑主义了。彻底的怀疑主义者只能缄口不言。

　　不可知论者也避免不了这个命运。不可知论者在提出他的主张时就逻辑地承认了一个前提：自己知道自己的理论，否则就提不出这个主张了；别人也可以知道他的理论，否则就没有必要提出这个主张了。彻底的不可知论者也只能缄口不言。

　　反映论的反对者也难逃此厄运。反反映论者认为认识不是反映，人的头脑不能反映外部事物。但是，当他提出否定反映论的主张就蕴含了一个前提：他的主张反映（表现）了他的思想，他的主张也能为

─────────────

　　[*] 本文 1997 年写作于美国纽约。

别人所反映（认识），否则他就不能谈他自己的什么主张，而且谈出来别人不能认识，也就没有什么意义了。真正的反映论的反对者也只能缄口不言。

相对主义者亦然。相对主义认为既然一切都是相对的（这是对的），那就是说，没有任何绝对，相对是排斥绝对的。但是，在他提出相对主义时就默默地承认了绝对，相对主义正是把相对加以绝对化的结果。然而他却否认任何绝对，这岂不是自己打自己嘴巴？

这几种观点都可以说是属于怀疑主义之列。另外还有一些哲学观点本身也包含着自我矛盾，例如否定哲学思想体系的观点、历史上否定形式逻辑的观点。

否定哲学思想体系的观点本身，如果不只是一句话，如果要讲一讲为什么哲学思想体系不应存在，其本身就得是一个思想体系，即一个由若干思想构成的有着内在联系的系统，否则否定哲学思想体系的观点就只能是片言只语或若干观点的杂乱无章的堆积了。

形式逻辑在历史上曾被作为错误的东西（与形而上学混为一谈）而被否定，但是否定者在振振有辞地、滔滔不绝地驳斥形式逻辑时，恰恰使用了形式逻辑。例如他总得承认形式逻辑是形式逻辑，即遵循形式逻辑的同一律，还得遵循形式逻辑的推理形式等，否则他就只能胡说八道了。

可以扩大一点说，大凡错误观点总难免包含一些逻辑上的自相矛盾，因为任何错误观点都不能不自发地，有时是自觉地，运用人类已获得的若干正确的观点作为自己立论的前提，这就不能不使自己陷入自相矛盾的窘境之中。

真理面前人人平等[*]

　　百家争鸣的方针是保证和推动我国科学事业、学术事业、理论事业兴旺发达、繁荣昌盛的不可少的有效的方针，这是大家都承认的。但是，根据过去的实践经验，这个方针要贯彻，有一个必不可少的思想前提，即真理面前人人平等。没有这个前提，百家争鸣方针就是一句空话。

　　何谓真理面前人人平等？可从正面与反面两方面加以考虑。从正面考虑，真理面前人人平等首先是真理检验标准上的平等。就是说，"社会实践是检验真理的唯一标准"这一论断对任何人都是适用的，人人都要以社会实践为标准来检验自己的认识。社会实践对任何人都是一视同仁的，你的观点是不是真理只能看它经过社会实践能否证明同客观世界及其规律一致，而不管你的身份、地位、年龄、学历、经历、财产、贡献、关系……其次是掌握真理的权利上的平等。真理对任何人都没有偏爱，十分冷静而公正。任何人经过实践检验都可以追求到真理、掌握真理、运用真理。任何人都有拥有真理的权利而不管你的

---

　　* 本文 1997 年写作于美国纽约。

身份、地位、年龄、学历、经历、财产、贡献、关系……

　　从反面考虑，要否定任何人对真理享有任何特权，也就是说，在真理问题上不存在绝对权威，甚至可以说不存在最后拍板的权威。任何组织都有权威，即最高的负责人，工厂有权威，农场有权威，政府有权威，部队有权威。如果没有权威，就没有统一的行动，就做不成什么事情，但在科学上、学术上、理论上都不存在由他决定一种认识是不是真理的权威。任何人都做不到句句是真理，更不能垄断真理。历史上皇帝的金口玉牙，"教皇无过失"，"天下无不是的父母"，诗云子曰，承认皇帝、教皇、父母、孔子是真理的权威，现在均已成为过去。现代个人迷信鼓吹真理的权威，也已被否定了。但真理权威在有些人的思想中并未扫除干净，或者自视为真理的权威，或者视某某为真理的权威，特别是后者较为常见，他们自认为人微言轻，自惭形秽，总想找一个洋权威或土权威做靠山才放心，这种思想不扫除干净，不习惯于独立思考，不彻底地真正以实践作为检验真理的标准，不以事实为最后的根据，就做不到真理面前人人平等，百家争鸣的局面就难以形成。

立场、观点和方法的关系

　　我们常说马克思主义的指导不是它的某些词句的生搬硬套，而是它的立场、观点和方法对解决具体问题的运用。这是不错的，但是立场是什么呢？观点是什么呢？方法是什么呢？三者有没有区别呢？如果有区别，三者的关系是什么呢？人们的看法并不明确。

　　过去的观点认为，立场就是工人阶级立场，观点就是唯物主义观点，方法就是辩证方法。马克思主义立场诚然是工人阶级立场，但把观点说成是唯物主义、方法说成是辩证法则是不确切的。这里不谈各种特殊的观点与方法，即以一般的观点与方法而言，观点不仅包括唯物主义，也包括辩证理论，方法不仅包括辩证法，也包括唯物主义方法。把唯物主义与辩证法区分为观点与方法是不合适的。

　　我认为立场指的是根本的阶级利益，马克思主义立场指工人阶级根本利益，当然是正确的。马克思主义观点应该就是马克思主义理论体系，其最根本的或最一般的观点就是辩证唯物主义。马克思主义方法则是马克思主义理论在认识和实践中的运用，其最根本的方法就是辩证唯物主义方法。人们在认识和实践的过程中，立场无疑是最根本的，因为立场决定认识和实践的目的，而观点和方法是人们达到这一目的的手段，目的比手段具有优先性。但是，立场是什么决定的呢？立场似乎是一个人生而具有的，这样看立场是一种血统论的观点。立场不是血统决定的，而是一个人出生以后他的家庭环境、生活经历和社会关系决定的。出生于工人家庭的孩子在长大以后如果是一个工人，他会自发地具有工人阶级立场，但如果有不同的生活经历，他也会自发地具有其他阶级的立场。同时，自发的立场缺乏自觉性，是不牢固的、易于改变的，而自觉地选择的立场，即经过自己理论认识和生活实践而确立起来的，不管它是从自发的转变为自觉的，还是从其他阶级立场转变而来的，则是十分坚定的，不会轻易改变的。例如马克思和恩格斯的立场的转变，他们的工人阶级立场终身不渝，就是通过他们对人类社会历史的发展和工人阶级历史地位的科学认识，通过他们为工人阶级和其他劳动人民所进行的战斗而牢固地树立起来的。大量的事实说明，只有自觉地建立在实践和科学理论基础上的立场才是最牢固的。当然观点常常受立场的影响，对同一件事，立场不同，观点就不同，但是事实是最顽强的，事实终能打破立场所形成的偏见使人得到符合事实的观点。因此，立场与观点诚然是相互作用和相互影响的，但观点的作用是长期的、强大的，能够发挥最后的决定作用。

　　至于观点与方法的关系，显然观点是更根本的，因为方法归根到底是观点的运用，是以观点为根据，二者相比，观点不能不占主导地位。

从先有鸡还是先有鸡蛋谈到哲学[*]

　　人们都知道鸡蛋是鸡生出来的，鸡是从鸡蛋孵化出来的，问题在于：究竟谁是首先出现的？是先有鸡还是先有鸡蛋？也许生物学家对这个问题有科学的解答，我是外行，凭常识，我认为这个问题无法回答，因为我们只能谈这个鸡或这个鸡蛋的生存时间问题，即这个鸡先于或后于那个鸡蛋的问题，而不能一般谈鸡与鸡蛋的先后问题。但是如果问谁从属于谁，谁是基础，谁是从属物，我想是可以的，因为作为一个物种是鸡而不是鸡蛋；鸡蛋从属于鸡，而不是相反；鸡这一物种的演化，一般说来是在鸡身上发生的，而不是在鸡蛋中发生的，鸡蛋中产生变异当然也是可能的。因此，虽然不能说先有鸡，后有鸡蛋，却可以说鸡是基础，鸡蛋从属于鸡。

　　我这一通肤浅的议论在当代分子生物学眼里可能纯属无稽之谈。我的用意是想从此引出一些哲学问题。哲学上颇有一些类似的情况。

　　其一，先有实践还是先有认识？人的实践是有意识地改造世界的活动，也就是说，它是由一定的思想、认识指导的，无意识的活动，

---

　　* 本文 1997 年写作于美国纽约。

即使它改变了世界，也只是本能活动，不是人的实践活动，因此，思想、认识成了实践的前提，实践之前已经有了认识。认识又是从哪里来的呢？来自实践，来自实践中的认识活动。因此，如果问先有实践还是先有认识，这也是一个无法回答的问题。我们只能谈这个认识或这个实践的存在时间问题，而不能一般谈认识与实践的先后问题。但是如果问谁从属于谁，谁是基础，谁是从属者，则是可以回答的，因为认识是实践的一部分，实践是基础、根源、目的，认识归根到底是实践的产物，是为实践服务的；认识从属于实践，而不是实践从属于认识。

其二，先有个人还是先有社会？西方的启蒙思想家主张的社会契约论认为先有个人，然后个人按照契约结成社会，就是说先有个人，后有社会。后来科学证明并不是这样，事实是，类人猿就是以社会的形式逐渐演变为人的，个人不可能先于社会。后来个人一出生就在社会中，不是长大成人后再进入社会，像人猿泰山那样。不在社会中，婴儿不可能长大成人。显然，不能说先有个人，后有社会。那么，能不能说先有社会才有个人呢？对某一具体个人和具体社会当然可以这样说，对一般的个人和社会就不能这样说，因为个人是社会的最小的细胞，社会是由个人组成的，没有个人就不可能有社会，因此，说先有社会后有个人也是错误的。总之，不能一般地问先有个人还是先有社会，社会与个人没有时间上的先后。但是，要问谁从属于谁、谁是基础、谁起最后决定作用，则是可以回答的。个人主义并不否认社会的重要地位，但认为社会从属于个人，个人是本位，是基础，而集体主义也不否认个人的重要地位，但认为个人从属于社会，社会是本位，是基础。集体主义的观点是符合事实的，是科学的。任何一个人归根到底是社会的产物，个人是在社会的基础上作用于社会的。首先是时势造英雄，然后才是英雄造时势，唯物主义历史观就是如此辩证地看待个人与社会的关系的。

在这些现象中，似乎包含着一个辩证的道理：一切矛盾的双方都是相互依存和相互渗透的，但有的矛盾的双方难分基础与非基础、本位与非本位，如有无、虚实、正反、前后、左右、内外、主客、敌我、治乱、老少，等等，而有的矛盾的双方则可以区分基础与非基础、本位与非本位，除上述三个例子而外，还有社会存在与社会意识、物质文明与精神文明、生产力与生产关系、经济基础与上层建筑，等等。生活中充满了辩证的道理，如能更多地更深入地加以揭示，将大大有益于人类社会的发展。

谈 谈 书 法 的 主 体 性[*]

一辈子几十年都在认字，也在写字，但我对于作为一种艺术形式的中国书法却是不甚了了。本书编者要我就书法谈一点看法，我想就以近年来哲学界的热门话题——主体性来谈谈书法问题，岂不甚好？这也算是一种理论联系实际吧。

主体性当然是人的主体性，是人作为活动主体的根本特性。人的一切活动不但都具有主体性，而且应该充分发挥主体性。问题在于主体性的发挥，在不同的活动领域中，应有不同的前提、方式和限度。

在认识活动中，认识主体不但要有不避艰苦、追求真理的精神，而且要有正确的立场、观点和方法。这里的主体性是为认识的客体性服务的，客体性是主体性发挥的极限，超过这个极限，主体性的发挥就走上歧路了。

在实践活动中，情况有所不同，主体性发挥的目的本是改变客体，使之符合主体的需要。这里特别需要创造发明，主体性的发挥显然比认识领域要前进一步。但这种发挥必须是在掌握客观规律的基础上的

* 本文发表于《北京大学当代学者墨迹选》（北京大学出版社 1992 年 4 月出版）。

发挥，违背了客观规律，任何创造发明都是要失败的。

在艺术实践领域，主体性显然可得到极大的自由驰骋的天地，因为艺术就是创造。对于不同的艺术形式，情况又有不同。音乐可能是主体性的天堂。音乐这种形式完全是人类创造的，自然界里无音乐。所谓"天籁"，所谓"莺声燕语"，不过是人类在创造了音乐之后对某些自然声音的一种类比而已。马克思说过，毫无音乐素养的人是不知音乐为何物的。音乐家有时可以塑造自己的听众，他不只是以自己的音乐去适应群众的口味，而是创造出一种音乐，使听众从不习惯到习惯，甚至引起狂热。主体性在音乐创作中的作用可谓大矣。然而它并不是毫无限制的。音乐与噪音是有客观区别的，人类的耳鼓所能忍受的程度也是有限的，不同的社会制度、不同的文化与传统、不同的社会条件，对音乐家主体性的发挥都是一种制约。几年前我在某外国餐馆就餐，歌唱者和乐队的声音震耳欲聋，使我头疼欲裂，匆匆吃完，赶快逃走，再也不敢去了。我国的流行音乐不乏清新优美之作，听了别是一番滋味，它在我国塑造了一大批听众，但有不少流行音乐格调不高、声音嘶哑，实在引不起美感。有人可能说，你不喜欢听就不听好了，自有人听。当然是这样，但是，音乐家在塑造自己的听众时是不是应该有正确思想的指导呢？对于形成听众的音乐爱好，特别是青少年的音乐趣味，是不是应有一定的社会责任感呢？

在绘画中，主体性的发挥有更大的限制。尽管绘画同音乐一样是地道的艺术创作，但它毕竟是一种有具体形象的艺术，有一个像不像的问题，像不像虽然不是一幅绘画好坏的标准，但它应是一个必要的前提。俗话说，画鬼容易画人难，就是因为画鬼没有像不像问题。中国传统绘画理论强调神似，并不否定形似，是在形似基础上提高神似。我国近年来神形兼备的佳作甚多，但也有一种我颇不以为然的倾向，就是为新而新、以新为美，往往从求新走到求怪的道路上去了，有些作品，风格新则新矣，但究竟是什么，百思不得其解，更难引起人的美感。不久前中央电视台的屏幕上出现过这样的一幕：一个外国画家手拿一把大提琴，涂上颜料，高高举起向画板砸去，大提琴立即四分五裂，然后画家把全部碎片摆在画板上，一一固定下来，再在板画上涂一些颜料，一幅画宣告完成。在这幅画中，主体性可以说发挥到了极致，但如果所有画家都来这样发挥主体性，恐怕就是绘画的穷途末路了。

书法艺术是一种实用艺术，或者说，书法有两重性，一方面是交流思想的手段，另一方面是艺术。文字本来是在交流思想中出现的，也是服务于思想交流的，后来在长期的历史演变中才形成为一种艺术。书法艺术是中国的土特产，这当然同中国的方块字和毛笔有关。这并不是说，硬笔书法就不能是艺术，也不是说，拼音文字就无所谓美丑，但毛笔笔画的多样性和方块字的复杂性给予了书法家的主体性以极大的发挥余地，使它的创造性可以自由驰骋。书法家可以运用多种笔画的运动姿态和不同结构来表达各种不同意境，或凝重，或飘逸，或苍劲，或潇洒，或方正，或奔放．或挺拔，或秀丽……使欣赏者受到感染，获得高尚的美感。在发挥主体性方面，书法却比绘画有更大的限制性。因为它首先是文字，最终也是文字。"笔走龙蛇"也好，"龙飞凤舞"也好，"书法是笔画的音乐和舞蹈"也好，万变不能离其宗。脱离了文字，就不是书法了。所以，与其说书法是纯艺术，不如说书法是一种实用艺术。即使作为艺术作品，书法作品的第一美感也是通过美好的文字内容来传达的。这也就是为什么书法作品多录唐诗宋词和吉祥词句的原因。中国汉字发展史上的甲骨文、篆字和草书，在今天几乎已失去任何实用价值（除小篆还常见于印章外）。但它们毕竟不是无意义的笔画。文字——这就是书法艺术的主体性不能超越的极限。

在中国，人们常爱说"书画同源"，这是有一定道理的。无论是绘画艺术还是书法艺术，其生命力都在于推陈出新。书法界人士在谈到临习古帖时，常爱说"进得去还得出的来"，其意也就在于要能够有所创新，写出自己独特的风格。但近几年来绘画中的为新而新、以新为美、从求新而走上求怪道路的倾向在书法中也有表现，甚至以怪为美、以怪称奇、求怪成风乃至被称为"怪体"。当然，这类作品中有不少功底深厚、耐人寻味的成功之作，但更多的却是随心所欲、置文字规范于不顾的作品。这样发挥主体性，就未免过分了。

如果说刁钻古怪到不可辨认，在书法艺术作品中还可以容忍的话（因为反正不是实用的，辨认不了也就算了），在实用书法或者一般书写中就无法容忍了。作为一名教师，我不禁想谈一点感想。现代西方书写问题算是解决了，从打字机到电脑打字，都没有辨认问题。当然，有时还得用手写，但辨认问题毕竟很少了。马克思是有史以来最伟大的思想家之一，我们应向他学习的品格太多了，但他有一个特点却是不应学习的，就是他的字迹非常潦草，一般人都辨认不了，有些笔记只有恩格斯能辨认。到后来，辨认马克思笔迹成了一门专门学问。我国历来是重视书写的。历史上的科举考试中，答案均须正楷，一点一撇都不能马虎，否则，文章内容再好也不予录取。所以古代知识分子在书法上都是极有功底的，给今天留下如此众多的难以超越的书法珍品。大文豪鲁迅的书法极其工整，就是这种传统熏陶的结果。今天当然不能也不应如此要求于我们的知识分子，但是，今天知识分子的平均书写水平也确实太低了，简单说，许多人的书法太潦草了，扣上我的题目，许多人的书法主体性发挥得太离谱了。

我近年来参加过多次硕士生和博士生的入学考试阅卷工作，报考者都是大学毕业生或硕士，是未来的高级专门人才。试卷书写工整而漂亮的极为少见，多数都比较潦草，少数十分潦草，个别潦草得使人无法辨认，有的字只能联系前后文加以猜测，有的字则要多次出现、多次猜测以后才能辨认出来。需要说明的是，潦草不等于草书。古代的草书在结构、笔画上都是有着严格的规范的，并不是想怎么写就怎么写。对这种书法，四川人有一个很妙的称呼，叫"鬼画桃符"。"桃符"本是用来驱鬼的，叫"鬼来画"，其失真就是必然的了。文字是交流思想的工具，若没有共同认可的标准，就不能交流。书写者任意发挥自己的主体性，或者不依规范，或者非常潦草，文字就发挥不了交流的作用，书写者的目的就达不到。因此，不正确地发挥主体性实际上是限制了主体性的发挥。书写潦草而不规范，不只是学生中的问题，在教师中也广泛存在。这个问题普遍地困扰着人们，尤其是困扰着报章杂志和出版社的编辑们。

　　造成这种状况的原因是复杂的，如何解决也值得认真研究。我这里只想从哲学上提出一个忠告：珍惜你的主体性，发挥你的主体性，特别要正确地发挥你的主体性。

1991 年 1 月于北京大学

自 述 篇

北大与我的学习研究[*]

如果从我 1942 年考入西南联大算起，短时间离开略而不计，我已在北大生活、学习和工作了整整 56 年，从一个 21 岁的青年变成了年近八十的老翁。这半个多世纪的风风雨雨，成败顺逆，都是我国历史造成的。许多同时代人都大同小异，我个人没有什么与众特别不同之处值得在这北大百年大庆之际写出来作为纪念的。我是在北大成为马克思主义哲学专业工作者的，我就谈谈这个过程吧。

北大的前身是满清封建王朝的京师大学堂。但这丝毫也没有阻碍它在五四运动成为科学与民主的主要据点之一，而后又成为传播马克思主义最早的据点之一，我国最早最著名的两个马克思主义者李大钊和陈独秀都是北大的教授。五四运动以后，北大涌现了一大批马克思主义者，许多人成了革命和共产党的骨干。但是，大革命失败之后，马克思主义及其哲学在北大被打入了地下，直至 1949 年北大解放。据我所知，只有社会学系的许德珩教授解放战争时期在社会学课程中讲授过辩证唯物主义。

---

[*] 本文发表于《青春的北大》（《精神的魅力》续编，北京大学出版社 1998 年 4 月出版）。

我最早接触马克思主义及其哲学是 1939—1942 年在四川自贡市蜀光中学上高中的时候，那时艾思奇的《大众哲学》在青年知识分子中颇为流行，此外我还读过潘梓年的《逻辑学与逻辑术》（实际上讲的是马克思主义哲学）和苏联学者写的哲学著作，这些课外阅读培养了我对哲学的兴趣。在物理学老师的鼓励下，我在 1942 年考入西南联大物理系，学了一年，感到兴趣不大，便在 1943 年转入哲学系。最初几年我的兴趣主要在西方哲学，与马克思主义哲学几乎没有接触。当时不但没有教师讲授马克思主义哲学，比较流行的几本西方哲学史也根本不提马克思。我再次开始接触马克思主义哲学还是 1947 年春天到北京大学复学（三校复员后我曾在家休学半年）以后，那时我参加党的外围组织"腊月读书会"，学习了《共产党宣言》、《反杜林论》、《唯物论与经验批判论》、《新民主主义论》等著作，1948 年又加入了中国共产党，阅读了更多的马克思主义著作和党的各种文献。1948 年毕业后读哲学系研究生，一面研究康德，一面学习马列。1949 年北京解放后，我以研究生身份在北大担任政治课助教。协助北大许德珩、杨晦、郑昕教授从事政治课的教学工作，实际上没有时间当研究生，1950 年哲学系干脆把我改为助教。1951 年秋北大派我去人民大学进修马列主义基础。1952 年冬苏联教授鲍罗亭来北大主讲马列主义基础课，北大把我调回马列主义基础教研室协助他工作。1953 年春苏联教授萨坡什尼可夫来北大哲学系培养马列哲学研究生，北大又把我调回哲学系协助他工作。这样，我的专业就从西方哲学逐渐向马列主义哲学转移。

显然，这个转移与整个形势有关，与我的政治态度有关，但是，我是如何选择我的政治态度的呢？是赶浪潮，随大流吗？自问还不是。当时不少知识分子选择马克思主义和共产党还是通过自己的头脑的，认为政治也有一个是非对错问题，而不单纯是利害问题。我也属于此列。我通过观察、学习、比较，不仅认为优势与前途在马克思主义与共产党这边，还深信真理也在这一边。因此，专业的转变在我不仅是客观的需要，也有思想上的原因。（当然，这绝不是说，政治态度转变了，专业就得转变。）但这种想法并不是所有知识分子的想法。中国知识分子的传统观念是：学术是清高的，政治是污浊的，二者是水火不相容的。新中国成立以后，马克思主义宣传中的一个观点：马克思主义既具有阶级性，也具有科学性，曾在哲学系教师中引起过一场争论，一派认为这是不可能的，一派则认为马克思主义正处在政治与真理的结合点，我当然属于这一派。在我看来，科学与政治不是一回事，有的政治是反科学的，但马克思主义政治则是科学的。五四运动时期的科学与民主是一致的，大革命失败后的 22 年间马克思主义虽然不能在北大公开传播，被打入地下，但民主的旗帜一直是与科学的旗帜并举的。北大始终是科学与民主的坚强据点之一，尽管不同的观点对民主有不同的理解。马克思主义及其哲学的政治性是很强的，但既然它是一门科学，就应该把它当成科学来研究，即从真实全面的资料出发，经过认真的分析综合，再从中引出结论，而不能随一时的政治风向左右摇摆，不能看政治需要怎么说就怎么说。

　　我的专业的转移与学校派我协助苏联专家工作有关，有必要谈一下我对苏联专家的看法。人们现在一提到苏联的理论，似乎都是教条主义、僵化空洞、以势压人，我认为这是不公正的。平心而论，苏联理论，特别是哲学，是有这些毛病的，但这只是一个方面。苏联哲学还是有它的优势，特别是在系统化方面苏联哲学有很大成就，而系统化是任何一门科学的必不可少的前提。这是一个大问题，这里没有篇幅讨论，我只想谈一下我对苏联专家的印象。新中国成立后的北大马克思主义哲学课有两个来源，一是中国共产党的理论家，如艾思奇、胡绳等同志都在北大讲过哲学，1957 年冯定同志调来北大任哲学教授，直至去世；一是苏联专家，包括人大的苏联专家（新中国成立初不少人在人大进修过）。中国理论家的理论来源仍然是苏联理论，但中国化了，这些哲学理论不仅具有中国特色，而且其中增添了大量从中国实际中概括出来的东西。苏联专家从苏联直接传播过来的东西难免有上面提到的那些缺点，但系统性是很强的，这对于哲学的学科建设我认为还是需要的。哲学系先后来过两个苏联专家，第一位是萨坡什尼科夫，从 1953 年至 1956 年，工作了近三年。他并不直接向本科生授课，主要任务，一是作哲学系的顾问，二是培养研究生。他的大部分时间是给研究生授课，指导研究生写毕业论文。他是卫国战争时期的一个团政委，来华时是达尔顿大学的副教授兼党委书记。我是他培养研究生的主要助手，同他接触很多。我认为他的学术水平不算高，但工作热情很高，非常认真负责，近三年时间内培养了两届研究生（第一届20人，第二届6人），对马克思主义哲学课的建设也作出了一定的贡献。例如学校并未要求研究生做毕业论文，但他要求做，而且每篇论文都翻译成俄文，由他指导和审核。哲学系要求他开设马哲史课，他过去没有开过，当时苏联尚无这类著作或教材，但内部出版的《哲学史》中有有关材料，他设法弄来此书，并参考它写出了讲义，在我国第一次开设了"马哲史"课。这本讲义曾内部铅印在高校中流传。第二位苏联专家是莫斯科大学哲学系教授格奥尔吉也夫，1956年秋天来，1957年夏天就回去了。他为研究生和教师开设了系统地阐明列宁的《哲学笔记》的课程，他的讲稿内部铅印后也在高校内流传。这也可能是我国第一次开设《哲学笔记》课。在同苏联专家接触的过程中，我感到他们过分强调马克思主义哲学的政治性，比较忽视其科学性；满足于经典作家的论述，而忽视其他哲学家，特别是非马克思主义哲学家的思想。这也反映了苏联哲学界的情况。例如《哲学笔记》一书中大量篇幅是列宁所做摘录，苏联一般阐述这本书的著作，只着眼于列宁的话，而列宁是怎样从其摘录中引出他的言论的，多不涉及，因而很难说清列宁言论的内涵，甚至望文生义。科学的态度应该是首先弄清楚列宁所做的摘录，然后再弄清楚他从这些摘录引出来的观点。研究马列著作不能停留在注释上，但对于难懂的著作，注释确是必不可少的。基于这种认识，当1959年有一批人由于种种原因集中到哲学系资料编译室以后，我们就开始了《哲学笔记》的注释工作，两三年后《〈哲学笔记〉注释》（上卷）内部铅印在高校流传，大大便利了对《哲学笔记》的学习和研究，全部注释1981年由北大出版社正式出版。此外，在协助苏联专家工作的过程中，我还对照德文原文对《反杜林论》、《费尔巴哈论》，对照英文译本对《唯物主义和经验批判主义》作过一些研究。这种基本功我认为对我的学习大有益处。我一直感到歉然的是始终未能实现我对照德文原文研究马克思的几本重要著作的愿望。苏联专家走后，我先后给本科生讲授过马克思主义哲学原理、《哲学笔记》、《唯物主义和经验批判主义》等课程。这样，我便走上了马克思主义哲学专业工作者的道路。

作为一个马克思主义哲学专业工作者，我感到必须处理的最重要的，也是最难处理的问题，是哲学与政治的关系。许多专业同政治没有直接关系，但哲学专业，特别是马克思主义哲学专业本身有很强的政治性。但是，一个专业工作者，首先必须坚持的是马克思主义哲学的学术性或科学性，也就是说，他必须把马克思主义哲学作为一门科学来建设、研究和发展，像任何一个专业一样。这并不是说它与政治无关，但它是作为一门科学来为政治服务，为社会主义政治服务，而不是像"文化大革命"时期那样充当政治的婢女或附庸。如果由于"文化大革命"的错误而完全否定马克思主义哲学与政治的联系，就背离了马克思主义哲学的本质了。马克思主义哲学是学术与政治的汇合点，也可以说是科学与民主的汇合点，当然这个民主是无产阶级民主、人民民主或社会主义民主。如此来理解马克思主义哲学与政治的关系，我想是符合北京大学的优秀历史传统的。

我 的 哲 学 思 想 *

马克思主义哲学成为我的终身事业，大致经过了这样一个过程。

我在小时候，也就是从六七岁到十四五岁，除了两年上小学以外，大部分时间都在学习中国古代的典籍，16 岁才上初中，18 岁才上高中。在蜀光中学上高中的时候，我读了一些马克思主义哲学的著作，如艾思奇的《大众哲学》、潘梓年的《逻辑学与逻辑术》，还有一些苏联哲学家的著作，所以我在高中对马克思主义哲学就有了一定的兴趣。后来上大学，开始学的是物理，一年后我转到哲学系，在哲学系主要学的是西方哲学，这时候很少接触到马克思主义哲学。再度接触到马克思主义哲学，是 1947 年到北京大学复学以后。北京大学民主运动已经红红火火地开展起来了。那时民主运动是在党的领导下进行的，地下党宣传工作的一个主要方式就是读书会。我 1947 年参加了北大“腊月读书会”，在读书会里再度学习了马克思主义哲学著作，特别是学习了马克思、恩格斯、列宁、斯大林、毛泽东的著作。《反杜林论》、

---

　*　本文发表于《黄枬森自选集》（重庆出版社 1999 年出版）；《高校理论战线》2000 年第 3 期；《中国大学教学》2002 年第 7/8 期；《哲学的科学化》（首都师范大学出版社 2008 年 6 月出版）。

《唯物主义和经验批判主义》都是那个时候学习的。新中国成立以后，我作为哲学系的研究生，被学校调去从事政治课的工作。我从此开始以马克思主义理论作为自己的专业工作。1951—1952 年，我在人大（中国人民大学）进修了一年，学习了很多马列著作，其中也包括哲学著作。后来做了北大苏联哲学专家的助手，帮助他培养马克思主义研究生。这样，马克思主义哲学就逐渐成了我的终身事业。

我从事马克思主义哲学专业工作大致可以分为两个阶段：一个阶段是 1978 年改革开放以前，另一个是改革开放以后。改革开放以前我主要是向学生讲授马克思主义哲学原理和马列哲学著作，同时自己也作些研究。但这种研究现在来看是不深入的，不系统的。我真正对马克思主义哲学进行比较深入系统的研究，而且对于马列的哲学思想有所发挥，也就是说提出自己的一些观点，是 1978 年真理标准讨论以后的事情。

把我一生从事马克思主义哲学的工作综合起来看，我觉得我在四个方面作了一些研究，也经过我的独立思考而提出了一些见解。下面就这四个方面，谈一些我的基本看法。这四个方面是：马克思主义哲学史、马克思主义哲学原理、人学和文化理论。

一、谈谈马克思主义哲学史

大家知道，我国在改革开放以前，除了极个别的学校开设过马克思主义哲学史这门课程以外，一般来讲是没有这个课程的。北京大学也只是苏联专家在 50 年代讲过一遍，以后就再没有开设过这个课程了。那时候形成了一种观念，认为马克思主义哲学就是马列原著。原著是怎么讲的，马克思主义哲学就是怎样。所以我们只有学习、领会的任务，不能加以研究，不能加以评价，当然更不能加以批评。那时的观点是，经典作家的言论句句是真理，马克思主义哲学的发展，就是真理加真理的过程，没有什么功过是非可言。

这种观念实际上是违反马克思主义的。马克思主义认为，思想是存在的反映。存在发展了，思想当然要发展，社会发展了，哲学当然要发展，马克思主义当然不能例外。马克思主义哲学作为一门科学，其思想是在一定历史条件下提出来的，总有功过是非的问题，总有一个修正过去的观点、丰富过去的观点的问题，也就是发展的问题。因此，应该把马克思主义哲学看作一个历史过程。马列原著是历史的产物，应该有一门科学叫作马克思主义哲学史，来清理这些思想的发展，来评价在历史上所提出来的哲学思想的功过是非。

由于改革开放，由于真正贯彻了"百花齐放、百家争鸣"的方针，由于真正把马克思主义哲学作为科学来对待，马克思主义哲学史这样一门科学或课程，就较快地得到了大家的认同，逐渐在各高等院校开展起来了。我一直参加马克思主义哲学史这门学科和这门课程的建设和研究的工作，自己也做了一些工作，发表了一些看法，起了一些作用。在马哲史方面，我觉得我在两个问题上的观点可以谈一谈，一个是对马克思的人道主义思想的评价问题，二是对列宁《哲学笔记》的研究和理解问题。

80年代初，由于西方的影响，也由于改革开放，特别是对"文化大革命"中反人道行为的反思，学术界提出了重新评价人道主义的问题，批评过去对人道主义全盘否定的态度。提出这个问题是很自然的，是应该的，应该给予人道主义一个公正的评价，不能完全否定。但是，在那个时候，也出现了一种观点，认为马克思本人就是一个人道主义者，或者说马克思主义就是人道主义，就是现实的、科学的人道主义。马克思主义以人作为它的出发点、核心和归宿。这种观点的根据主要是马克思的《1844年哲学经济学手稿》，它认为这部手稿是马克思的成熟的著作。理论界就此开展了一些争论，我也发表了一些看法，写了些文章。我认为这部手稿并不是马克思的成熟的著作，而是过渡性的，是马克思从人道主义者向唯物主义者过渡的著作，包含了人道主义的因素、空想社会主义的因素，同时也包含了唯物史观的因素、科学社会主义的因素。更确切一点说，它是马克思从空想社会主义者向科学社会主义者、从人道主义历史观向唯物主义历史观过渡的一本著作。马克思确实在这部书里面肯定了人道主义，以人道主义来解释人类社会的历史，认为人类社会是一个人的异化和异化的扬弃的过程。在他看来，资本主义制度是人的劳动的异化，社会主义就是把这个异化加以扬弃。他用这个观点论证社会主义的历史必然性。这个观点没有摆脱空想社会主义的基本思路。在空想社会主义者看来，资本主义之所以必须消灭，就因为它是违反人道的，即人道的异化，而社会主义是最人道的，是人道的恢复。马克思接受了这个公式。但马克思对人的看法，跟空想社会主义者或人道主义者有所不同。他们所说的人的本质或人性，就是理性，所以人类社会的发展就是理性异化了或丧失了，又加以恢复的过程。而马克思则认为，人的本质不是理性，而是实践，是劳动。所以他提出了"劳动异化理论"，认为人类社会历史是"劳动异化—消除劳动异化"的过程。他讲劳动，讲实践，也就是讲人的经济生活，这里面就包含了这样的思想：人的经济生活是最根本的。后来他从这个思想出发，对人的生产、人的劳动、人的实践，进行深入的研究，发现了生产运动的规律，也就是生产力和生产关系的矛盾运动的规律。于是他就彻底抛弃了人道主义的历史观，而实现了从人道主义的历史观向唯物史观的飞跃。这是在《德意志意识形态》、《关于费尔巴哈的提纲》两个论著里面完成的，所以我认为，不能把马克思主义归结为人道主义，人道主义作为历史观是错误的，是一种唯心主义的历史观，同唯物史观对立的。人道主义作为处理人与人之间关系的最基本的原则，是应该肯定的。马克思并没有扬弃作为处理人与人之间关系的原则的人道主义思想，只是抛弃了人道主义历史观。

　　《哲学笔记》不是一本普通的著作，它是由列宁的许多笔记编纂而成的。《哲学笔记》的大部分内容是摘录过去哲学家的言论，他只是在这些摘录的旁边作了些批注，多数是三言两语，但包含有很多很重要也很精彩的思想，虽然这些思想都没有展开，更没有加以系统化。因此对列宁《哲学笔记》的研究，甚至读懂，都是比较困难的。20世纪50年代，这本书就已经翻译出全译本，但是大家都感到难读，主要的困难是列宁所作的大量的摘录，而这些摘录如果不懂，也很难深刻理解列宁的批注。那时大家都有这样一个想法，如果要把《哲学笔记》读懂，就得先把列宁所作的摘录读懂，但是苏联也没有做这样的工作。1960 年左右，哲学系资料编译室的一些同志组织起来，从事《哲学笔记》的注释工作，专门注释那些不容易懂的地方。我们先把列宁摘录的原文找出来，对原文进行一番注解，然后再注释列宁的思想。60 年代初就完成了这个工作，并在内部铅印交流，80 年代初公开出版。这个注释对于哲学专业的学生和哲学工作者读懂并进一步研究列宁的《哲学笔记》，起了很好的作用。

我还想提的是，我在跟同志们一道从事《哲学笔记》注释工作的时候，对列宁所提出来的辩证法要素 16 条，提出了我自己的独特的看法。这 16 条是很著名的，过去有不少哲学家认为 16 条就是列宁的辩证法体系，并一条一条地加以发挥。我经过研究，特别是研究了 16 条的手稿，发现 16 条按照原有的形式不是一个完整的体系，只有前七条有一定的顺序，而后九条则是零散的，它们实际上是分别从属于前七条，只有分别插入前七条里边，才能形成一个体系。后来我发现苏联的哲学家凯德罗夫也有这样的观点，可说是不谋而合。我这个观点 60 年代初曾经在《北京大学学报》上发表过，凯德罗夫的类似观点晚些时候才公开发表。

近 20 年来，我在马哲史方面还做了更多工作。我国正式出版的第一本马哲史，是人民出版社 1980 年出版的《马克思主义哲学史稿》，我参加了此书的撰写和统稿工作。后来又同北京大学哲学系的施德福、宋一秀共同主编了《马克思主义哲学史》教材（三卷本），大致有 100 万字，得到了国家教委的优秀教材奖。另外，我还同人民大学的庄福龄、中央党校的林利共同主编了《马克思主义哲学史》（八卷本），这是国家哲学社会科学基金项目，最初是"六五"的重点项目，后来又是"七五"的重点项目。1983 年立项，一直到 1996 年才出齐，八卷共 400 万字，获得了 1997 年"五个一工程"奖和吴玉章奖，1999 年又获得首届国家哲学社会科学基金一等奖。几年前，我还受国家教委的委托，主编了一本马哲史教材，于 1998 年由高等教育出版社出版。

二、谈谈马克思主义哲学原理

在这方面，最近20年来我也做了一些工作。我没有参加很多关于原理的教材的编写，只是参加了一本由肖前同志主编的《马克思主义哲学原理》的编写，但对马克思主义哲学原理，我也有自己的一些看法。大家知道，马克思主义哲学原理在经典作家那儿，还没有形成一个完整的体系。第一个完整体系是苏联专业哲学家在二三十年代提出来的，后来斯大林在《联共党史》的四章二节里提出来的那个体系，也是把苏联20世纪二三十年代哲学体系简化和改造的结果。这个体系在30年代初已传到中国。这个体系主要是把马克思主义哲学分成两大块。一块叫作辩证唯物主义，一块叫作历史唯物主义。辩证唯物主义主要是三个部分：唯物主义、辩证法和认识论。这个体系一直是世界公认的马克思主义哲学体系。中国出版的马克思主义哲学教材，对这个体系作了若干改变，主要是在里面贯穿了一些毛泽东的哲学思想，但是框架仍然是那个框架，可以说今天也还没有完全突破。这个体系20年来受到许多人的批评。许多人也作了很大努力，想突破这个框架。现在势力很大的一种观点，就是要用实践唯物主义来取代辩证唯物主义和历史唯物主义，当然，究竟什么是实践唯物主义，意见也存在非常大的分歧，还没有达到什么共识。对马克思主义哲学体系，我有几点看法。

第一，对旧的马克思主义哲学体系，我认为不能根本否定，而应该抱一种坚持和发展的态度，即一方面要肯定它的科学性，一方面也要认识它的局限性。

具体讲来，旧的马克思主义哲学体系有几点是科学的，是应该肯定的：

1. 无论如何马克思主义哲学是把哲学作为一门科学来研究、来建设，也就是说哲学知识应该是一种客观的知识，应该力求同客观世界相一致，就像我们对于一般的科学所了解的那样。

2. 因此，它认为哲学应该随着社会实践的发展而发展，随着自然科学和社会科学的发展而发展。

3. 主张哲学应该有一个体系，而且按照一定的原则来建构哲学体系。这个原则最主要的就是从抽象到具体、从简单到复杂。

4. 旧的哲学体系里有许多内容都是正确的，是经过实践的无数次检验而被证明了的。

5. 旧的哲学体系强调哲学的应用价值，认为哲学有改造世界的功能，哲学应该指导我们认识世界和改造世界的活动。

旧的体系也有它的局限性，或者说它的不足之处，其缺陷大致有三点：

1. 从内容上讲，旧的哲学体系有许多空白，或者说有许多薄弱环节。譬如人的问题、主体性的问题、价值的问题，这些都是不足甚至是空缺的地方。

2. 它没有充分吸收 20 世纪以来时代的发展、科学的发展所提供的新的内容。它的内容同 20 世纪的整个的世界形势的发展以及 20 世纪科学的新的发展不相适应。

20 世纪特别是"二战"以来，资本主义与社会主义各国及其关系和格局有了很大的变化。以高科技为龙头的社会生产力有了突飞猛进的发展，苏联、东欧社会主义失败了，中国和其他社会主义国家在改革中有了巨大发展，资本主义世界各国两极分化日益严重。经济全球化、政治多极化、文化多元化、信息交流网络化，使世纪之交的地球日新月异。20 世纪前半叶，相对论、量子力学有了很大的发展，后半叶系统科学也有了很大的发展。社会科学方面也有了很大的发展，特别是西方国家在社会研究和哲学方面也提供了许多新的问题和新的成就。对这些，旧的哲学体系都没有能够充分吸收。

3. 即使按照它原来的建构体系的原则来说，旧的体系也没有能够充分地加以贯彻。旧的体系对于哲学的研究对象究竟是什么，哲学体系怎样体现从抽象到具体、从简单到复杂这个原则，没有讲清楚，存在的问题是很多的。

所以我认为，对旧的哲学体系应坚持它的基本的、正确的东西，而对它的失误和不足的地方，加以修正，加以丰富，加以发展。

第二，我想提出对于马克思主义哲学体系应该怎样来建设的想法。

我认为应该首先明确马克思主义哲学研究的对象究竟是什么，然后根据对象来确定马克思主义哲学的内容以及它的体系。我认为马克思主义哲学作为一门科学只有一个对象，那就是作为一个整体的宇宙，或者说宇宙的整体和一般。但按照马克思主义哲学的原有内容及其重要性，它的对象不是非常单纯的，它的对象有三个层次，或者说是三个具有一定重叠性的对象，因而哲学有三个基本组成部分。按照一般表述方式，我们如果把宇宙观叫作哲学，其他层次的哲学可以叫作部门哲学。

第一个对象，或者说最大的、最高层次的对象，是作为整体的客观世界，就是我们眼前看得见、摸得着的客观世界，当然还要包括它的过去与它的将来，它的那些看不见、摸不着的部分。因此，哲学的第一部分就是宇宙观，即把客观世界作为整体来研究，也叫世界观，过去曾经叫作形而上学，或本体论，它所研究的是这个世界的整体，是这个世界的最一般的东西，即对这个世界的任何一个领域都起作用的普遍的东西。世界观里面应该包括自然观，一般理解的自然界是排除社会的，好像是社会以外的东西，实际上自然界是无所不包的，自然界包括社会在内。当然可以建立和发展一门学科专门研究社会以外的自然界，但是在一个体系里要把世界观同自然观区别开来讲，是非常困难的，必然会有大量的重复，所以世界观应该包括自然观。

第二个对象是人类社会历史，因而哲学的第二部分是历史观，也就是经常讲的唯物史观。由于这个历史是人类社会的历史，所以人类社会历史观也就是一般的社会论，或叫作一般社会学。在这里面还可以包含一个小的部分叫作实践论。实践论近年来谈得很多，几乎有代替整个哲学的趋势。我认为，实践论包含在历史观里面，因为实践是一种人类社会的现象，是人类社会的基础，但它不等于整个人类社会，更不等于整个宇宙。所以，像旧的体系那样对实践没有作专门的研究，是不对的，但是把实践论摆在历史观以外，甚至用它来代替马克思主义哲学，这就过分了。应该对实践作专门的研究，即实践论，并把实践论包含在历史观里面。我们还可以把人学作为这一层次的一门部门哲学，下面将对人学作些介绍。

第三个对象是意识，因而哲学的第三部分就是意识论，或者叫作精神论。精神、意识都是一种社会现象，意识论应该包含在历史观里边，但由于意识的相对独立性和重要性，意识论可以作为单独一部分加以论述。在意识论里边，还可以包含几个小的部分，就是经常谈到的认识论、价值论、方法论。过去把认识论包含在辩证唯物主义世界观里边，我认为是不妥当的，因为认识是一种社会现象，应该是讲清楚了历史观以后再来讲认识论。认识是意识的一部分，而且是基础性的一部分，当然是非常重要的。旧体系里面没有价值论，虽然谈到许多价值问题，但是对价值没有进行专门的研究。近 20 年来，开展了这方面的研究，这是很好的。作为马克思主义哲学体系的一部分，价值论应该包含在这个体系里边。方法论过去我们是经常谈的，认为马克思主义哲学就是方法论，既是世界观，也是方法论。这样讲当然没有什么错，但这是不确切的。准确地讲，马克思主义哲学既是世界观，又是方法。方法论应该是以方法为对象来进行研究的一门学问，可以作为一个组成部分包含在意识论或者精神论里边。方法不等于方法论。

马克思主义哲学体系就是由世界观、历史观、意识论三部分组成。世界观可以简单地叫作辩证唯物主义，说得确切一点就是辩证唯物主义世界观，第二部分是辩证唯物主义历史观，第三部分是辩证唯物主义意识论。所以辩证唯物主义是其总的称呼。而由于世界观在这里面居于最高的地位，所以可以用辩证唯物主义来指称辩证唯物主义世界观。

第三，我认为应该按照一定的原则来安排这些哲学问题和哲学原理或范畴。

根据矛盾规律是辩证法的核心的原理，哲学范畴应该是成对的，这一点过去没有做到。黑格尔认为否定之否定是哲学的核心，他的哲学体系做到了一分为三，整个体系按正反合运转。我们不必搞一分为三，但范畴应该是成对的。哲学体系应该从存在开始，存在是最抽象的，最一般的。从抽象逐渐走向具体，整个体系应按照这个原则来安排。这个原则包含从简单到复杂、从静到动、从表到里、从客观的东西到主观的东西等内容。这样就可形成一个对立统一的哲学范畴体系。我从前曾经根据列宁《哲学笔记》关于构造体系的思想，构造了一个马克思主义哲学体系，提出了 36 对范畴。但这仅仅是一个尝试，而且没有包括 20 世纪以来世界形势的发展、科学研究的成果和世界哲学新的进展。所以，我并不想用这个体系来取代旧的马克思主义哲学体系。

三、谈谈我对人学的看法

第一，我认为建立人学学科是非常必要的。

唯物史观里有些关于人的论述，但是谈得比较多的是杰出人物的贡献和作用，对于一般的人没有进行专门的论述。仅仅从基础学科的完善来讲，建立一门人学的学科是必要的。"人"是一个非常明确、非常清楚的研究对象，但是奇怪，我们过去没有建立起一门学科来对人作整体的研究。现实生活也非常需要，因为现实生活接触到人、人的学科、人的知识、人的理论、人的观点太多了，例如我们谈要提高人的素质，要发挥人才的作用，要教育人、培养人、发挥人的积极性、主动性、创造性，等等。所有这些，都需要由一门学科来对人进行整体的研究。特别是西方马克思主义对马克思主义提出了挑战，认为传统的马克思主义缺乏人学，是忽视人、不要人，甚至是敌视人的，认为唯物主义就是不要人的哲学，忽视人的哲学，而真正的马克思主义就是人道主义。这是对马克思主义的一种挑战，要求马克思主义对究竟什么是人、什么是人学，作出正面的回答。

第二，我认为人学有明确的对象。

一个明确的对象是任何一门科学或者学科的首要前提，没有明确的对象，这门学科无从建立。有了明确的对象，即使现在还没有建立，只要有需要，通过我们的研究，也可以把一门学科建立起来。人学的对象应该说是非常明确的。我们都是人，活生生的人，成天都在接触人，接触现实的人。完全可以以人为研究对象，形成一门严格的科学。

人学是把人作为整体来研究，不是研究人的某一个方面。人学同人的科学有区别。人学当然是人的科学，但是它只研究作为整体的人，而人的科学包括研究人的任何一个方面的科学。我不同意近年来颇为流行的一种观点，认为哲学的研究对象就是人，哲学就是人学。这种观点对哲学的发展和人学的发展都是不利的，从我们前面的论述可以看得出来，哲学的概念是比较含糊的，实际上哲学是一个科学群，是多门科学。如前面所理解的，它包括宇宙观、历史观、意识论等。如果你说它的对象是人，那么你指的究竟是什么哲学呢？如果你说宇宙观的对象就是人，那就把宇宙观过分地缩小了，因为宇宙观的研究对象是作为整体的宇宙，人在宇宙里是微乎其微的，微不足道的，怎么能把宇宙等同于人呢？有人说宇宙观研究的宇宙是人的宇宙，不是客观的宇宙。这样来理解宇宙观，就把宇宙的客观性取消了，哲学就不可能成为科学，不仅哲学不能成为科学，一切科学都不能成为科学了——物理学不是研究客观的物理世界，而是研究人的物理世界，或者说人所了解的物理世界，那么物理学就不成其为科学了。人对于客观世界的认识是有局限的，人对于客观世界的认识同客观世界本身是有区别的，但是人的认识总是在不断地接近客观世界，也就是我们的认识、整个的科学史总是同客观世界愈来愈接近。如果你认为科学根本不能反映客观世界，而只是反映人头脑里面的东西，或人的什么东西，那么，科学的客观性，以至它的科学性也就被否定了。人学和哲学的研究对象是不同的，把它们混为一谈，不是妨碍了哲学的发展，就是妨碍了人学的发展。

第三，我想谈一下人的属性。

我认为它可以分为三个层次。人的属性是最低一个层次，其范围是最大的，包括人的任何属性在内，即包括人的自然属性、社会属性和精神属性。在人的属性里边，有个区域可以叫作人性。人性是人同动物相区别的那些属性。有很多属性都可以把人同动物区别开来。中国哲学史上和西方哲学史上谈的人性，各式各样，但都可以把人和动物区别开来。过去哲学家往往把人性限于一种，这是不对的，实际上他们谈的都是人性，都能把人和动物区别开来。西方历史上有人说人是"政治的动物"，有人说是"社会的动物"，有人说是"能够制造工具的动物"，有人说是"有理性的动物"。中国哲学家喜欢讲"人性善"，或者"人性恶"，有人说思维是人性，或审美是人性，等等。其实这些都是人性，都能把人和动物区别开来。说人性只是善的，或者说人性只是恶的，都是不对的。人性就是善恶性或道德性，即人有善恶问题，动物没有善恶问题。但是，在所有能把人和动物区别开来的、带有根本性的属性里面，有没有一个是最根本的？我认为有，我们就把它叫作人的本质。人的本质是什么呢？是劳动，即生产活动，宽泛一点讲就是实践活动。人的实践活动是离不开社会的，所以人的本质就是人的社会实践活动。

于是就有了三个层次：最深的是人的本质，人的本质产生了人性，决定了人性，这就是第二个层次，它比人的本质更宽泛。最宽的是人的属性，包括人的动物性等一切属性，它是第三个层次。第四，我提出人的发展规律问题。人学不仅仅要研究作为整体的人，而且要研究作为整体的人的发展规律。这是任何一门科学所要求的。科学不能停留在对于事实的叙述，而必须深入它的本质，去挖掘它的发展规律。人学也应该如此。我在陈志尚教授主编的《人学原理》（北京出版社2005年版）里边曾经提到了七条人的发展的规律。由于篇幅的限制，这里就不详细说明了。

四、谈谈我对文化的看法

对文化的研究是近20年来形成的一个热潮。对文化我们谈得很多，但是关于文化的一些理论问题，甚至文化的一些基本概念，大家的理解却存在很大分歧。我近年来发表了一些关于文化的文章，提出了一些看法。我认为可以谈一下的大致有以下几点。

第一，文化的概念。文化的概念一般认为有三种理解，一种是广义的，一种是狭义的，一种是更狭义的。广义的文化包括人类社会里的一切东西。狭义的专指精神文化，确切说就是精神活动及其产品。最狭义的就是文化部所管的文化，包括文学、艺术等，还有一般所说的文化水平的文化，即教育水平、知识水平。我认为，作为一个科学概念，对文化应作第二种理解，即精神文化。因为这种理解符合一种总的趋势，即把文化同经济、政治并列起来理解。把三者并列，意思是说，文化不是经济，不是政治。经济、政治、文化三者包括了全部社会现象。这种把文化同经济、政治并列起来使用，几乎已经在全世界得到了公认。

第二，文化同经济、政治的关系。我认为应按照唯物史观的观点来理解三者的关系，就是毛泽东所说的，文化是经济、政治的反映，文化具有相对的独立性，对经济、政治具有强大的反作用。这样理解的文化就不仅仅是观念上层建筑，而是包括许多非上层建筑的东西。上层建筑是经济制度所决定的，而文化不仅仅是经济制度所决定的那些东西，还包括生产活动，就是经济生活所决定的东西，如科学技术，还包括在各方面都起作用的东西，如语言、文字、与语言相一致的思维形式。总而言之，整个精神领域以及精神产品，都属于文化范围。

第三，怎样为文化定性，怎样区分文化的种类。文化可以用空间来分类，也可以用时间来分类。如东方文化、西方文化，亚洲文化、欧洲文化、非洲文化，古代文化、中世纪文化、现代文化，等等。更细一点还可以有中国文化、印度文化、英国文化、美国文化，仰韶文化、山顶洞文化，等等。

这种用空间或时间分类，说不清楚文化的性质。根据文化同经济、政治的关系，我认为要弄清楚一种文化的本质、弄清楚它的特点，是要根据它的经济、政治的状况，从它的经济、政治状况定性。譬如欧美文化，可以说它是工业资本主义文化；中国的传统文化，可以给它定性为农业封建主义文化。现代中国的文化是什么？我们的工业化水平还不高，但应该说基本上已经工业化了，能不能说我们的文化已经是工业社会主义文化？

中国的问题比较复杂，特别是辛亥革命以来，经济、政治一直处在不断的变化发展当中，文化也在不断变化发展。社会主义改造完成以后，经济、政治制度都没有发生根本的变化，但是生产水平发生了很大变化。最初形成社会主义的时候，还没有工业化，但工业水平一直在不断提高。经济体制也有了质的变化。中国现代文化实际是一种向工业社会主义文化过渡的过渡性文化。

第四，究竟文化包括哪些组成部分，即文化的外延是什么。我认为应该包括 12 个方面：（1）科学技术；（2）经济思想和经济理论；（3）政治法律思想和理论；（4）语言文字；（5）道德伦理观念、善恶标准、道德伦理理论；（6）宗教现象；（7）文学艺术；（8）哲学和社会学说；（9）教育和教育思想；（10）新闻出版事业；（11）公共文化设施及其活动；（12）民间文化。

另外还有两个部门，一个是卫生，一个是体育，它们是属于哪个范畴呢？是不是属于文化呢？还可以研究。这两个部门是综合性的，既有物质的方面、自然的方面，也有文化的方面，把它们摆在文化范围之内是可以的。

第五，中国传统文化与现代文化的关系。中国传统文化以什么时候划界、怎么定性，是目前还有争论的问题。我认为中国传统文化是农业封建主义文化。这个文化，辛亥革命动摇了它的政治基础，而新文化运动使它遭到了带有根本性的打击。随着中国经济的发展，随着政治革命的发展，传统文化已经土崩瓦解，而在中国土地上逐渐形成了一种新的文化。因此，不存在中国传统文化的现代化问题，只存在中国文化的现代化问题。

中国传统文化是农业封建主义文化，这个文化作为一个整体，已经成为历史，但是它的许多因素保留下来了。中国现时代的文化绝不仅仅是传统文化，除传统文化因素而外，它还包括五四运动以来科学技术的发展和从国外传入的文化因素，特别是中国人民在反对半封建半殖民地经济政治制度的斗争中创造的各种文化因素。当然，中国现阶段的文化还绝不是高水平的工业文化，因此中国的现代文化还有一个现代化的问题。这就是把它真正形成一个高水平的工业社会主义文化的问题。现在建设中国文化，也就是使中国文化成为现代化的文化，即高水平的工业社会主义文化。这个文化也就是江泽民同志在十五大报告里谈到的有中国特色的社会主义文化。关于文化方面的问题还很多，我还谈到过许多观点，以上几点可以说是包含了我自己的独特的见解。

我认为我自己并没有自己的什么哲学思想体系。这不是自谦，更不是自卑。我认为马克思主义哲学同西方哲学和传统的中国哲学，都是很不相同的。那些哲学可以说都是个人的哲学，几乎一个人一个哲学体系，而马克思主义哲学是一门科学，它和任何其他科学一样，是集体的事业，是全人类的事业。因此我根本不想提出我自己的什么哲学思想，我是把哲学作为一门科学来研究、来讨论、来建设，在这个事业里面作出我个人的贡献。我的一些哲学思想，也就是我对马克思主义哲学的一些理解，或者说我所理解的马克思主义哲学。马克思主义哲学，作为一门科学还没有像其他科学那样得到全世界的认同，但是我认为终究会有那一天的。这一天也许在 21 世纪就会到来，在那个时候，可以把马克思主义这五个字取消，正如我们不把生物学叫作达尔文主义或其他主义一样，达尔文和其他生物学家的观点已经融入生物学这一门科学之中。当马克思主义哲学形成一门世界公认的科学的时候，也就融入科学的哲学里面了，因此"马克思主义"这样的称号也就不必要了，那时得到世界公认的、真正科学的哲学，也就形成了。我相信这一天终究会到来的。

我 的 哲 学 思 想 及 其 由 来[*]

　　黄枬森教授是我国在马克思主义哲学研究方面有独到建树的哲学家之一。他在哲学的殿堂里浸润了半个多世纪，曾任中国马克思主义哲学史学会会长、中国恩格斯学会会长、中国人学学会会长；自恢复学位制度以来，他曾连任一、二、三届国务院学位委员会学科评议组成员；从 80 年代初至今，他连续担任国家社科基金学科评议组成员。黄枬森教授在我国马克思主义哲学界有相当的学术影响。

　　在黄枬森教授从事哲学工作 50 周年之际，笔者带着对这位八旬老人的敬意，就他的哲学思想的形成和他在 80 年里的漫漫心路采访了他。

走上哲学研究的道路

　　笔者：在采访您之前，我看过一些关于您的报道。您少年时期是在秀才出身的父亲指导下学习经史典籍，读高中时补上了全部现代教育课程，到毕业时，您的各科成绩尤其是理科成绩已经在全年级名列

---

　　[*] 本文发表于《高校理论战线》2001 年第 7 期，原题为《黄枬森的哲学思想及其由来》，为黄萱根据黄枬森录音整理。

前茅了。所以，大学时您最初学的不是哲学，而是物理学。那么，是什么促使您最终走上哲学研究的道路的？

黄枏森：我是四川富顺县人。小时候，也就是从六七岁到十四五岁，除了两年上小学以外，大部分时间都在私塾学习中国古代的典籍，16 岁才上初中，18 岁才上高中。在自贡市蜀光中学上高中的时候，学校氛围比较民主，我有机会读到一些马克思主义哲学的著作，如艾思奇的《大众哲学》、潘梓年的《逻辑学与逻辑术》，还有一些苏联哲学家的著作。所以，我在高中对马克思主义哲学就有了一定的兴趣。

从艾思奇、潘梓年等先生的著述里，我悟出这样一个道理：哲学与自然科学虽然分属文、理两个天地，但二者的关系却非常密切，不懂自然科学就不可能真正懂得哲学。然而，哲学可以自修，自然科学特别是有基础地位的物理学，靠自己啃书本就根本不行了。抱着为将来进一步研究哲学打下自然科学基础的目的，我于 1942 年考入西南联大物理系，第二年才正式转到哲学系，但仍继续选读了一些自然科学的基础课程，并坚持学完了高等微积分。

在哲学系，我学的主要是西方哲学。再度接触到马克思主义哲学，是 1947 年北京大学复学以后。那时北京大学轰轰烈烈的民主运动是在地下党的领导下进行的，地下党通过办读书会宣传马克思主义和团结培养进步同学。我在北大的"腊月读书会"里再度学习了马克思主义哲学著作，特别是学习了马克思、恩格斯、列宁、斯大林、毛泽东的著作。《反杜林论》、《唯物论与经验批判论》都是那个时候学习的。就在那时我加入了中国共产党。新中国成立后，我作为共产党员和哲学系的研究生，被学校调去从事政治课的工作，开始以马克思主义理论作为自己的专业工作。1951 至 1952 年，我在人大进修了一年，学习了很多马列著作，其中也包括哲学著作。后来做了北大苏联哲学专家的助手，帮助苏联专家培养马克思主义研究生。这样，马克思主义哲学就逐渐成了我的终身事业。

对马克思主义哲学史的研究

笔者：在过去的 50 年里，尤其是改革开放以前，我们国家无论是政治生活还是经济建设都历经坎坷。您在这 20 多年里，也是经历了无数风风雨雨，先是在反右斗争中受到错误打击，被剥夺了讲课的权利，后又在"文化大革命"中受到冲击，到"五七干校"劳动。这些年，从事马克思主义哲学研究工作一定是很艰难的吧？

黄枬森：我从事马克思主义哲学专业工作大致可以分为两个阶段：一个阶段是 1978 年改革开放以前，另一个是改革开放以后。改革开放以前我主要是向学生讲授马克思主义哲学原理和马列哲学著作，同时自己也做些研究。但这种研究现在来看是不深入的，不系统的。我真正对马克思主义哲学进行比较深入系统的研究，而且对于马列的哲学思想有所发挥，也就是说提出自己的一些观点，是 1978 年真理标准讨论以后的事情。

大家知道，我国在改革开放以前，除了极个别的学校开设过马克思主义哲学史这门课程以外，一般来讲是没有这个课程的。北京大学也只是苏联专家在 50 年代讲过一遍，以后就再没有开设过这个课程了。那时候形成了一种观念，认为马克思主义哲学就是马列原著。原著是怎么讲的，马克思主义哲学就是怎样。所以我们只有学习、领会的任务，不能加以研究，不能加以评价，当然更不能加以批评。那时的观点是，经典作家的言论句句是真理，马克思主义哲学的发展，就是真理加真理的过程，没有什么功过是非可言。

这种观念实际上本身就是违反马克思主义的。马克思主义认为，思想是存在的反映，存在发展了思想当然要发展，社会发展了哲学当然要发展，马克思主义当然不能例外。特别是哲学作为一门科学，这些哲学思想又是在一定历史条件下提出来的，所以，总有功过是非的问题，总有对还是不对、正确或者错误的问题，总有一个修正过去的观点、纠正过去的观点、丰富过去的观点的问题，也就是发展的问题。因此，应该把马克思主义哲学看作一个历史过程，马列原著是历史的产物，应该有一门科学叫作马克思主义哲学史，来清理这些思想的发展，来评价在历史上所提出来的哲学思想的功过是非。

可惜，在那个年代，对马克思主义哲学的发展，只能是革命领袖的工作，专业哲学家只能起传播的作用。所以，真正意义上的学术研究和活动是不多的。

但是，尽管当时的客观条件不利于学术研究，我仍本着对待科学的态度，思考并研究着一系列理论问题。其中下工夫最大的是对列宁《哲学笔记》的研究，并取得了一些成果。

笔者：我和一些朋友在80年代学习《哲学笔记》时，适逢您主编的《〈哲学笔记〉注释》出版，它曾对我们帮助很大，后来我们又拜读了您所著的《〈哲学笔记〉与辩证法》一书，感到您对列宁《哲学笔记》的研究确实非常深入。但据说这两部书的原稿早在60年代就完成了，您能介绍一下您是怎样在教条主义盛行的年代开展这项研究的吗？

黄枬森：这还要从反右斗争说起。反右斗争时我在党内讨论会上一些实事求是的发言，被人认为是"右派"观点，因此被"清除"出党，调到北大哲学系资料编译室任副主任。但我没有颓丧，而是在资料工作中开始了对列宁《哲学笔记》的系统研究。

《哲学笔记》不是一本普通的著作，它是由列宁的许多笔记编纂而成的。其中大部分内容是摘录过去哲学家的言论，列宁只是在这些摘录的旁边作了些批注，多数是三言两语，但包含有很多很重要也很精彩的思想，虽然这些思想都没有展开，更没有加以系统化。因此，对列宁《哲学笔记》作研究，甚至读懂它，都是比较困难的。50年代，这本书就已经翻译出全译本，但是大家都感到难读，主要的困难是列宁做了大量的摘录，而这些摘录如果不懂，也很难深刻理解列宁的批注。但是苏联并没有做这样的基础性工作。

1960年左右，我把哲学系资料编译室的一些同志组织起来，从事《哲学笔记》的注释工作，专门注释那些不容易懂的地方。我们先把列宁的摘录的原文找出来，对原文进行一番注解，然后再注释列宁的思想。60年代初就完成了这个工作，并在内部铅印交流，80年代初公开出版。这个注释对于哲学专业的学生和哲学工作者读懂并进一步研究列宁的《哲学笔记》，起了很好的作用。

　　我还想提的是，我在跟同志们一道从事《哲学笔记》注释工作的时候，对列宁所提出来的辩证法要素16条，提出了我自己的独特的看法。这16条是很著名的，过去有不少哲学家认为16条就是列宁的辩证法体系，并一条一条地加以发挥。我经过研究，特别是研究了16条的手稿，发现16条按照原有的形式不是一个完整的体系，只有前七条有一定的顺序，而后九条则是零散的，它们实际上是分别从属于前七条，只有分别插入前七条里边，才能形成一个体系。我把这个观点写成文章于60年代初在《北京大学学报》上发表。后来有同事告诉我，苏联的哲学家凯德罗夫在晚些时候也公开发表了类似的观点，这也从一个方面印证了我的看法。而全面反映我这一研究成果的书稿《〈哲学笔记〉与辩证法》正式与读者见面，则是在20多年后的1984年了。

关于真理标准、人道主义和实践唯物主义

　　笔者：改革开放，我国迎来了科学的春天，也迎来了学术的春天。在马克思主义哲学领域，冻结多年的坚冰终于开始渐渐融化，各种学术观点纷至沓来，也爆发了一场接一场影响波及社会的哲学大讨论。从70年代末至今，您一直活跃在马克思主义哲学各种观点激烈交锋的"前沿阵地"，请您谈谈对最初的两场举世瞩目的大讨论的印象。

　　黄枬森：1978年以后，由于改革开放，逐步贯彻"百家争鸣"方针，从政治氛围到学术领域，都开始真正把马克思主义哲学作为一门科学来对待，恢复和发展了正常的学术研究。20多年来，全国各省市的理论刊物大量涌现，公开发表的学术论著数量之多、研讨之深入、创意之新颖，实属空前。与各门哲学学科都出现繁荣景象相比，马克思主义哲学领域爆发的讨论和研究最为热烈，特别是在关于马克思主义哲学是否是一门科学、它能否现代化、实践唯物主义是什么、本体论能否成为一门相对独立的科学、何为主体性等一系列有着内在联系的问题上，都出现了影响甚至超越学术界的大规模论争。

　　1978年，首先爆发了关于真理的实践标准问题的大讨论，其意义可比作春天的第一声惊雷。这场大讨论首先是作为政治问题提出来的，

同时也具有重要的学术价值。它最大的意义在于恢复了实事求是的马克思主义的思想路线，成为改革开放的先导。在政治目标实现以后，哲学界又深入研讨了实践标准理论本身的问题。在这场讨论中，我先后写过《实践是检验认识的真理性的唯一标准》等四篇文章，系统地探讨这一命题的各个理论层面，促进这一命题在理论上的完善。

80 年代初，由于西方的影响，也由于改革开放，特别是对"文化大革命"中反人道行为的反思，学术界提出了重新评价人道主义的问题，批评过去对人道主义全盘否定的态度。

提出这个问题是很自然的，是应该的，应该给予人道主义一个公正的评价，不能完全否定。但是，在那个时候，也出现了一种观点，认为马克思本人是一个人道主义者，或者说马克思主义就是人道主义，就是现实的、科学的人道主义。马克思主义以人作为它的出发点、核心和归宿。这种观点的根据主要是马克思的《1844 年哲学经济学手稿》，认为这部手稿是马克思的成熟的著作。理论界就此开展了一些争论。

我发表文章认为，这部手稿并不是马克思的成熟的著作，而是过渡性的，是马克思从人道主义者向唯物主义者过渡的著作。它包含了人道主义的因素、空想社会主义的因素，同时也包含了唯物史观的因素、科学社会主义的因素。更确切一点说，它是马克思从空想社会主义者向科学社会主义者、从人道主义历史观向唯物主义历史观过渡的一本著作。

马克思确实在这部书里面肯定了人道主义，以人道主义来解释人类社会的历史，认为人类社会是一个人的异化和异化的扬弃的过程。在他看来，资本主义制度是人的劳动的异化，社会主义就是把这个异化加以扬弃。他用这个观点论证社会主义的历史必然性。这个观点没有摆脱空想社会主义的基本思路。在空想社会主义看来，人的本质或人性就是理性，人类社会的发展是理性异化了或丧失了又加以恢复的过程，资本主义之所以必须消灭，就因为它违反人道，即人道的异化，而社会主义是最人道的，是人道的恢复。马克思接受了这个公式。但马克思对人的本质的看法，跟空想社会主义者或人道主义者有所不同。马克思认为，人的本质不是理性，而是实践，是劳动。所以他就提出了"劳动异化理论"，认为人类社会历史是"劳动异化—消除劳动异化"的过程。马克思讲劳动，讲实践，也就是讲人的经济生活，这里面就包含了这样的思想，人的经济生活是最根本的。后来他从这个思想出发，对人的生产、人的劳动、人的实践，进行深入的研究，发现了生产运动的规律，也就是生产力和生产关系的矛盾运动的规律。于是他就彻底抛弃了人道主义的历史观，而实现了从人道主义的历史观向唯物史观的飞跃。这个飞跃是在《德意志意识形态》、《关于费尔巴哈的提纲》两个论著里面完成的。

所以我认为，不能把马克思主义归结为人道主义，人道主义作为历史观，是错误的，是一种唯心主义的历史观，同唯物史观对立的。人道主义作为处理人与人之间关系的最基本的原则，是应该肯定的。马克思并没有抛弃作为处理人与人之间关系的原则的人道主义思想，只是抛弃了人道主义历史观。

笔者：学术思想活跃了，学派就出现了。一般人们总爱把学者们分为"激进派"、"保守派"或"中间派"。在马克思主义哲学研究领域，人们则更容易冠以"左派"、"右派"的称谓。在60年代初和改革开放之初，您都曾被一些人追着声讨为"右派"、"离经叛道"。然而现在又反过来了，相当一些人视您为"左派"、"保守派"，这是为什么呢？您能否以关于实践唯物主义的讨论为例，谈一谈您在学术争论中的立场？

黄枬森：过去，马克思主义哲学的学术研究，与政治紧密相连，人们习惯以政治眼光来评价学术问题，因此，有什么"左派"、"右派"之说不足为奇。

学术的生命在于创新，但我始终反对为求新而求新的本末倒置的做法。无论是在我年轻的时候，还是到了老年，我都坚持马克思主义哲学最基本、最核心的观点，也就是马克思主义的灵魂——辩证唯物主义。在过去的年代，我的一些实事求是的看法不为一些人所接受，在时尚渐成风气的年代，我不肯丢弃辩证唯物主义的内核，又不为另一些人所接受，所以，"左派"也好，"右派"也好，是站在两个不同的立场上来看我的观点，并不是我的观点本身发生了什么重大变化。或许，我今天的被指责正是因为我没有随波逐流。站在我自己的立场上看，我所坚持的，不过是学术的良心，我所追求的，不过是科学的精神。这里，我就近20年来关于实践唯物主义的讨论进一步说明我的态度。

近些年，以实践唯物主义的称呼来取代辩证唯物主义和历史唯物主义的称呼这一观点在我国颇为流行，持这种观点的人甚至占到多数。我却不同意这种观点。很多人都说这是马克思和恩格斯自己提出的，其根据是马恩说过"实践的唯物主义者即共产主义者"（《马克思恩格斯选集》第1卷，74页）的话。实践的唯物主义者并不等于实践的唯物主义，只是由之可以引申出实践的唯物主义。我没有查找过是谁做这种引申并认为应该以之取代辩证唯物主义与历史唯物主义的，我想不会早于30年代。其实，谁这样命名并不重要，重要的是这样命名是否妥当。

我认为，问题在于"实践"是指特征还是指对象。马克思主义哲学的基本特征之一无疑是实践性，实践性使马克思主义唯物主义与旧唯物主义，特别是直观唯物主义区别开来，甚至同一切旧哲学区别开来，但马克思主义唯物主义的基本特征不只是实践性，还有科学性、辩证性、革命性等，而独以实践冠于其上，是因为在这些学者看来，实践的观点是马克思主义哲学的首要的基本的观点。这个观点是似是而非的，下面再说。如果实践指的是对象，则可能出现两种结果，一是马克思主义哲学被局限于实践哲学，即仅有实践论一个部分，另两个部分即世界观和历史观都被抹杀了；另一种结果是，如果实践是指对象，实践唯物主义又是世界观，换言之，唯物主义中的"物"就是实践，那么，实践唯物主义实质上就是实践本体论或实践一元论了，结果唯物主义成了唯心主义。

现在来说"实践观点是马克思主义哲学的首要的基本的观点"这

一流行说法，这一观点目前在哲学界似乎已得到公认，许多马克思主义哲学原理教科书都把它列为全书的最根本的指导思想。但是，只要认真推敲一下就可发现这个观点是似是而非的，不是对马克思主义实践观点的真正贯彻，而是对实践观念的夸大。

请问，如果实践观点是首要观点，唯物观点、辩证观点算是什么观点呢？有的教科书一方面讲实践观点是首要观点，另一方面又讲物质与意识的关系问题是哲学最高问题，这是不是自相矛盾呢？说实践观点是首要观点，是不是承认先有实践，后有外部世界，物质世界是实践的产物呢？就我所读到的文章来看，这种观点大致有以下一些理由，但我认为这些理由都是难以成立的。

一个理由是：马克思主义哲学的根据是全部人类的实践活动，其真理性、科学性是经过人类实践检验的，并在实践中发展；它又是人类一切实践活动的指导思想，这就是它的实践性。这些论断本身都是正确的，但是以这些论断来作为这种观点的根据则不充分，因为这些论断对于一切科学都是适用的，例如物理学、天文学等自然科学都是在实践基础上产生和发展的，难道能说实践观点是物理学、天文学的首要的基本的观点吗？

另一个理由是：实践观点是马克思主义哲学与直观唯物主义以及旧唯物主义的根本区别所在。这个论断也是正确的，但也不能成为这种观点的根据，因为这里所涉及的问题不是就马克思主义哲学与旧唯物主义的比较而言，而是一般地说实践观点是不是马克思主义哲学的首要的观点。唯物观点作为唯物主义的一般观点当然为旧唯物主义所有，但不能因此就说唯物观点不是马克思主义哲学的首要观点。承认外部世界的优先存在，即先于人类社会的客观存在是马克思主义哲学一切观点的前提。马克思从来没有批评过旧唯物主义的唯物观点，而只是批评旧唯物主义仅仅有这个观点，例如他说："从前的一切唯物主义（包括费尔巴哈的唯物主义）的主要缺点是：对对象、现实、感性，只是从客体的或者直观的形式去理解，而不是把它们当作感性的人的活动，当作实践去理解，不是从主体方面去理解。"（《马克思恩格斯选集》第 2 版第 1 卷，第 54 页）他批评的不是旧唯物主义的一般观点，而是它"只是从客体的或直观的形式去理解"；马克思要求新唯物主义不仅从客体，而且从主体方面去理解。有的人把马克思的这句名言理解为马克思完全否定直观唯物主义，认为直观唯物主义同新唯物主义完全对立，显然是夸大的，片面的。

第三个理由是：实践唯物主义的"物"就是实践，也就是世界，或者说外部世界就是以实践为基础、依赖于实践的世界。这种说法是赤裸裸的实践本体论或实践一元论。有人说这才是马克思的哲学。在我看来，这是唯心主义，根本不是唯物主义。这种观点本身就是错误的。已经有不少文章对这种观点作了有力的反驳，我这里就不赘述了。

还有一个问题，列宁曾说过，"生活、实践的观点，应该是认识论的首要的和基本的观点。"（《列宁选集》第 2 版第 2 卷，第 103 页）我国理论界都认可这个观点，问题是这个观点是否可以拔高呢？我认为应该拔高为历史观的首要的基本的观点。原体系只把实践概念看作认识论范畴，是一个缺点，它应该是一个历史观范畴，实践论应该是历史观中的首要组成部分，因为人类社会的历史不外是人类实践的总和，实践是一切社会现象之源，社会的本质是实践的。所以，列宁这个观点可以拔高为"实践观点是历史观的首要的基本的观点"，但是拔高为"马克思主义哲学的首要的基本的观点"就过分了，因为这个提法包含了"实践观点是马克思主义世界观的首要的基本的观点"，这就夸大了。

马克思主义哲学是一个以世界观为核心的科学群。"实践"不是世界观范畴，但具有世界观意义。世界观范畴是指那些表征在整个宇宙中普遍存在物的范畴，如存在、物质、时间、空间、联系、运动、规律等，社会、人、人的实践等在宇宙中不是普遍存在物，据今所知只存在于小小的太阳系中小小的地球上，但是要完整地系统地说明世界，描绘整个世界的现代图景，却不能不涉及人类社会及其主要组成部分，特别是实践，因此，实践显然不是世界观范畴，却对说明世界有重要意义。

由于实践是一切社会现象之源，没有实践或者说没有最根本的生产实践，就没有人类社会及其一切。在人类社会范围内谈"实践观点是首要的基本的观点"，是必要的、科学的，在整个马克思主义哲学范围内，实践观点无疑是基本观点之一，至于说到首要观点，那就要让位于唯物观点和辩证观点了。

还有一些问题，如近年来有的学者为回答辩证唯物主义与历史唯物主义是两个板块结构的指责，想更充分地表现马克思主义哲学的一元结构，主张以"辩证的历史的唯物主义"来取代"辩证唯物主义与历史唯物主义"的称呼；有的学者更进一步主张把马克思主义哲学称作"辩证的历史的实践的唯物主义"，我都不赞成。辩证唯物主义是辩证唯物主义世界观和认识论，历史唯物主义是辩证唯物主义历史观，硬把二者合起来显得不协调，因为"辩证的历史的唯物主义"中"辩证的"指特征，"历史的"指对象，辩证的历史的唯物主义就只剩下历史观，世界观却被消解了。至于"辩证的历史的实践的唯物主义"的提法，不仅存在上述问题，还更加复杂化了。

在我看来，辩证唯物主义与历史唯物主义既是一个两块结构，又是一个一元结构，因为这两块是一个有机整体，马克思主义哲学是一个以辩证唯物主义世界观为核心，以辩证唯物主义历史观、认识论、价值论、方法论等为具体部门哲学的科学群，它的最根本的思想就是辩证唯物主义。辩证唯物主义就其本来的含义讲就是世界观，即关于作为整体的世界的最一般的观点，它回答了世界是什么和世界是怎样的等根本问题，包括了世界的本质和一般特征、世界的主要构成部分和世界的变化发展及其规律。所以说，辩证唯物主义就是辩证唯物主义世界观。正因为如此，历史观、认识论、价值论、方法论等也都是辩证唯物主义的。

至于辩证唯物主义历史观被并列称为历史唯物主义与辩证唯物主义，有历史上的原因，但更主要的原因是由于它的重要地位，即它是辩证唯物主义与政治经济学、科学社会主义的桥梁，而科学社会主义是马克思主义整个理论的出发点、核心和归宿。因此，这种形式上的两块结构是没有什么可以指责的。

总之，我不在乎人们说我"左"还是"右"，我只坚持我所追求的真理。

关于马克思主义哲学体系

笔者：现在，对马克思主义哲学，人们谈得很多的一个问题是，时代进步了，国际社会和科学技术与马克思恩格斯生活的年代相比都发生了巨变，马克思主义是不是过时了？马克思主义如何跟上时代的步伐？马克思主义能不能实现现代化？您怎么理解马克思主义现代化这个问题？

黄枬森：回答这个问题，首先要弄清马克思主义哲学是什么。西方以及中国古代形形色色的哲学派别可以说都是个人的哲学，几乎一个人一个哲学体系，倡导一种自圆其说的甚至是体系严密的信念或思维方法。然而马克思主义哲学却同西方哲学和传统的中国哲学有着本质的区别。马克思主义哲学诚然是一种信念，一种思维方法，但关键在于它是对客观规律的正确反映，所以它是一门科学，一门科学的信念和科学的方法。

我这么说是有根据的。因为马克思主义哲学具有每一门科学都必须具备的三个基本条件：第一，作为一门科学，它具有明确的研究对象。就像天文学研究宇宙天体，地理学研究地貌一样，马克思主义哲学也有自己的研究对象。世界观的对象是作为整体的世界及其一般规律，历史观的对象是社会历史及其一般规律，认识论的对象是人类认识现象及其一般规律。连接在一起就是辩证唯物主义与历史唯物主义。第二，作为一门科学，它所包含的原理是以自然科学和社会科学为根据的，经过实践检验最终证明是与客观实际及其规律相一致的。第三，作为一门科学，它是一个相对独立的思想体系。物理学、生物学、数学、医学等是科学，马克思主义哲学也是一门科学。它们从不同的侧面反映着世界这个完整的大系统。把各门科学统一起来，就形成了一个完整的科学体系。马克思主义哲学与其他科学之间所不同的，只是由于它研究的对象的区别，使得它成为一门抽象程度最高、涉及范围最广的科学。

正由于马克思主义哲学是一门科学，所以它也和任何其他科学一样，是要随着社会的进步不断发展的。

马克思主义哲学有一个科学体系，但还不够完整和严密，而且至今这一工作仍未完成。马克思主义哲学原理在经典作家那儿并没有形成一个完整的体系。第一个完整体系是苏联专业哲学家在二三十年代提出来的，在30年代初传到中国，即辩证唯物主义和历史唯物主义。辩证唯物主义主要是三个部分：唯物主义、辩证法和认识论。历史唯物主义即历史观。这个体系一直是世界公认的马克思主义哲学体系。中国出版的马克思主义哲学教材，在这个体系里面贯穿了一些毛泽东的哲学思想，但是框架仍然没有变。20多年来这个体系受到许多人的批评，许多人也努力想突破这个框架，上面谈到的用实践唯物主义来取代辩证唯物主义和历史唯物主义，就是尝试之一，不过我认为这是一种不能成立的"突破"。

对马克思主义哲学体系，我有几点看法：第一，对现有的马克思主义哲学体系，不能根本否定，而应该抱一种坚持和发展的态度。具体讲来，现有的马克思主义哲学体系有几点是科学的，是应该肯定的：一是马克思主义哲学是把哲学作为一门科学来研究和建设，坚持哲学知识应该是一种客观的知识，应该力求同客观世界相一致；二是它认为哲学应该随着社会实践和自然科学、社会科学的发展而发展；三是它主张应该按照一定的原则来建构哲学体系，这个原则最主要的就是从抽象到具体、从简单到复杂；四是应肯定现有的哲学体系里那些经过实践的无数次检验而被证明是正确的内容；五是现有的哲学体系强调哲学的应用价值，认为哲学应该指导我们认识世界和改造世界的活动。

第二，现有的体系也有它的局限性，其缺陷大致有三点：一是从内容上讲，现有的哲学体系有许多空白，或者说薄弱环节。譬如人的问题、主体性的问题、价值的问题等；二是它没有充分吸收20世纪以来时代的发展、自然科学和社会科学发展所提供的新的内容；三是现有的体系自身也没能充分贯彻它原来提出的建构体系的原则，许多问题没有讲清楚。

所以我认为，对马克思主义哲学现有的体系应坚持它的基本的、正确的东西，而对它的失误和不足的地方，则加以修正、丰富和发展。这也是任何一门科学发展所走的道路。物理学近百年来有了巨大的发展，如相对论、量子力学等理论的出现，使物理学发生了很大的改观，但物理学本身没有"过时"，也永不会"过时"，只会随着科技的进步和人类认识的深化而不断发展，这种不断的发展也许就是人们喜欢说的不断"现代化"的过程吧！

其实，马克思主义哲学作为一门科学，其发展规律也与其他科学一样。建立现代马克思主义哲学体系是一项细致而严密的学术工作，需要从事这项科学研究的专业哲学工作者像其他科学的专业工作者一样去建设和发展它。当然，吸收大量的现代科学技术成果和总结社会发展的新的动向，继承和发展马克思主义哲学最基本最核心的科学思想，构造和建立起一个完整的具有现代形态的马克思主义哲学体系，不是某一个哲学家就能完成的工作，它需要哲学家们甚至有自然科学家和社会科学家参加的群体的持续的共同努力。

笔者：那么，这个新的马克思主义哲学体系应该沿着一条什么样的思路来建设呢？您有没有一些具体的构想？

黄枬森：我认为应该首先明确马克思主义哲学研究的对象究竟是什么，然后根据对象来确定马克思主义哲学的内容以及它的体系。

马克思主义哲学的对象有三个基本组成部分，构成三个层次，或者说是有三个具有一定重叠性的对象。

最大的、最高层次的对象，是作为整体的客观世界，包括它的过去与将来，包括那些看不见、摸不着的部分。因此，哲学的第一部分就是宇宙观，也叫世界观。它所研究的是这个世界的整体，是这个世界的最一般的东西，即对这个世界的任何一个领域都起作用的普遍的东西。世界观里面应该包括自然观，自然界是无所不包的，社会也包括在内。

第二个层次的对象是人类社会历史，因而哲学的第二部分是历史观，也就是唯物史观。人类社会历史观也就是一般的社会论，或叫作一般社会学。实践论是其中的一个小部分。因为实践是一种人类社会的现象，是人类社会的基础，但它不等于整个人类社会，更不等于整个宇宙。现有的体系对实践没有作专门的研究是不对的，但是把实践论摆在历史观以外，甚至用它来代替整个马克思主义哲学，这就过分了。

第三个层次的对象是意识，因而哲学的第三部分就是意识论，或者叫做精神论。精神、意识都是一种社会现象，意识论应该包含在历史观里边，但由于意识的相对独立性和重要性，意识论可以作为单独一部分加以论述。意识论里还包含几个小部分，即意识论、认识论、评价论、方法论。认识论过去是包含在辩证唯物主义世界观里边的，这是不妥当的，认识是一种社会现象，应该是讲清楚了历史观以后再来讲认识论，认识是意识的一部分，而且是基础性的一部分；评价论在现有的体系里面没有，虽然谈到许多价值问题，但是对价值没有进行专门的研究，近20年来哲学界开展了这方面的研究；方法论应该是以方法为对象来进行研究的一门学问，可以作为一个组成部分包含在意识论或者精神论里边。过去认为马克思主义哲学就是方法论，常说马克思主义哲学既是世界观，也是方法论。这样讲不确切。准确地讲，应该是马克思主义哲学既是世界观，又是方法。方法不等于方法论。

马克思主义哲学体系就是由世界观、历史观、意识论三部分组成，即辩证唯物主义世界观，辩证唯物主义历史观，辩证唯物主义意识论。所以辩证唯物主义是它们的总的称呼。而由于世界观在这里面居于最高的地位，所以可以用辩证唯物主义来指称辩证唯物主义世界观。

对象明确了，马克思主义哲学的新的体系的建构，也就是对于具体的哲学问题、哲学原理或范畴的安排，还应该按照一定的原则来进行，这个原则最主要的就是从抽象到具体、从简单到复杂。

根据矛盾规律是辩证法的核心的原理，哲学范畴应该是成对的，这一点过去没有做到。哲学体系应该从存在开始，存在是最抽象的，最一般的。整个体系应按照从抽象逐渐走向具体的原则来安排。这个原则包含从简单到复杂，从静到动，从表到里，从客观的东西到主观的东西等内容。这样就可形成一个对立统一的哲学范畴体系。我从前曾经根据列宁《哲学笔记》关于构造体系的思想，构造了一个马克思主义哲学体系，提出了 36 对范畴。但这仅仅是一个尝试，而且没有包括 20 世纪以来世界形势的发展、科学研究的成果和世界哲学新的进展。所以还不能用这个体系来取代旧的马克思主义哲学体系。

关于人学和文化研究

笔者：对马克思主义哲学的发展，一个很重要的工作是填补过去研究中未曾涉及或研究不够的空白。这几年来这方面工作影响最大、成绩最明显的就是人学的建立。据我所知，这十多年来您对人学学科的建立付出了极大的心血。在国际反华势力大肆挥舞人权大棒时，马克思主义人学理论的建立成为我们抵御西方资产阶级人权思想的一个重要的思想武器。但人学究竟是一门怎样的科学？它同哲学以及各种社会科学的关系怎样？它的体系是怎样的？很多人还弄不大清楚。作为人学学科的主要创建人之一，您能对这些问题做一下介绍吗？

黄枬森："人"是一个非常明确、非常清楚的研究对象，但是奇怪，我们过去没有建立起一门学科来对人作整体的研究。现实生活对人学也非常需要，因为现实生活接触到人、人的学科、人的知识、人的理论、人的观点太多了，例如我们谈要提高人的素质，要发挥人才的作用，要教育人、培养人、发挥人的积极性、主动性、创造性，等等。所有这些，都需要由一门学科来对人进行整体的研究。特别是西方马克思主义对马克思主义提出了挑战，认为传统的马克思主义缺乏人学，是忽视人、不要人甚至是敌视人的，认为唯物主义就是不要人的哲学、忽视人的哲学，而真正的马克思主义是人道主义。这种对马克思主义的挑战，要求马克思主义对究竟什么是人、什么是人学，作出正面的回答。

　　我认为人学具备学科建设的所有必备条件。人学有明确的对象，就是把"人"作为一个整体来研究，不是研究人的某一个方面。有人认为哲学就是人学，这个观点不正确。哲学虽然也研究人，但哲学不是人学，哲学实际上是一个科学群，含有多门科学，包括宇宙观、历史观、意识论等。宇宙观的研究对象是作为整体的宇宙，宇宙不能等同于人。如果说宇宙观研究的宇宙是人的宇宙，同理，物理学就是研究人的物理世界，这样一来，宇宙观和物理学的客观性就被取消了，那还有什么科学？人学和哲学的研究对象是不同的，把它们混为一谈，不是妨碍了哲学的发展，就是妨碍了人学的发展。

　　研究整体的人，就必须了解人的属性。人的属性包括人的任何属性在内，即人的自然属性、社会属性和精神属性。在人的属性里边，有个区域可以叫作人性。人性是人同动物相区别的那些属性。有很多属性都可以把人同动物区别开来，如西方历史上说人是"政治的动物"、"社会的动物"、"能够制造工具的动物"、"有理性的动物"，中国哲学家喜欢讲"人性善"、"人性恶"。现代人爱讲思维是人性、审美是人性，等等。其实这些都是能把人和动物区别开来的人性。但是，在所有能把人和动物区别开来的、带有根本性的属性里面，有一个是最根本的，这就是人的本质，即劳动、生产活动，宽泛一点讲就是实践活动。人的实践活动是离不开社会的实践活动，所以人的本质就是人的社会实践活动。

　　于是就产生了三个层次：最深一层是人的本质。人的本质产生了人性，决定了人性，这就是第二个层次，它比人的本质更宽泛。最宽的是人的属性，包括人的动物性等一切属性，这是第三个层次。

　　人学研究的不仅仅是作为整体的人，而且还要研究作为整体的人的发展规律。任何一门科学都不能停留在对于事实的叙述上，而必须深入它的本质，去挖掘它的发展规律。人学也应该如此。我在有篇文章里边曾经提到了七条人的发展的规律。这里就不详细说明了，你可以看一看我的论文专辑《人学的足迹》，主要观点上面都有详细的论述。

笔者： 谈到您主编和撰写的专著，我知道除前面您提到过的以外，还有《马克思主义哲学史》三卷本教材，得到了国家教委的优秀教材奖；有《马克思主义哲学史》八卷本，获得了"五个一工程"奖、吴玉章奖、首届国家社会科学基金项目优秀成果一等奖等重要奖项；还有另外两本论文专辑等。您最近主编的一本专著是《有中国特色社会主义文化研究》，这本书获得了去年北京市优秀成果一等奖，您是怎样又开始研究起文化问题的呢？

黄枬森： 文化问题一直是一个热门问题。中西文化的关系怎样？传统文化与现代文化的关系怎样？马克思主义与中国文化的关系怎样？怎样进行社会主义文化建设？这些都是大家关注的问题。不仅如此，文化界关于文化的理解也有很多分歧：文化是什么？文化与经济、政治的关系怎样？文化在整个社会生活中占据什么地位？理论上有分歧，现实问题上分歧就更大了。江泽民同志在党的十五大报告中把建设有中国特色社会主义区分为经济、政治和文化三个方面，明确把建设有中国特色的社会主义文化作为整个社会主义建设的重要组成部分。所以，对文化问题做一个哲学层面的思考，是很必要的。

文化的概念一般认为有三种理解，一种是广义的，无所不包，人类社会里的一切东西都是文化；一种是狭义的，专指精神文化，确切说就是精神活动及其产品；一种是更狭义的，指文化部所管辖的文化，如文学艺术等。还有就是一般而言的文化水平的文化。我认为，作为一个科学概念，对文化应作第二种理解，即精神文化。因为这种理解把文化同经济、政治并列起来，三者包括了全部社会现象，这种使用几乎已经在全世界得到了公认。

究竟文化包括哪些组成部分呢？我认为应该包括 12 个方面：（1）科学技术；（2）经济思想和经济理论；（3）政治法律思想和理论；（4）语言文字；（5）道德伦理观念、善恶标准、道德伦理理论；（6）宗教现象；（7）文学艺术；（8）哲学和社会学说；（9）教育和教育思想；（10）新闻出版事业； （11）公共文化设施及其活动；（12）民间文化。另外还有两个部门，一个是卫生，一个是体育，是综合性的，是不是属于文化还可以研究，因它们包含文化的方面，把它们摆在文化范围内是可以的。

文化同经济、政治的关系应按照唯物史观的观点来理解，就是毛泽东所说的文化是经济、政治的反映，具有相对的独立性，对经济、政治具有强大的反作用。这样理解的文化就不仅仅是观念上层建筑，而是包括许多非上层建筑的东西，包括了生产活动，如科学技术；包括了在各方面都起作用的东西，如语言、思维形式。总而言之，整个精神领域以及精神产品，都属于文化范围。

用空间或时间来给文化分类，如东方文化、亚洲文化、古代文化、现代文化等，说不清楚文化的性质。根据文化同经济、政治的关系，我认为要弄清楚一种文化的本质和它的特点，要从它的经济、政治状况来定性。如欧美当代的工业资本主义文化，中国传统的农业封建主义文化。至于中国当前的文化性质是什么，这个问题比较复杂，我国自辛亥革命以来，经济、政治一直处在不断的变化发展当中，文化也在不断变化发展。简言之，中国现代文化实际是一种正在向有中国特色的工业社会主义文化过渡的过渡性文化。

这里有一个中国传统文化与现代文化的关系问题。我认为中国传统文化是农业封建主义文化。随着中国经济和政治革命的发展，传统文化已经土崩瓦解，而在中国土地上逐渐形成了一种新的文化。中国传统文化作为一个整体，已经成为历史，但是它的许多因素保留下来了。中国现代文化除传统文化因素外，还包括五四运动以来科学技术的发展和从国外传入的文化因素，特别是中国人民在反对半封建半殖民地经济政治制度的斗争中创造的各种文化因素。当然，中国现阶段的文化还绝不是高水平的工业文化，因此，不存在中国传统文化的现代化问题，只存在中国现代文化的现代化问题，这就是要使它真正形成一个高水平的工业社会主义文化。

笔者：哲学在一般人的眼里，是高深莫测的。可是聆听了您对这么多哲学问题的深入浅出的讲述，使我获益很大。许多哲学家一生孜孜以求的就是建立个人的哲学学说，您既然已经表达了这么多独立的见解，您可不可以对您的哲学思想体系做一个大体归纳呢？

黄枬森：我认为我自己并没有自己的什么哲学思想体系。这不是自谦，更不是自卑。我认为马克思主义哲学同西方哲学和传统的中国哲学，都是很不相同的。那些哲学可以说都是个人的哲学，几乎一个人一个哲学体系，而马克思主义哲学是一门科学，它和任何其他科学一样，是集体的事业，是全人类的事业。因此我根本不想提出我自己的什么哲学思想，我是把哲学作为一门科学来研究、来讨论、来建设，而在这个事业里面作出我个人的贡献。我的一些哲学思想，也就是我对马克思主义哲学的一些理解，或者说我所理解的马克思主义哲学。

目前，马克思主义哲学，作为一门科学还没有得到全世界的认同，但是我认为终究会有那一天的。在那个时候，可以把马克思主义这五个字取消，正如我们不把生物学叫作达尔文主义或其他主义一样，达尔文和其他生物学家的观点已经融入生物学这一门科学之中。当哲学形成一门世界公认的科学的时候，马克思主义哲学，也就融入科学的哲学里面了，因此"马克思主义"这样的称号也就不必要了，那时得到世界公认的、真正科学的哲学，也就形成了。我相信这一天终究会到来的。

然而现在关于马克思主义哲学还有许多争论，这是来自研究者对于马克思主义哲学的对象和组成部分的不同理解。这个现象也同样存在于中外多种哲学中。这是一个两千多年来或者说自有哲学以来就存在的现象。马克思主义哲学的出现使它有了获得解决的可能。但150年以来，由于一些外部的和内部的原因，这个问题仍未解决。来自外部原因有国际形势的巨变，有来自西方现当代哲学特别是西方马克思主义哲学的影响，有中国传统文化特别是儒家思想的影响，等等；来自内部的原因主要是前面所述的马克思主义哲学本身有若干基本问题至今尚未解决。

不同观点以及由这些观点形成的不同流派通过对话，互相交流，自由讨论，是可以在相互比较与相互补充中达成对客观真理的一定程度的共识的。应该相信，只要具有对马克思主义的真诚信仰，只要具有实事求是的科学态度，通过自由讨论、独立判断，客观真理是会为哲学家们所普遍接受的。但是，如果马克思主义哲学家们不是循着哲学应该成为科学这个途径前进，而提倡哲学的个性化，哲学爱讲什么就讲什么，爱怎么讲就怎么讲，不是在求真中求新，而是为求新而求新，全无真假是非可言，那么，任何争论就都是多余的了。

学 术 自 序 *

　　观念转换是我国理论界近年来颇为流行的说法，如果固守从前的观念，就会被视为僵化、落后。现在哲学正经历着一场观念转换。过去认为哲学是一种知识、一门学科，哲学应该成为一门科学，在各种哲学中，马克思主义哲学即辩证唯物主义和历史唯物主义，就是一门科学的哲学。现在在多数人心目中这种观念已经陈旧过时了，他们认为没有什么科学的哲学，哲学只是自己的哲学，各人有各人的哲学，没有什么公认的科学的哲学。这诚然是一种观念转换，但令人困惑的是：这种转换是前进还是倒退呢？一般说来，观念转换，应该是从旧的转到新的，从落后的转到进步的，而从哲学是科学的观念转到哲学不是科学的观念，能说是前进吗？当然，提倡和鼓吹这种观念转换的人坚持认为它是前进，不是倒退，甚至大加赞美，认为这是新世纪的新风尚、新潮流。然而作为过来人的我，根据自己的亲身经历，却认为这不是前进，而是倒退；不是开新，而是返旧。

　　我是上世纪40年代的哲学系学生，那时学了一门叫作《哲学概

---

　　* 本文发表于《哲学的科学化》（首都师范大学出版社 2008 年 6 月出版）；《光明日报》以《哲学终将转变成为科学》为题，于 2009 年 2 月 3 日摘登。

论》的课程。大家知道，叫作"某某学概论"的课程很多，如物理学概论、化学概论、经济学概论、政治学概论等，讲的都是关于这门学问的基本内容，唯独哲学概论不是这样，而是讲的哲学史。老师告诉我们，哲学与众不同，哲学就是哲学史，是多种哲学的更替，就像改朝换代一样，哲学不是一门学问。我开头感到困惑，后来就习惯了，并形成了这种观念：哲学就是哲学史。大家都接受了这种观念。全国解放后我学习了马克思主义哲学，经历了一次观念转换：哲学不等于哲学史，它同其他学科一样，是一门学问，有一套一般性理论，应该成为一门科学，这门科学已经出现了，它就是辩证唯物主义和历史唯物主义。人们不一定承认辩证唯物主义和历史唯物主义就是科学的哲学，但都承认哲学不能等于哲学史，哲学应该成为一门科学，也就是说，新中国建立前后哲学的确发生了一次观念转换，哲学不是科学的旧观念转换成了哲学是科学的新观念。

现在的观念转换与此正好相反：哲学是科学的观念向哲学不是科学的观念转换。这种观念转换是怎样发生的呢？

西方哲学仍然一直处于各流派此起彼伏的状态，改革开放之后国内有些人逐渐认同这种状态，特别是在苏联解体以后，慢慢地出现了一次观念转换：哲学就是哲学史的观念大有取代哲学是一门科学的观念的趋势。在许多人的思想中，改革开放前的新观念成了旧观念，半个世纪甚至一个多世纪前的旧观念成了新观念。辩证唯物主义与历史唯物主义不再是科学，而成了一家之言。

我认为这种观念转换不是前进，而是后退。哲学从知识总汇演变为一门学科，又从一门学科演变为一门科学，是与人类认识史、科学史一致的，无论如何是一种进步，不是倒退。如果说辩证唯物主义与历史唯物主义没有资格称为科学的哲学，那么，我们就应该研究究竟谁有资格称为科学的哲学，或者，它应该怎样改造才能成为科学的哲学，而不应根本否定哲学成为科学的可能，退回到哲学就是哲学史的落后状态。近30年来，我始终坚持认为辩证唯物主义和历史唯物主义是在哲学史上终于出现的唯一的科学的哲学，但是它有缺点有问题，应该加以适当的改造，才能成为名副其实的科学的哲学。因此我一直在从事这种研究——怎样把辩证唯物主义和历史唯物主义改造成为完整严密的科学的哲学，其具体措施就是构建一个完整严密的科学的哲学体系。我不敢奢望我能够完成这个任务，这个任务不是一个人在一生中能够完成的，它是集体的事业，是几代人的事业。我只是对这个任务作出了自己的努力。事实上，我在改革开放以前已在不知不觉间开始了这种努力，而在改革开放以后逐渐自觉地作了这种努力。

今年《北京社科名家文库》向我约稿，为我出版一本"展现 20 世纪 80 年代以来的理论创新，能够反映作者学术探索历程"的文集，我遂以《哲学的科学化》为书名，选择了相关论文，编成这个文集。我不敢说我的努力已有多少积极的效果，只希望我的努力能引起更多的"友声"。这些文章的内容大致能够反映我作此努力的历程。

这个文集可分为五部分：第 1 篇文章为第一部分，综合介绍近 30 年来关于我研究得比较多的四门学科的基本观点，可以说是全书的导论；第 2—9 篇文章为第二部分，是关于马克思主义哲学史的一组文章，其中前两篇是对马克思主义哲学史的综论，后六篇是对问题或人物的专论；第 10—14 篇文章为第三部分，是关于马克思主义哲学体系的一组文章；第 15—18 篇为第四部分，是关于人学的一组文章；第 19 篇为第五部分，是关于文化理论的一篇文章。近 30 年来我之所以研究人学和文化理论，固然与我国理论界的人学热与文化热有关，也是由于它们应是马克思主义哲学体系中必要的组成部分而为过去马克思主义哲学体系研究所忽视之故。这些部分对于构建完整的马克思主义哲学体系至关重要。

人类认识史告诉我们，任何一门科学都有一个从学科转变成为科学的过程，哲学是一门学科，哲学终将转变成为科学。我不敢断言哲学何时能转变成为科学，我也不知道我的这些文章能为哲学的科学体系的出现起多大作用，但我将继续为哲学的科学体系的出现而奔走呼号！

我 怎 样 走 上 哲 学 的 科 学 之 路 *

上世纪 80 年代以来，我一直为文论述哲学（世界观）可以成为一门科学，马克思主义哲学是科学，并开始从事把马克思主义哲学作为一门科学来建设和发展的学术活动；90 年代以来更是为之奔走呼号，倾全力付诸实践。我走上哲学的科学之路，经历了一个曲折的过程。这个过程可分为三个阶段。

一、对哲学的科学性质的怀疑

1939 年秋我进入四川省自贡市蜀光中学高中学习，在课外阅读时开始知道除物理、化学、历史、地理等学科之外有叫作哲学的学科。我的哲学启蒙读物是艾思奇的《大众哲学》。作者明确指出，哲学就是本体论、世界观，有正确的哲学和不正确的哲学之分，正确的哲学是真理，唯物论和辩证法就是正确的哲学，等等。这本书通俗易懂，用日常生活中人所共知的事实和浅显的科学道理来阐明它的观点，很有说服力。后来我又读了些苏联哲学家的著作，如米丁等人的《辩证唯

* 本文发表于《光明日报》2010 年 3 月 23 日；《马克思主义文摘》2010 年第 6 期。

物主义和历史唯物主义》。所以当时我认为并非任何哲学都是科学，但哲学可以是科学，其基本性质与正在学习的自然科学和社会科学的性质是相同的。但这种观念在1943年我转系进入西南联大哲学系后就逐渐被抛弃了。

　　进入哲学系后学习的课程中有一门叫《哲学概论》。顾名思义，这门课应该像普通物理学或物理学概论这类课一样，讲授些公认的物理学基本理论，但哲学概论的老师给我们讲的是历史上一些具有代表性的哲学流派的观点，因为没有公认的哲学基本理论，只好讲启蒙各派的基本理论，哲学就是哲学史。概论老师是康德专家郑昕教授，他就把康德哲学讲得细一点、多一点。我一时觉得大开眼界，不仅感到过去对哲学所知太少，而且感到不了解康德的认识论就不认识哲学的真面目。由于对康德的信奉，我的研究兴趣逐渐偏向西方哲学，毕业论文以康德的时空观为题，毕业后又成为郑先生指导的研究生。不过，我虽逐渐抛弃了哲学是科学的观点，哲学究竟是不是科学，仍然在我的脑际萦回。大学课内，无论是老师讲的还是参考书写的，均无辩证唯物主义或马克思主义哲学的内容，但课外仍有所接触，特别是北大复员回到北平以后，有更多机会接触进步书刊，还读了一些马克思主义哲学的经典著作，总觉得哲学的科学性质不能根本否定。但康德的说法，认为关于宇宙、灵魂（生命）、上帝的那些论断是既可以肯定又可以否定的（二律背反），难以反驳。现代西方哲学中的实证主义流派所持的"拒斥形而上学"的观点，不像康德哲学那样复杂，似乎更难以反驳。就是在这种深深的迷惘中我迎来了北平的和平解放和新中国的建立。

二、对哲学的科学性质的探索与确定

　　在新中国成立后的北京大学，原被打入地下的马克思主义理论成为全校学生必学的课程，我以研究生身份担任理论课助教的工作，我的专业也开始逐渐从西方哲学转向马克思主义及其哲学。作为马克思主义哲学专业工作者，我重新接受了哲学思想有正确与谬误之分，哲学可以成为科学的观点，但如何论证这个观点，如何反驳自在之物不可知论，在我思想深处仍然是一个没有解决的问题，这就引起了我长达二三十年的思考与探索。

其实，在《关于费尔巴哈的提纲》中马克思已经正确地回答和解决了这一问题，他说："人的思维是否具有客观的真理性，这不是一个理论的问题，而是一个实践的问题。"而且指出离开实践来争论思维是否具有客观的真理性，完全是一个经院哲学问题。这就是马克思主义的实践标准思想。我在当时已完全接受这一普遍认同的观点，但同很多人一样，我认为这只是就实证科学知识而言，不包括世界观的普遍原理，因为这些原理的普遍性是无限的，而实践总是有限的。能不能把实践标准扩大到对哲学原理的证明对我来说仍然是一个悬而未决的问题。这个问题是在这段时间内通过学习、研究和讲授经典著作的过程中终于彻底解决的。

列宁曾指出，马克思在 1845 年、恩格斯在 1888 年和 1892 年论述过实践标准问题，其实马克思在 1844 年、恩格斯在 1876 年和 1879 年就论述过了。有关材料，列宁当时看不到。马克思在《1844 年经济学哲学手稿》中就指出过"理论的对立本身的解决，只有通过实践方式，只有借助于人的实践力量，才是可能的"。他还指出，实践之所以能成为检验认识的最后标准，其根据就在于实践是人和社会的本质。后来恩格斯在《劳动在从猿到人的转变中的作用》中详尽地论述了劳动（首要的实践活动）在从猿到人中的决定性作用，指出"劳动创造了人本身"，也可以说实践创造了人类社会。人的认识是在人的实践中产生和发展的，认识的真不真最后当然只能由实践来检验。不久恩格斯在论证因果性的普遍性时进一步指出实践的成功与失败都是对认识的检验。恩格斯在《社会主义从空想到科学的发展·1892 年英文版导言》中的一段话似乎是针对我的难题。他说，不可知论"这种论点，看来的确很难只凭论证予以驳倒。但是人们在论证之前，已经先有了行动。'起初是行动'，在人类的才智虚构出这个难题以前，人类的行动早就解决了这个难题。"看来我是钻进了这个虚构的圈套中了。但是，难道不可以对这个难题作些合情合理的说明么？我后来在列宁的《哲学笔记》中得到了这样的说明。

上世纪 50 年代末 60 年代初，由于教学的需要，我同几位教师共同撰写《〈哲学笔记〉注释》一书。我们的要求是弄清楚其中的每一句话，包括大量的摘要，这推动我们对其中文字狠狠地推敲了一番。先前我阅读列宁的《唯物主义和经验批判主义》时，已经注意到列宁也注意到马克思以前的哲学家如狄德罗、费尔巴哈已感到唯心主义、不可知论的论点难以从理论上驳倒，但唯心主义者、不可知论者的日常生活实践却完全是按照唯物主义、可知论的实践标准原则进行的。这可以说是一种自发的实践标准思想，而马克思则是把自发的变成了自觉的实践标准思想。在《哲学笔记》中，列宁注意到黑格尔也有实践标准思想，虽然他是一个彻底的唯心主义者，往往把这种思想隐藏在唯心主义论断之中。列宁在挖掘、改造和阐明实践思想时的一种用语对我颇有启发，那就是他除用"实践"和"认识"、"人的实践"和"人的认识"而外，还用"人类的实践"、人的实践的"亿万次重复"、实践"总和"、认识的"总和"、"认识史"、"真理的总和"等用语。他指出，所谓公理是"人的实践经过亿万次的重复，在人的意识中以逻辑的形式固定下来。"又说："理论观念（认识）和实践的统一……'绝对观念'（而观念＝'客观真理的东西'）是在总和中得出来的。""真理只是在它们的总和中以及在它们的关系中才会实现。"这些论断和用语引导我产生这样的想法：如果以几次或多次实践来检验某一哲学原理，这个原理的无限普遍性还不能确定；如果以实践的总和（所有时代、所有地区、所有领域的所有人的实践）来对这个原理进行直接的和间接的检验，这个原理的无限普遍性虽不能绝对地确定，却可以说是十分接近于确定，这样，应该引进"总和"的概念，实践检验就是实践总和对认识总和的检验；这也就是说，既然自然科学和社会科学的科学性是经受住了实践的检验，哲学（世界观）是自然科学和社会科学的总结，其科学性也是由实践检验了的；也就是说，既然一切正常的个人（包括唯心主义者、不可知论者）在日常生活中都自发地遵循了唯物主义和辩证法原则，运用了实践标准，自觉的辩证唯物主义哲学的科学性应该是可以肯定无疑的。

当然，如此理解的实践检验的确定性仍然不是百分之百的绝对的确定性，但是，无论如何我们不能否定实践检验的高度的确定性，正如列宁所说实践检验有确定性，又有不确定性；人类可以不断接近绝对真理，不能最后完全掌握真理。然而，这些已经足以使我确认和确信马克思主义哲学——辩证唯物主义和历史唯物主义是科学。

三、对哲学的科学体系的建构

改革开放以来，我的专业工作主要是两个方面，一是对马克思主义哲学史的教学和研究。在这项工作中我越来越感到哲学史同任何科学史一样，是一个从前科学到科学的过程，不会永远是各个哲学流派的此起彼伏。马克思主义哲学的出现，便把哲学史区分为前科学与科学两个阶段。不过，由于哲学观、意识形态的分歧与社会制度的差异，马克思主义哲学作为科学未得到哲学界的认同。一是参加各种探讨哲学问题的学术活动。真理标准讨论之后，哲学学术活动空前活跃，特别是马克思主义哲学，几乎它的每一个原理都受到了质疑与挑战，引起大大小小的论战。这两项工作都把我引向对马克思主义哲学的理论体系——辩证唯物主义和历史唯物主义的考察。我形成了这样的看法：它基本上是一个科学的哲学体系，但如果按照构建一门学科的科学体系的要求来看，它有不少缺点，应加以完善，而且从它建立以来，人类社会已有了巨大发展，它也应该发展。因此，上世纪80年代以来，我作了两方面的努力，一方面写了一系列文章来捍卫、阐明、设想马克思主义哲学的科学体系，另一方面和一些同行在一起从事构建马克思主义哲学体系的实践。

我参加过的构建马克思主义哲学体系的实践有两次。第一次是1985年我国八个马克思主义哲学博士点共同承担的科研项目《马克思主义哲学原理体系研究》，这个项目是国家教委"七五"规划重点项目，下一年又被批准为国家"七五"规划重点项目。这个项目的最终成果《马克思主义哲学原理》于 1994 年由中国人民大学出版社出版。第二次是 2002 年立项的《马克思主义哲学体系的坚持、发展与创新研究》，后又成为北京市社科联出版基金的重大项目，其最终成果是四本专著，将于今年由人民出版社出版，这四本书的名字可能是：《时代精神与马克思主义哲学创新》、《现代自然科学与马克思主义哲学创新》、《中西哲学的研究与马克思主义哲学创新》和《马克思主义哲学科学体系的当代构建》。在这些理论活动和实践活动中，我深感哲学只有走科学之路才是它的正道。

我同哲学打交道，至今已整整 70 年。关于哲学的科学体系我有过许多想法，其中有三点我认为至关重要。一、必须坚持世界观在哲学中的核心地位。自古以来，世界观一直被视为第一哲学，但在现代西方哲学中它却被排斥、被否定，这一思潮在我国也甚为流行。在我看来，世界观，尤其是科学的世界观是不能否定的，否定了科学的世界观，不仅哲学会被否定，一切科学也会被否定，认识史将不再是科学史。二、科学的哲学，除了包括世界观而外，还应包括若干部门哲学。这是因为对整个世界的综合研究必须有几个主要部门的综合研究为基础，因此，除辩证唯物主义世界观之外，还有自然辩证法、历史唯物主义和认识论。我认为这是不够的，近年来提出还应增加人学、价值论和方法论。三、实践是马克思主义哲学的根本特征之一，但它之所以能够成功地指导实践，是因为它是科学的。正如列宁所指出的，马克思主义之所以万能，因为它正确。马克思主义所说的实践是自觉的由规律性原理指导的实践，不是盲目的由唯心主义或形而上学指导的实践。

上世纪 30 年代初苏联哲学家们根据马克思、恩格斯、狄慈根、普列汉诺夫、列宁等人的思想构建的辩证唯物主义和历史唯物主义基本上是一个科学的体系，但不够完整和严密。要构建一个比较完整、比较严密的科学的哲学体系，绝不是几年或几十年所能完成的。但我相信，只要我们沿着科学之路走下去，经过几代或十几代人的不懈努力，这个目标是可以达到的。

走 在 哲 学 的 科 学 大 道 上 *

　　70 年前读高中时，我从课外读物中知道有一门学科叫作哲学，自此以后，我便同哲学结下了不解之缘。总结我这 70 年的哲学活动，可以用一句话来概括：探寻哲学的科学之路。这条路可以区分为三个阶段：一、建国前的 10 年，我在哲学迷宫中上下求索，二、改革开放前的 30 年，我在哲学的科学之路上徐徐前进，三、改革开放后的 30 年，我在哲学的科学大道上勇往直前。

一、在哲学迷宫中上下求索

　　我在课外读物中接触到的实际上只是马克思主义哲学。我的哲学启蒙读物是艾思奇的《大众哲学》。作者明确指出，哲学就是本体论、世界观，有正确的哲学和不正确的哲学之分，正确的哲学是真理，唯物论和辩证法就是正确的哲学，等等。这本书通俗易懂，用日常生活中人所共知的事实和浅显的科学道理来阐明它的观点，很有说服力。后来我又读了些苏联哲学家的著作，如米丁等人的《辩证唯物主义和

---

　　* 本文发表于《毛泽东邓小平理论研究》2011 年第 2 期。

历史唯物主义》。所以当时我认为并非任何哲学都是科学，但哲学可以是科学，其基本性质与正在学习的自然科学和社会科学的性质是相同的。

可以说，第一次接触哲学，我就树立了这样的观念：哲学是一门科学，而且由于它探索宇宙的奥秘和人生的真谛，还是最深最高的科学。高中毕业时，我立志终身从事哲学的研究。不过高考时我没有报考哲学专业，而是报考了物理专业，这不是我改变了志愿，而是因为我考虑到科学是哲学的基础，社会科学知识可以通过自学来获取，而自然科学知识的获取较难，需要通过系统学习，于是 1942 年我考入西南联大物理系学习。一年后由于感到手脚太笨，物理实验失败多而成功少，便转到哲学系学习了。在哲学系的学习过程中，我原来已经树立的哲学是一门科学的观点受到强有力的挑战，我陷入深深的迷惘之中。

进入哲学系后学习的课程中有一门叫《哲学概论》。顾名思义，这门课应该像普通物理学或物理学概论这类课一样，讲授些公认的物理学基本理论，但哲学概论的老师给我们讲的是历史上一些具有代表性的哲学流派的观点，因为没有公认的哲学基本理论，只好讲各家流派的基本理论，这使我形成一个观点：哲学就是各种哲学的总和，哲学就是哲学史。

不仅如此，有的哲学家还从理论上否认建立科学的哲学的可能。首先是休谟，他把经验主义推向极端，认为既然一切认识都来自感性经验，因为经验总是个人的、总是暂时的，这样，具有客观性和必然性的原理就不可能了，这不但否定了哲学中具有无限性的普遍原理，连自然科学的规律也被否定了。自然科学教授出身的康德，感到休谟的这种观点连科学都否定了，难以接受，但他认为对形而上学而言，休谟的观点是正确的，并加以论证，指出那些形而上学命题，无论是肯定的还是否定的，都是可以证明的，例如世界在时间上或空间上是有限的，或是无限的；物体是无限可分的，或是由最后不可分的单子构成的；世界的运动有第一因，或完全由因果链条规定，等等。他称之为"二律背反"。他本想经过对传统形而上学的分析批判来建立科学的形而上学，但实际上他的分析只作了"破"的工作，没有把形而上学"立"起来。康德的做法对初入哲学之门的我影响很大，我初步形成的哲学是一门科学的观念慢慢破灭了。

《哲学概论》的授课老师是康德专家郑昕教授，他对康德哲学讲得比较细，使我大开眼界，感到不了解康德的认识论就不认识哲学真面目。由于对康德哲学的信奉，我的研究兴趣逐渐偏向西方哲学，毕业论文以康德的时空观为题，毕业后又成为郑先生指导的研究生。不过，我虽逐渐抛弃了哲学是科学的观点，哲学究竟是不是科学，仍然在我的脑际萦回。我总想从老师那里或参考书里找到答案，但新中国成立前，无论是西南联大，还是北大，哲学系里都没有课程涉及马克思主义哲学或辩证唯物主义的观点，在英文或德文写的哲学史里也不见马克思主义哲学的踪迹。这令我大惑不解。

不过，我的政治倾向却在悄悄变化，在逐渐倾向进步。西南联大的民主气氛使我开始关注国家大事和人民疾苦。1946年夏西南联大解散后，我先回四川老家过暑假，对当时国民党政府的腐败和专制，对老百姓的穷困和痛苦有了亲身的体会。1947年春天我回到北大复学，北平的民主运动使我进一步认识到中国只有推翻国民党的统治，在马克思主义和中国共产党指引下才有前途。这样，我便有更多机会接触进步书刊，还读了一些马克思主义哲学的经典著作，这使我觉得哲学的科学性质不能根本否定。但康德的说法，我觉得也难以反驳。现代西方哲学中的实证主义流派所持的"拒斥形而上学"的观点，不像康德哲学那样复杂，似乎更难以反驳。就是在这种深深的迷惘中我迎来了北平的和平解放和新中国的建立。

二、在哲学的科学之路上徐徐前进

在新中国成立后的北京大学，原被打入地下的马克思主义理论成为全校学生必学的课程，我以研究生身份担任理论课助教的工作，我的专业也开始逐渐从西方哲学转向马克思主义及其哲学。作为马克思主义哲学专业工作者，我重新接受了哲学思想有正确与谬误之分，哲学可以成为科学的观点，但如何论证这个观点，如何反驳自在之物不可知论，在我思想深处仍然是一个没有解决的问题，这就引起了我长达二三十年的思考与探索。应该说，中国革命的胜利使我再度树立了马克思主义哲学是科学的信念，但使这种信念坚定地巩固下来有一个过程。

有一种观点认为，建国后马克思主义及其哲学之所以得到全国的信奉，成为国家思想理论的主流，是因为共产党及其领导的政权尊崇的结果，正如古代董仲舒"罢黜百家，独尊儒术"那样。在我看来，这种观点至少是片面的。马克思主义哲学的崇高地位主要不是由于政治上的原因。马克思主义及其哲学被广大人民群众认为是正确的显然主要是因为共产党所领导的中国革命的胜利是在马克思主义的指导下取得的。这是一种朴素的实践标准，任何一个正常人都具有这种鉴别真伪的方法。一个知识分子当然把问题想得复杂一些。在我看来，这个标准对一般认识已经足够了，对哲学原理的检验似乎不够。我遇到的是两个问题：一是感觉的难题，二是无限的难题。人的认识总要通过感觉，实践也离不开感觉，但感觉都是人的感觉，不是事物本身，怎么能证明感觉的客观性呢？哲学原理的普遍性是无限的，而人的实践总是有限的，怎么能以有限的东西来证明无限的原理呢？前者否定一切认识的客观性，后者否定一切哲学原理的客观性。这些问题是我后来在阅读马克思主义经典著作中逐渐解决的。

马克思在《关于费尔巴哈的提纲》中针对哲学史上的不可知论指出："人的思维是否具有客观的真实性，这不是一个理论的问题，而是一个实践的问题。"紧接着又指出："全部社会生活在本质上是实践的。"这实际是对他提出的实践观点的一种解释，不久，他又和恩格斯在《德意志意识形态》中作了进一步解释。把其中论述综合起来，他们大致谈了如下几点分析：一、今天的地球同人类出现前相比已经大不一样，这种变化的基础就是人类的改造自然的实践活动，特别是工业生产；二、整个人类社会及其一切都是实践的产物；三、一切社会现象，归根到底，都是人类社会在通过实践与自然界相互作用中产生和运动的，呈现出社会意识与社会存在的矛盾运动；四、费尔巴哈由于不理解实践的作用，其唯物主义停留在自然界上面，而让唯心主义统治了历史观。认识是一种社会现象，当然离不开实践，它是在实践基础上产生、运动和发展的，它的客观性来自实践，它的真理性无疑只能由实践来检验。显然，马克思之所以能发现实践标准是由于他有了唯物史观，而不可知论的根源正是唯心史观。

后来恩格斯在《劳动在从猿到人的转变中的作用》中详尽地论述了劳动（首要的实践活动）在从猿到人中的决定性作用，指出"劳动创造了人本身"，也就是说实践创造了人类社会。不久恩格斯在论证因果性的普遍性时进一步指出实践的成功与失败都是对认识的检验。恩格斯在《社会主义从空想到科学的发展·1892年英文版导言》中的一段话似乎是针对我的难题。他说，不可知论"这种论点，看来的确很难只凭论证予以驳倒。但是人们在论证之前，已经先有了行动。'起初是行动'，在人类的才智虚构出这个难题以前，人类的行动早就解决了这个难题。"看来我是钻进了这个虚构的圈套中了。不过，如此处理我仍感到不满意，似乎还缺少一点东西，这点东西我是在列宁的《哲学笔记》中找到的。

上世纪50年代末60年代初，由于教学的需要，我同几位教师共同撰写《〈哲学笔记〉注释》一书。我们的要求是弄清楚其中的每一句话，包括大量的摘要，这推动我们对其中文字狠狠地推敲了一番。先前我阅读列宁的《唯物主义和经验批判主义》时，已经注意到列宁也注意到马克思以前的哲学家如狄德罗、费尔巴哈已感到唯心主义、不可知论的论点难以从理论上驳倒，但唯心主义者、不可知论者的日常生活实践却完全是按照唯物主义可知论的实践标准原则进行的。这可以说是一种自发的实践标准思想，而马克思则是把自发的变成了自觉的实践标准思想。在《哲学笔记》中，列宁注意到黑格尔也有实践标准思想，虽然他是一个彻底的唯心主义者，往往把这种思想隐藏在唯心主义论断之中。列宁在挖掘、改造和阐明实践思想时的一种用语对我颇有启发，那就是他除用"实践"和"认识"、"人的实践"和"人的认识"而外，还用"人类的实践"、人的实践的"亿万次重复"、实践"总和"、认识的"总和"、"认识史"、"真理的总和"等用语。他指出，所谓公理是"人的实践经过亿万次的重复，在人的意识中以逻辑的形式固定下来"。又说："理论观念（认识）和实践的统一……'绝对观念'（而观念 = '客观真理的东西'）是在总和中得出来的。""真理只是在它们的总和中以及在它们的关系中才会实现。"这些论断和用语引导我产生这样的想法：如果以几次或多次实践来检验某一哲学原理，这个原理的无限普遍性还不能确定；如果以实践的总和（所有时代、所有地区、所有领域的所有人的实践）来对这个原理进行直接的和间接的检验，这个原理的无限普遍性虽不能绝对地确定，却可以说是十分接近于确定，这样，应该引进"总和"的概念，实践检验就是实践总和对认识总和的检验；这也就是说，既然自然科学和社会科学的科学性是经受住了实践的检验，哲学（世界观）是自然科学和社会科学的总结，其科学性也是由实践检验了的；也就是说，既然一切正常的个人（包括唯心主义者、不可知论者）在日常生活中都自发地遵循了唯物主义和辩证法原则，运用了实践标准，自觉的辩证唯物主义哲学的科学性应该是可以肯定无疑的。

当然，如此理解的实践检验的确定性仍然不是百分之百的绝对的确定性，但是，无论如何我们不能否定实践检验的高度的确定性，正如列宁所说实践检验有确定性，又有不确定性；人类可以不断接近绝对真理，不能最后完全掌握绝对真理。然而，这些已经足以使我确认和确信马克思主义哲学——辩证唯物主义和历史唯物主义是科学。"文化大革命"期间，马克思主义哲学遭到严重的歪曲，也没有动摇我对它的科学性的认识。从这一认识中引申出研究马哲史的动力。1972 年周恩来批示大学应恢复系统教育，我和几位教师趁机建议建设马克思主义哲学史课程，我们认为马克思主义哲学既然是一门科学，它就有一个从非科学的哲学思想形成一门科学的过程，有一个随着历史而不断发展和创新的过程。这个建议得到了采纳，我们几个教师经过集体研究写成了马哲史初稿，这为后来马哲史课程的开设和进一步研究作了准备。

三、在哲学的科学大道上勇往直前

关于真理的实践标准的讨论和恢复是改革开放的哲学先导。真理的实践标准的观点正是辩证唯物主义的运用，这场讨论也恢复了马克思主义哲学的本来面目，说明马克思主义哲学本身也要通过实践的检验，只有正确理解的马克思主义哲学才能发挥指导实践的作用。因此，改革开放以来，哲学和马克思主义哲学迎来了真正百花齐放、百鸟争鸣的春天。无疑，这也是我的学术的春天。

我30多年来的学术活动首先是马哲史的课程建设，接着是马哲史学科的系统建设和研究，其结果是从 1983 年到 1996 年集体撰写的《马哲史》（八卷）。再次是马哲体系的建设和研究，其结果是从 1985 年到 1994 年集体撰写的《马克思主义哲学原理》。再次是马哲体系的创新和研究，其结果是从 2002 年到 2011 年集体撰写的《马克思主义哲学创新研究》（四部）。与此同时哲学界学术活动空前活跃，特别是马克思主义哲学，几乎它的每一个原理都得到了丰富和发展，也受到了质疑与挑战，引起大大小小的论战。我积极参加了其中的一些研究和争论，如上世纪 80 年代初关于人道主义的讨论、关于主体性的讨论、关于实践和实践唯物主义的讨论，后来关于人学和人权的讨论，关于文化学的讨论，这些讨论既涉及马克思主义哲学理论，又涉及马哲史，这些讨论汇集起来，逐渐形成为关于马克思主义哲学的科学体系的讨论。这些讨论使我大大受益，不但使我获得不少新知，而且使我深受启发，形成了思路，深化了对若干问题的思考。无可讳言，在讨论中也出现了观点的分歧与争论，有些争论是相当激烈的。例如关于人道主义的讨论中，出现了以人道主义历史观取代唯物主义历史观、把科学社会主义人道主义化的倾向；关于马哲的科学体系的讨论中，出现了硬说辩证唯物主义是斯大林的体系、不是马克思的思想，是近代哲学、不是现代哲学，主张以实践唯物主义取代辩证唯物主义的倾向。这些倾向引出了一系列的争论。我是反对这些倾向的。这些争论涉及一些重大的理论问题：马克思主义哲学究竟是不是一门科学？在社会主义运动中发挥了重要的指导作用、经受了革命实践和建设实践反复检验过的马克思主义世界观——辩证唯物主义和历史唯物主义要不要坚持？马克思主义哲学的前景究竟怎样？这些争论和问题使我逐渐领悟了一个道理——时代要求坚持、发展和创新辩证唯物主义和历史唯物主义。我的具体想法是：马克思主义哲学既然是一门科学，它就应该有一个真实、完整、严密的科学体系，这是任何一门自然科学或社会科学必须达到的要求，也应以此来要求马克思主义哲学。上世纪 30 年代初期在苏联形成的辩证唯物主义和历史唯物主义体系基本上是一个科学的哲学体系，但如果按照构建一门学科的科学体系的要求来看，它有不少缺点，应加以完善，而且从它建立以来，人类社会已有了巨大发展，它也应该发展。因此，上世纪 80 年代以来，我作了两方面的努力，一方面写了一系列文章来捍卫、阐明、设想马克思主义哲学的科学体系，另一方面和一些同行在一起从事构建马克思主义哲学体系的实践。

我参加过的构建马克思主义哲学体系的实践有两次。第一次是 1985 年我国八个马克思主义哲学博士点共同承担的科研项目《马克思主义哲学原理体系研究》，这个项目是国家教委"七五"规划重点项目，下一年又被批准为国家"七五"规划重点项目。这个项目的最终成果《马克思主义哲学原理》于 1994 年由中国人民大学出版社出版。这本书提出了一个新的体系，对原体系的缺点有所改进，但由于主要成员之间的基本观点有不少分歧，并未达到构建一个科学体系的目标。但课题组成员在以什么原则作为构建科学体系的最高指导思想的问题上却取得了共识，这个原则是马克思提出来的，即："真正的哲学是时代精神的精华"，按照这个原则，这个体系应以实际材料为依据，不是纯粹思辨的；是开放的，不是封闭的；是与时俱进的，不是凝固不变的。我一直信守这个原则。哲学界关于应用哲学的研究和讨论对我也很有启发。这里所说应用哲学不是指关于如何应用哲学原理的哲学理论，而是指把世界观应用于各个特殊领域而形成的多种多样的哲学，实即部门哲学或分支哲学，如唯物主义历史观就是辩证唯物主义的部门哲学或应用哲学，辩证唯物主义中也包括若干部门哲学，如认识论、辩证方法。这启发我认识到马克思主义哲学体系中应考虑部门哲学问题。科学家钱学森的主张也给了我极大的鼓舞和启发。他晚年提出各种科学和技术形成了一个金字塔式的严密体系，这个体系基本上是三层，基层是基础科学和技术，中层是桥梁，最高层是哲学，即辩证唯物主义。他所说的桥梁是基层与高层的中介，实即部门哲学，如自然辩证法、唯物史观、系统哲学、数学哲学等。这是他的创造，然而完全同马克思主义哲学的根本思想一致，是其在新条件下的进一步发展。西方哲学界中占统治地位的实证主义思潮诚然对中国哲学界关于马哲的争论产生了消极的影响，但当代西方哲学中也不是没有使人感到极大鼓舞的东西，除了还有不少哲学家还在坚持辩证唯物主义或唯物主义而外，现代自然科学的发展如相对论、量子力学、系统论、生命科学等都为马克思主义哲学提供了强有力的论据。苏联社会主义的失败给予苏联马克思主义哲学以强烈的冲击，但也足以说明党的思想路线离开马克思主义哲学是要在实践中招致惨重的失败的。而中国由于端正了党的思想路线，30多年来社会主义现代化建设获得了空前巨大的发展，则从正面验证了马克思主义哲学的科学性。所有这些大大增强了我继续再次着手构建马哲的科学体系的信心和勇气，在新旧世纪之交我进行了第二次构建体系的活动。

　　上世纪末我呼吁按照时代精神的要求来构建当代马哲的科学体系，得到了一些学者的支持。2001年中央党校、中国社科院和北京大学在深圳的党和政府的支持下在深圳联合召开马哲创新的理论研讨会，获得了一定的成功。2002年我申请了国家基金的重点项目《马克思主义哲学创新研究》并获得了通过，后来又得到北京市社科联出版基金的大力支持，这样我又具体开始了哲学体系的当代构建的实践。经过几年的努力和实践，一部同名的包括四本书的专著，即将于今年出版。在实践过程中，我们对于如何构建当代马哲体系达成了一些共识，我把这些共识概括为几条，它们是：

1. 哲学是一门学科（这是国际国内高等教育的共识）；

2. 在人类认识发展的过程中，任何学科迟早都将发展成为一门科学，哲学不会例外；

3. 哲学学科建设的任务就是将哲学建设成为一门科学或推进哲学的科学性；

4. 各门科学都各自有其特异性，但它们作为科学的根本属性是相同的，那就是真实性、完整性、严密性、发展性，即科学性；

5. 四性以思想体系为载体，通过思想体系表现出来；

6. 科学的思想体系有几个条件，它们是：明确的对象、适当的组成部分、真实的内容、合理的原理的顺序、与时代精神的精华相一致；

7. 以这些条件来衡量马克思主义哲学的体系"辩证唯物主义和历史唯物主义"，它基本上是符合这些条件的，但有不符合之处，必须在继承其科学性的基础上，按照构建学科的科学体系的要求来构建当代马克思主义哲学学科的科学体系。

我们按照这条思路来设计课题的最终成果。成果的总名称是《马克思主义哲学创新研究》，分为四部分，前三部分研究哲学创新的时代前提，它们分别是《时代精神与马克思主义哲学创新》、《现代科学技术与马克思主义哲学创新》和《中西哲学的当代研究和马克思主义哲学创新》，第四部是《马克思主义哲学体系的当代构建》。这个体系除了概论论述马哲作为一门科学的基本问题而外，包括一个主体和五个部门哲学，主体是辩证唯物主义世界观，部门哲学是辩证唯物主义历史观、辩证唯物主义人学、辩证唯物主义认识论、辩证唯物主义价值论和辩证唯物主义方法论。我认为马克思主义哲学当代形态的名称以"辩证唯物主义"最为确切，原来的"辩证唯物主义和历史唯物主义"亦可沿用，因为辩证唯物主义是世界观，历史唯物主义是其部门哲学中最主要的，对人类社会的发展、对马克思主义的整个理论也是最重要的，以它来代表部门哲学无疑是最合理的。

我们这一项区区的成果显然还离构成马哲的科学体系的目标甚远，

但愿它是一个良好的开端。在我看来，这个任务不是几十个人用几年时间所能完成的，要真正构建起真实完整严密的马克思主义哲学的科学体系，也许要几代人的艰辛努力，但随着人类社会的发展，随着社会主义事业的发展，随着整个科学事业的发展，这个科学体系终有一天是会出现的。

在《马克思主义哲学创新研究》
出版座谈会上的发言*

　　《马克思主义哲学创新研究》四部经过十年的努力，最近已经由人民出版社出版。承蒙有关领导和专家学者在百忙中挤出时间参加这个出版座谈会，我代表全体 48 位作者对大家表示崇高的敬意和衷心的感谢！作为这个项目的主持人，抚今思昔，不禁思绪万千，百感交集！

　　我不敢说这套书有多么重大的学术价值，但从我个人的一生学术活动来看，它是我多年理想的初步实现，是我整个生命途程中的一个里程碑。

　　当年在大学哲学系学习时，我也认为哲学就是各个哲学家的哲学，哲学家都要自成一家，成为一个门派，体系越大，门派的信奉者越多，就是越高明的哲学家。后来学习了马克思主义哲学，观念改变了，知道马克思主义哲学不仅是一家之言，一个门派，而且是一门科学，它同其他科学一样，要接受实践的检验，创立人的论断并不是金科玉律，哲学原理还应该与时俱进，随时代的发展而有所变化，等等。因此，

---

*　本文写于 2011 年 8 月 26 日夜。

马哲不是一个人或几个人的事业，而是集体的事业。大家知道，在改革开放以前，这些原则并没有足够的条件可以在哲学研究中贯彻，尤其是在教条主义盛行的时候更谈不上彻底贯彻这些原则。

　　改革开放展开了科学研究的春天，哲学研究和马克思主义哲学的研究大大活跃起来，学术上的争论也十分活跃。我非常关注而且积极投身到这种活跃的学术活动中去。在这种学术活动中，我一方面同我认为的不正确的观点争论，另一方面我深深感觉必须从正面建设和发展马克思主义哲学科学体系，才能使马克思主义哲学真正作为一门科学建立起来，才能真正驳倒错误观点，才能使马哲真正为人们所信服。上世纪 80 年代初就开始了关于马克思主义哲学是不是辩证唯物主义和历史唯物主义的争论，这场争论延续至今，后来集中到辩证唯物主义是不是马克思的哲学这个问题上。我认为辩证唯物主义是推不翻的，因为它的建立不仅有几千年人类优秀文化传统，特别是传统哲学中的科学因素作为自己的思想资源，而且有作为人类实践经验总结和概括的自然科学和社会科学作为基础，又经受住了 100 多年来世界和中国的革命和建设实践的检验。有人说，苏联社会主义失败是由于以辩证唯物主义为指导，辩证唯物主义也是中国"文化大革命"的指导思想。然而，事实却是刚刚相反，苏联的失败恰恰是由于放弃了辩证唯物主义而举起了人道的民主的社会主义的旗帜；中国"文化大革命"中则是唯心主义横行，形而上学猖獗。我一直认为马克思主义哲学建设不能摒弃辩证唯物主义和历史唯物主义体系而另辟蹊径，只能按照建设科学的思想体系的要求来分析和评价它的是非曲直，根据时代发展来改进它，使它更加完整、更加真实、更加严密。这样，我心中形成了两个概念，一是马克思主义哲学的科学性质，一是真正的哲学是时代精神的精华。大致是上世纪 80 年代中期我就开始了实现它的努力。

　　在这 30 年的前 20 年，我的主要时间和精力花费在马哲史的教学和研究上，最近这 10 年我把时间和精力转移到马哲体系的建设上来。当然，马哲史的发展经历也大大启发了我对哲学体系的思考，同时我对马哲体系的许多具体问题也在不断地研究，同时我也深知我个人无法也无力单独完成哲学体系的建设工作。因此，2001 年我开始同一些观点相同的学者共同启动了这项研究。同年，中央党校、中国社科院、北京大学同深圳市合作，于纪念建党 80 周年之际，召开了马克思主义哲学的理论研讨会，会议的主题是《中国共产党与马克思主义哲学创新》，今天在座的杨春贵、赵凤岐、庞之正、陈志尚、丰子义等同志都参加了，我在会上摘要宣读了我的论文《辩证唯物主义体系的可变性与不变性》。第二年我主持申请了全国重点项目《马克思主义哲学体系的坚持、发展与创新研究》，被批准立项。2004 年又得到北京市社科联出版基金的大力支持，今年完成最终成果，并由人民出版社正式出版，也就是同志们手里的这四部书。由于在座的都已在会前看到这四部书，我就不重复介绍了。

我之所以啰里啰嗦谈了这几十年来的思想过程，不外是想说明几点：（1）马哲是一门科学；（2）马哲必须随时代的发展而不断发展；（3）马哲的创新不是根本推翻辩证唯物主义体系，而是在分析和评价它的是非曲直的基础上按照构建科学体系的原则，吸收时代精神、科学技术、哲学研究所提供的丰富的营养，使之更加完整、更加真实、更加严密；（4）马哲的创新绝不是一个人或几个人的事业，而是集体的事业，必须组成强有力的学术团队，发挥集体智慧和力量，共同来完成。

现在应该问一问，现在这个成果是否实现了我们原来的设想呢？我只能说我们主观上是尽力了，但究竟是不是实现了，或者在多少程度上实现了，我很难作出明确的回答，而且我可以肯定地说，有很多地方没有实现，并不令人满意。我希望同志们多提批评意见，我们将作进一步努力。

无论如何，这部著作是我们 48 位作者共同努力的结果。作为主持人，我要借此机会表示我衷心的感谢。首先，我要感谢国家社科基金批准申请、北京市社科联给予大力支持、教育部社科中心和北大哲学系的指导和帮助；其次，我要感谢作者们为了马哲的创新事业，大家团结一致，辛勤劳动，写出了高质量的篇章；第三，我要感谢人民出版社的领导和编辑们，为高质量地出版这部著作而付出的辛劳；最后我还感谢一些同志为项目的进行、成果的出版、会议的召开贡献了大量义务劳动，这些默默奉献的人里面有作者也有我的家人。让我对这些同志表示崇高的敬意和衷心的感谢！

　　我们没有举办会议的经验，出了不少纰漏，希望同志们谅解。

　　最后让我再次对莅临这次座谈会的各方面领导、专家学者们表示真诚的感谢！

诗 词 篇

本部分诗词时间跨度 50 多年，系黄枬森在不同时期所作，其夫人刘苏于 89 岁高龄以钢笔行书亲笔抄录。

除夕

去年除夕時　圍爐談且笑

對坐聽鐘聲　來把新年報

今年除夕時　我在通州道

異地去年人　赤心兩相照

一九六四年十二月三十一日

除 夕

1964 年 12 月 31 日

去年除夕时，围炉谈且笑。
对坐听钟声，来把新年报。
今年除夕时，我在通州道。
异地去年人，赤心两相照。

望月

君见月光明
我见月光明
见月不见人
君心似我心

一九六五年一月十三日

望　月

1965 年 1 月 13 日

君见月光明，我见月光明。
见月不见人，君心似我心。

一九八一年十一月八日随周林访问委内瑞拉时
到卡赖马国家公园休息得诗三首

（一）

扶摇八千尺，鸟瞰热带林

眼尽连天碧，山无半点尘

游卡赖马国家公园（三首）

1981 年 11 月 8 日随周林访问委内瑞拉时到卡赖马国家公园休息得诗三首

（一）

扶摇八千尺，鸟瞰热带林。

眼尽连天碧，山无半点尘。

（二）

谁将一湖水，倾入卡赖马？
水击浓雾飞，日照彩虹舞。
轰隆霹雳喧，翻腾波涛涌。
愿借天上泉，洗我尘与土。

（三）

我乘波音机，扶摇三万米。
俯瞰热带林，宛然碧波海。
山无世俗尘，湖多清凉水。
远离车马喧，重回荒野里。

一九八四年三月二十一日至四月十一日於無錫市委黨校內

修改《大百科全書·馬哲史》詞條，小住二十天．

太湖之濱

茫茫碧水憑魚躍，處處青山任鳥飛．

波細細，柳依依，湖光山色不思歸

1984 年 3 月 21 日至 4 月 11 日于无锡市委党校内修改《大百科全书马哲史》词条小住 20 天。

太湖之滨

茫茫碧水凭鱼跃，处处青山任鸟飞。

波细细，柳依依，湖光山色不思归。

住党校

负山抱水傍鼋头　山色湖光眼底收

日日观湖观不足　心中美景再遨游

鼋头渚

湖中百余山　湖边七二丘

太湖佳绝处　毕竟在鼋头

住党校

负山抱水傍鼋头，山色湖光眼底收。
日日观湖观不足，心中美景再遨游。

鼋头渚

湖中百余山，湖边七二丘。
太湖佳绝处，毕竟在鼋头。

一九八四年四月五日赴宜興參觀

汽車上得詩數首，錄如下：

（一）

在無錫市委黨校審查和修改
大百科馬哲史條目約一百條

春如三月綠江南錦繡梅花映柳煙

湖山遠隔塵囂事件就雄文壹百篇

赴宜兴参观（五首）

1984 年 4 月 5 日赴宜兴参观车上得诗数首如下：

（一）

在无锡市委党校审查和修改大百科马哲史条目约一百条

春风三月绿江南，锦绣梅花映柳烟。

湖山远隔尘嚣事，草就雄文一百篇。

（二）

党校在鼋头渚附近，校领导关怀备至。

巨鼋饮水太湖滨，游客乘鼋试水温。
莫道春迟湖水冷，自有融融待客心。

（三）

湖中有三小岛，名三山。

鼋头渚外有三山，山漾轻云碧水间。
花拂尘心柳拂面，凡夫俗子也成仙。

（四）

苏州寒山寺

神稀庙小古桥坍，万里游人尽兴看。
借问游人何所喜，诗人绝句唱寒山。

（五）

苏州春游

寒山寺畔姑苏城，越女吴姬胜锦云。
试问枫桥夜泊客，而今可已去愁心？

一九八四年八月一日在青岛浴场

七绝一首

十里洋滨作浴场

黄沙耀眼海风香

一阵涛声一阵笑

波飘万点紫红装

青岛浴场七绝（一首）

1984 年 8 月 1 日在青岛浴场

十里洋滨作浴场，黄沙耀眼海风香。
一阵涛声一阵笑，波飘万点紫红装。

一九八五年三月三十一日至四月九日海南岛之行

乘汽车徒广州—三亚—广州，一诗总结此行

征途何处是天涯，海岛南端石与沙

奔驰辛苦四千里，款待殷勤十几家

椰林细辩精微理，海角争看宝石花

论说功成增见识，刘公妙计众人夸

海南广东行（二首）

1985 月 3 月 31 日至 4 月 9 日

海南岛之行，乘汽车从广州—三亚—广州，一诗总结此行

征途何处是天涯？海岛南端石与沙。

奔驰辛苦四千里，款待殷勤十几家。

椰林细辩精微理，海角争看宝石花。

论说功成增见识，刘公妙计众人夸。

途經凌水，得觀群猴就食

群猴深匿海南灣，千呼萬喚始下山

枝頭跳躍如飛鳥，地上蹒跚似醉仙

本是修行在左山，偶然游戲到人間

政府若非行保護，群猴哪得樂天然

途径凌水，得观群猴就食

群猴深匿海南湾，千呼万唤始下山。
枝头跳跃如飞鸟，地上蹒跚似醉仙。
本是修行在山峦，偶然游戏到人间。
政府若非行保护，群猴哪得乐天然？

一九八五年五月五日游東坡赤壁，有一詩不知所云，
二零一零年五月二日改寫如下：

此壁原非古戰場　東坡獻賦美名揚

人傑地靈相輝映　今日無人論短長

當日又游西山吳宮（武漢長江上游東坡赤壁附近）有詩：

夕發海南島　今游吳王宮

江山留勝蹟　大道沐春風

游东坡赤壁

1985 年 5 月 5 日

游东坡赤壁，有一诗不知所云，2010 年 5 月 2 日改写如下：

此壁原非古战场，东坡献赋美名扬。

人杰地灵相辉映，今日无人论短长。

游西山吴宫

当日又游西山吴宫（武汉长江上游东坡赤壁附近）有诗：

夕发海南岛，今游吴王宫。

江山留胜迹，大道沐春风。

一九八六年十一月廿一日至廿六日在福建崇安討論

馬哲史多卷本第四卷細綱，順道西游武夷山，於

回京長途汽車中得詩數首，錄之如下：

（一）玉女峰與大王峰

玉女臨溪理晨妝，情思脈脈意茫茫。

可憐天上神仙女，下嫁人間偉大王

游武夷山（四首）

1986 年 11 月 21 日至 26 日

在福建崇安讨论马哲史多卷本第四卷细纲，顺道西游武夷山，于
回京长途汽车中得诗数首，录之如下：

（一）玉女峰与大王峰

玉女临溪理晨妆，情思脉脉意茫茫。
可怜天上神仙女，下嫁人间伟大王。

（二）小桃源

洞裏疑無路　洞尽別有天

田舍依然在　世外小桃園

（三）一线天

石破天驚一綫天　靈巖洞裏天風来

攀岩附壁通天上　人間美景此奇哉

（二）小桃园

洞里疑无路，洞尽别有天。
田舍依然在，世外小桃园。

（三）一线天

石破天惊一线天，灵岩洞里天风来。
攀岩附壁通天上，人间美景此奇哉！

（四）天游峰

九曲溪边三六丘，最佳妙处是天游。
琼楼玉宇跟前起，绿水青山眼底收。
神工鬼斧仙人掌，天造地设大王头。
安得清闲三五月，武夷山里任停留。

（四）天游峰

九曲溪边三六丘，最佳妙处是天游。
琼楼玉宇跟前起，绿水青山眼底收。
神工鬼斧仙人掌，天造地设大王头。
安得清闲三五月，武夷山里任停留。

一九八七年九月廿九日自莫斯科乘火车回国，十月三日行至贝加尔湖濱，有感：

六日长驱两万里　异国风光异样情

莽原历劫仍沉睡　桦树遮天竟直生

温都沙碛埋奸骨　贝湖清水洗忠魂

国门在望无限意　万紫千红总是春

途经贝加尔湖有感

1987 年 9 月 29 日

自莫斯科乘火车回国，10 月 3 日行至贝加尔湖滨，有感：

六日长驱两万里，异国风光异样情。

莽原历劫仍沉睡，桦树遮天竟直生。

温都沙碛埋奸骨，贝湖清水洗忠魂。

国门在望无限意，万紫千红总是春。

一九八七年十月四日深夜抵二连

过境后吃了第一顿中餐。

行行复行行 六日抵国门

故国山河美 海检情意亲

喜食青椒肉 饱餐白米糕

飞电报小女 来接远归人

访苏归来抵二连

1987 年 10 月 4 日

深夜抵二连，过境后吃了第一顿中餐。

行行复行行，六日抵国门。

故国山河美，海检情意亲。

喜食青椒肉，饱餐白米精。

飞电报小女，来接远归人。

一九八九年六月廿八日

谒杨妃墓有感：

从来女子最蒙冤

不罪君王罪玉環

玄宗苟活杨妃死

至今人嘆馬嵬山

谒杨妃墓

1989 年 6 月 28 日

谒杨妃墓有感：

从来女子最蒙冤，不罪君王罪玉环。
玄宗苟活杨妃死，至今人叹马嵬山。

一九零年十月廿五日参加在廣安召開的鄧小平思想理論研討會我於五十五年前曾就讀於廣安小學半年，舊地重游，感奮不已，草此數語以誌不忘。

五十年前舊地　今朝錦繡山河

翠屏山上聚英豪　巨著宏文研討

小平光輝思想　照亮建設途程

理論實踐兩相交　萬代紅旗不倒

旧地重游（广安）

1990 年 10 月 25 日

　　参加在广安召开的邓小平思想理论研讨会，我于 55 年前曾就读于广安小学半年，旧地重游，感奋不已，草就数语以志不忘。

　　五十年前旧地，今朝锦绣山河。

　　翠屏山上聚英豪，巨著宏文研讨。

　　小平光辉思想，照亮建设途程。

　　理论实践两相交，万代红旗不倒。

船經巫峽與諸公（注）尋神女峰

一九九二年十月三十一日

久聞巫峽有神仙

我欲見之阻高山

千迴百轉才露面

一瞬即逝心茫然

（注）諸公：陳志尚、趙光武、張巨青等

船经巫峡寻神女峰

1992 年 10 月 31 日

船经巫峡与诸公（陈志尚、赵光武、张巨青等）寻神女峰

久闻巫峡有神仙，我欲见之阻高山。

千回百转才露面，一瞬即逝心茫然。

一九九三年八月六日中午火車穿過大巴山時所見：

巍巍大巴山　高聳入雲端

千流穿萬壑　綠樹映清泉

群山有鐵軌　百里無人煙

長龍騰綠海　何愁蜀道難

附：前四句寫於一九九三年八月六日

後四句續寫於一九九七年十月十日

穿越大巴山

1993 年 8 月 6 日

中午火车穿过大巴山时所见：

巍巍大巴山，高耸入云端。

千流穿万壑，绿树映清泉。

群山有铁轨，百里无人烟。

长龙腾绿海，何愁蜀道难！

附：前四句写于 1993 年 8 月 6 日，后四句续写于 1997 年 10 月 10 日。

一九九四年六月廿九日游覽五大連池得詩二首：

（一）

昔日此大荒　今朝米糧倉

麦菽田畴闊　蜿蜒路樹長

蔚藍天幕遠　烏黑土泥香

更喜人情美　殷勤照應忙

游五大连池（二首）

1994 年 6 月 29 日

游览五大连池得诗二首：

（一）

昔日北大荒，今朝米粮仓。

麦菽田畴阔，蜿蜒路树长。

蔚蓝天幕远，乌黑土泥香。

更喜人情美，殷勤照应忙。

（二）

白龙洞里凝冰雪，矿泉水冷心里甜
石海奔流今尚在，环山高耸任登攀
熊熊烈焰冲天起，滚滚熔岩激浪翻
二百七十五年前，晴空霹雳地喷烟

（二）

二百七十五年前，晴空霹雳地喷烟。
熊熊烈焰冲天起，滚滚熔岩激浪翻。
石海奔流今尚在，环山高耸任登攀。
白龙洞里凝冰雪，矿泉水冷心里甜。

一九九四年八月十二日游览长白山天池

巍巍长白山　清清天池水

山高可接天　水深不测底

瀑布飞流泉　温汤腾热气

一身世俗尘　半日都尽洗

（一）

游长白山天池（二首）

1994 年 8 月 12 日

游览长白山天池

（一）

巍巍长白山，清清天池水。

山高可接天，水深不测底。

瀑布飞流泉，温汤腾热气。

一身世俗尘，半日都尽洗。

（二）

闻昔长白山，山高多云雾。
可惜俏天池，难窥真面目。
今日忽放晴，山湖均袒露。
天晴究为何？主人殷勤故。

一九九五年六月廿四日 離休時總結一生工作，得七律一首：

人生滿百又何爲　苦辣酸甜我自知

書山跋涉分真假　哲海浮沉辯是非

中聖西賢徒古奧　馬恩列毛得精微

終身探索全無悔　宇宙人生兩有之

离休总结一生工作

1995 年 6 月 24 日

离休时总结一生工作，得七律一首：

人生满百又何为？苦辣酸甜我自知。

书山跋涉分真假，哲海浮沉辩是非。

中圣西贤徒古奥，马恩列毛得精微。

终身探索全无悔，宇宙人生两有之。

一九九五年八月三十一日惊闻挚友刘克果病逝：

初闻朋辈成新鬼，不禁涕泪满襟裳

再闻朋辈成新鬼，昂首望天心暗伤

三闻朋辈成新鬼，庭前踟蹰意彷徨

多闻朋辈成新鬼，始知生死本平常

人生满百终须死，莫把时光论短长

历史长河难阻挡，但求无悔活一场

挚友病逝有感

1995 年 8 月 31 日

惊闻挚友刘克果病逝：

初闻朋辈成新鬼，不禁涕泪满襟裳。
再闻朋辈成新鬼，昂首望天心暗伤。
三闻朋辈成新鬼，庭前踟蹰意彷徨。
多闻朋辈成新鬼，始知生死本平常。
人生满百终须死，莫把时光论短长。
历史长河难阻挡，但求无悔活一场。

一九九六年九月廿六日参加《光明日报》社
於釣魚臺舉辦中秋晚會題詞留念 劉蘇書

明月出東方　清輝灑碧蒼

環球五十億　共浴明月光

一九九七年二月十一日偶得一打油詩
並非罵人，亦自嘲也。

千古文章一大抄　看你會抄不會抄

抄得不好名聲壞　抄得好來稿費高

钓鱼台中秋晚会

1996 年 9 月 26 日

参加《光明日报》社于钓鱼台举办中秋晚会题词留念。刘苏书

明月出东方，清辉撒碧苍。
环球五十亿，共浴明月光。

打油诗

1997 年 2 月 11 日

偶得一打油诗并非骂人，亦自嘲也。

千古文章一大抄，看你会抄不会抄。
抄得不好名声坏，抄得好来稿费高。

一九九七年四月廿二日夜宿華西村南苑賓館夢醒記事：

夜夢少年事　兩情無盡時

輾轉不能寐　徹夜苦相思

一九九七年十一月八日見美國公路汽車之多，有感：

問君何事急急　風馳電掣路途中

不是行人生性急　生活節奏快如風

梦醒记事

1997 年 4 月 22 日

夜宿华西村南苑宾馆梦醒记事：

夜梦少年事，两情无尽时。

辗转不能寐，彻夜苦相思。

美国公路有感

1997 年 11 月 8 日

见美国公路汽车之多，有感：

问君何事急匆匆？风驰电掣路途中。

不是行人生性急，生活节奏快如风。

二零零年三月一日為程道德教授主編
《二十世紀北京大學著名學者手蹟》題詞:

天下為公　世界大同

干戈止息　四海弟兄

安居敬業　其樂融融

綠色大地　鬱鬱蔥蔥

科技發達　人壽年豐

精神高尚　禮讓成風

幾千年的理想　全人類之所憧

为《二十世纪北京大学著名学者手迹》题词

2000 年 3 月 1 日

为程道德教授主编《二十世纪北京大学著名学者手迹》题词：

天下为公，世界大同。

干戈止息，四海弟兄。

安居敬业，其乐融融。

绿色大地，郁郁葱葱。

科技发达，人寿年丰。

精神高尚，礼让成风。

几千年的理想，全人类之所憧。

二零零零年十月廿二日在校友會上會見

老友余家文、李榮深，言及許多老友已故，有感：

樹葉一片一片地黃落了

嫩芽一根一根地抽條成長了

一棵常青樹巍然挺立

生長為枝繁葉茂的參天大樹了

何必悵惘於一片葉的飄落呢？

校友会有感

2000 年 10 月 22 日

在校友会上会见老友全家文。李荣深言及许多老友已故，有感：

树叶一片一片地枯黄飘落了，

嫩芽一根一根地抽条成长了。

一棵长青树巍然挺立，

成长为枝繁叶茂的参天大树。

何必怅惘于一片叶的飘落呢？

二零零二年十月十四日游洱海：

久闻点苍山 未见洱海水

今日洱海游 山水果然美

山立似屏风 水依山成海

山水两相依 人间亦如此

游洱海

2002 年 10 月 14 日

久闻点苍山，未见洱海水。

今日洱海游，山水果然美。

山立似屏风，水依山成海。

山水两相依，人间亦如此。

中途下虎跳涧：

二零零二年十月十五日乘车从丽江去香格里拉，

巨石阻金沙　水激如雷吼

老翁不畏难　探幽往下走

悬崖百丈余　拾级可到底

梯尽见金沙　巨石江中立

猛虎发雄威　再跳过江去

不见此奇景　犹觉虎生气

游虎跳峡

2002 年 10 月 15 日

乘车从漓江去香格里拉，中途下虎跳涧：

巨石阻金沙，水激如雷吼。

老翁不畏难，探幽往下走。

悬崖百丈余，拾级可到底。

梯尽见金沙，巨石江中立。

猛虎发雄威，再跳过江去。

不见此奇景，犹觉虎生气。

二零零二年十月十六日冒雨從麗江出發去毛牛坪看玉龍雪山，雲遮霧罩，未睹真容，十七日出發去香格里拉，途中得見玉龍山一眼：

雪山高聳在天邊，萬里赴滇拜尊顏。
重霧濃雲深閉鎖，誠心實意竟無緣。
心沉意懟往北發，霧散雲開忽見天。
銀光閃閃玉龍顯，歡呼雀躍似少年。
凡事強求常不遂，因勢利導得機先。

游玉龙雪山

2002 年 10 月 16 日

冒雨从丽江出发去毛牛坪看玉龙雪山，云遮雾罩，未堵阵容，十七日出发去香格里拉，途中得见玉龙山一眼：

雪山高耸在天边，万里赴滇拜尊颜。

重雾浓云深闭锁，诚心实意竟无缘。

心沉意怼往北发，雾散云开忽见天。

银光闪闪玉龙显，欢呼雀跃似少年。

凡事强求常不遂，因势利导得机先。

二零零六年農曆正月初三於北京大學未名湖畔賦詩

慶賀大侄力生壽誕

我家難有八十齡

而今君是第二人

國添興旺人添壽

且看君逾壹百春

2006 年农历正月初三
北京大学未名湖畔赋诗

庆贺大侄力生寿诞

我家难有八十龄，而今君是第二人。
国添兴旺人添寿，且看君逾一百春。

二零零七年四月游景山公园，牡丹盛开有感：

寂寞当年富贵花
可怜深锁帝王家
忠诚被逐离宫阙
遂使芳踪遍中华

景山赏牡丹有感

2007 年 4 月

游景山公园，牡丹盛开，有感：

寂寞当年富贵花，可怜深锁帝王家。
忠诚被逐离宫阙，遂使芳踪遍中华。

二零零七年七月五日於北大朗潤園《成語集錦》
劉蘇八十大慶將至戲綴四言成語十韻以表衷曲：

花容月貌　光彩照人　錦心繡口　冰雪聰明

溫良恭儉　文質彬彬　多才多藝　能書能文

盡職盡責　敬業樂群　敬老愛幼　親仁善鄰

多病善感　和藹可親　結褵五七　情深愛真

相濡以沫　刻骨銘心　與子偕老　足慰平生

四言成语十韵

2007 年 7 月 5 日

于北大朗润园《成语集锦》，刘苏八十大庆将至，戏缀四言成语十韵，以表衷曲：

花容月貌，光彩照人，锦心绣口，冰雪聪明。

温良恭俭，文质彬彬。多才多艺，能书能文。

尽职尽责，敬业乐群。敬老爱幼，亲仁善邻。

多病善感，和蔼可亲。结褵五七，情深爱真。

相濡以沫，刻骨铭心。与子偕老，足慰平生。

二零零七年八月一日於北京大學朗潤園

劉蘇八十大慶枬森獻詩

我與劉蘇相逢於戰火包圍之北平已六十年矣，六十年来相响以濕，相濡以沫，甘苦與共，休戚相依，無論順逆，從無嫌隙，八十大慶將至，沉思十餘日，得一律詩以獻：

二十離家革命追，不知艱苦不知危。

飽暖飢寒皆不顧，生来死往幾多回。

狂風起處遭摧折，暴雨来時欲躲遲。

且喜高齡臻八十，一生苦樂有人知。

刘苏八十大庆献诗

2007 年 8 月 1 日于北京大学朗润园

刘苏八十大庆枬森献诗

我与刘苏相逢于战火包围之北平已六十年矣，六十年来相响以湿，相濡以沫，甘苦与共，休戚相依，无论顺逆，从无嫌隙，八十大庆将至，沉思十余日，得一律诗以献：

二十离家革命追，不知艰苦不知危。

饱暖饥寒皆不顾，生来死往几多回。

狂风起处遭摧折，暴雨来时欲躲迟。

且喜高龄臻八十，一生苦乐有人知。

遇到武藏这句……
有感于得出绝对与相对之理，
读刘苏八十岁生日将至文章，
刘苏八月十二日……
二零零七年八月十三日

关于绝对与相对论的文章

《年龄的绝对与相对》

我们初次相逢时，你二十岁，我三十六岁
我比你大六岁

六十年后的今天，你八十岁，我八十六岁
我仍比你大六岁

可见绝对地说，我们都老了之
但是相对地说，你们仍然那么年轻

这不是诡辩，这是事实，因为至我眼前
疾驰而行，使得你至今仍然和身影

至今分分日中，你永远年轻！

附注

林归来，为林之祝寿对林恭敬语作祝发挥——
我们相逢时，你二十岁，我三十六岁，我比你大百分之二十五，
现在你八十岁，我八十六岁，我们相差只有百分之五，我们
更接近了。

二零零七年八月初日

2007 年 8 月 12 日

刘苏八十岁生日将至，又逢近日关于《两论》的文章，谈到绝对与相对之理，于是得此数句：

年龄的绝对与相对

我们初次相逢时，
你二十岁我二十六岁，
我比你大六岁。
六十年后的今天，
你八十岁我八十六岁，
我仍比你大六岁。
可以绝对地说，
我们都变老了。
但是相对地说，
仍然那么年轻。
这不是诡辩这是事实，
因为在我眼前晃动的，
仍然是你年轻的
容颜和身影。
在我心目中，
你永远年轻。

附注：枏森的同班好友、刘苏的长兄王蜀龙从美国归来，为妹妹祝寿，对枏森数语作此发挥——

2007 年 8 月 22 日

我们相逢时，你二十岁，我二十六岁，
我比你大百分之二十五；
现在你八十岁，我八十六岁，
我们相差只有百分之五，我们更接近了。

卿希泰教授八十华诞聊以数语略表敬佩祝贺之意

道教出中华，绵延两千载。典籍富且深，惜无传承史。
国家下召唤，卿公拍案起。福州膺重任，同行有诸子。
背靠青城山，直面向寰宇。孜孜十二年，煌煌四大卷。
字字皆珠玑，洋洋二百万。荣获基金奖，道俗齐声赞。
著述等身高，桃李天下遍。道德与文章，学界同声羡。
痛饮三百杯，为公寿华诞。

二零零八年元旦

祝贺卿希泰教授八十华诞

2008 年元旦

卿希泰教授八十华诞，聊以数语表敬佩祝贺之意

道教出中华，绵延两千载。典籍富且深，惜无传承史。
国家下召唤，卿公拍案起。福州膺重任，同行有诸子。
背靠青城山，直面向寰宇。孜孜十二年，煌煌四大卷。
字字皆珠玑，洋洋二百万。荣获基金奖，道俗齐声赞。
著述等身高，桃李天下遍。道德与文章，学界同声羡。
痛饮三百杯，为公寿华诞。

前幾日未名湖尚被一層薄冰封得嚴嚴實實，今晨去郵局，則半湖春水矣，不禁詩興大發，口占二句，可惜詩才已盡，下續無詞只得作罷。

春風送暖氣轉溫
半湖春水半湖冰

並非才盡，而是他著述任務重，一時精力不支而已，我讀此詩句，他一生都在燕園中未停前行的身影浮現眼前，禁不住狗尾續貂：

柳絲拂面迎春笑
湖光塔影伴我行

劉蘇於二零一五年四月七日

春到未名湖

2009 年 3 月 4 日

前几日未名湖尚被一层薄冰封得严严实实，今晨去邮局，则半湖春水矣，不禁诗兴大发，口占两句，可惜诗才已尽，下续无词，只得作罢：

春风送暖气转温，
半湖春水半湖冰。

2015 年 4 月 17 日

附注：并非才尽，而是他著述任务重，一时精力不支而已，我读此诗句，他一生都在燕园中不停前行的身影浮现眼前，禁不住狗尾续貂：

柳丝拂面迎春笑，
湖光塔影伴我行。

刘苏于二零一五年四月七日

二零零九年八月十七日赵存生同志

逝世周年悼念

风前蜡烛惜残生

早逝英年哭赵君

人间多少倒颠事

白头人送黑头人

悼念赵存生

2009 年 8 月 17 日

赵存生同志逝世周年悼念

风前蜡烛惜残生，早逝英年哭赵君。

人间多少倒颠事，白头人送黑头人。

坡坡坎坎夺九龄　即将名列百年人

庸庸一世无高志　点滴辛劳助马恩

二零一零年元旦

人生不满百　勿怀千岁忧

昼短喜夜长　高枕梦中游

二零一零年三月一日

元　旦

2010 年元旦

坡坡坎坎夺九龄，即将名列百年人。
庸庸一世无高志，点滴辛劳助马恩。

随　感

2010 年 3 月 1 日

人生不满百，勿怀千岁忧。
昼短喜夜长，高枕梦中游。

二零一零年四月中旬校园内勿忘我花盛开得句：

燕园多情声声唤　漫山遍野勿忘我

小草小花竞自由　忽视弱小成大错

二零一零年五月九日未名湖北朗润园玉兰牡丹花坛内
玉兰早已开遍，牡丹已将凋谢，不禁有感：

往年名花次第开　推车绕圃共徘徊

今年多病难出户　怅惘无端塞满怀

（注）推轮椅与刘苏游园赏花
以代锻炼和休息

校园盛开"勿忘我"

2010 年 4 月中旬

校园内勿忘我花盛开得句：

燕园多情声声唤，漫山遍野勿忘我。

小草小花竞自由，忽视弱小成大错。

叹朗润园花坛

2010 年 5 月 9 日

未名湖畔北朗润园玉兰牡丹花坛内，玉兰早已开遍，牡丹已将凋
谢，不禁有感：

往年名花次第开，推车绕圃共徘徊。

今年多病难出户，怅惘无端塞满怀。

注：推轮椅与刘苏游园赏花以代锻炼和休息

「为天地立心，为生民立命，为往聖繼絕學，为萬世
開太平」此四句自馮友蘭贊美引用後風行全國至
今被視為至理名言成為學術界最高抱負然而
細思之，頗有唯心主義抽象主義之嫌，然其中所涉及
的四個方面可作參考而今觀之，可提作以下四句：

探尋宇宙奧秘
挖掘人生真義
發揚傳統精華
追求人類解放

二零一零年五月一日

学术界最高抱负

2010 年 5 月 1 日

"为天地立志，为生民立命，为往圣继绝学，为万世开太平。"此四句自冯友兰赞美饮引用后，风行全国，至今被视为至理名言，成为学术界最高抱负，然而细思之，颇具唯心主义抽象主义之嫌，然其中所涉及的四个方面可作参考，而今观之，可提作以下四句：

探寻宇宙奥秘，挖掘人生真义。

发扬传统精华，追求人类解放。

二零一零年五月四日晨有感

人生不满百　何来仇恨心

四海皆兄弟　何况本姻亲

君不见

融融两姐妹　亲情日益深

同行又同出　喁喁话不停

但能开新景　往事何必论

晨有感

2010 年 5 月 4 日

人生不满百，何来仇恨心？

四海皆兄弟，何况本姻亲?!

君不见，

融融两姐妹，亲情日益深。

同行又同出，喁喁话不停。

但能开新景，往事何必论?!

二零一零年十月十四日人民大學為陳先達教授

祝賀八十華誕寫小詩以表祝賀

話語鏗鏘意蘊真　先生風采早驚人

而今耄耋鋒尤健　入木三分析理深

（附）：二零一零年十月廿二日陳先達教授《答黃老師》：

五十年前是老師　五十年後情更深

非是荷戟獨彷徨　一個戰壕兩老兵

祝贺陈先达教授八十华诞

2010 年 10 月 14 日

人民大学为陈先达教授祝贺八十华诞写小诗以表祝贺

话语铿锵意蕴真，先生风采早惊人。

而今耄耋锋尤健，入木三分析理深。

附：2001 年 10 月 22 日陈先达教授《答黄老师》：

五十年前是老师，五十年后情更深。

非是荷戟独彷徨，一个战壕两老兵。

二零一零年十月十六日频频回国圆圆探亲不及一月，又匆匆别去。临行前在渝乡人家餐馆以「江团」為之餞行，即興作此數語：

二女遠遊歸　匆匆又別去

遠遊何其長　離去何其急

聊托家鄉魚　寄我團圓意

不如早還家　盤桓多幾日

（注）江團魚產自四川沱江，飛運来京.

为二女儿饯行

2010 年 10 月 16 日

频频回国探亲不及一月，又匆匆别去。临行前在渝乡人家餐馆以"江团"为之饯行，即兴作此数语：

二女远游归，匆匆又别去。

远游何其长，离去何其急！

聊托家乡鱼，寄我团圆意。

不如早还家，盘桓多几日。

注：江团鱼产自四川沱江，飞运来京。

二零一零年十二月八日為李公天老友

九十華誕之日，以短詩一首志賀

九十高龄不老翁

立身如塔動如風

一腔正氣匡時弊

天道不公我使公

为老友李公天九十华诞致贺

2010 年 12 月 8 日

为李公天老友九十华诞之日，以短诗一首志贺

九十高龄不老翁，立身如塔动如风。

一腔正气匡时弊，天道不公我使公。

姻親孫女蒲德蓮於一九九零年夏十八歲時從重慶江津來到我家工作,一九九七年結婚時離開,二零零八年十月又回來工作至今.工作認真細致,主動.對多病的劉蘇關照尤多.

巴山蜀水人 能幹又聰明

烹調稱一絕 操持更貼心

不辭辛勞苦 常聞笑語聲

扶老兼護幼 儼然一家親

二零一零年十二月廿三日

诗赠姻亲孙女蒲德莲

2010 年 12 月 23 日

姻亲孙女蒲德莲于 1990 年夏 18 岁时从重庆江津来到我家工作,1997 年结婚时离开,2008 年 10 月又回来工作至今。工作认真细致、主动,对多病的刘苏关照尤多。

巴山蜀水人,能干又聪明。

烹调称一绝,操持更贴心。

不辞辛劳苦,常闻笑语声。

扶老兼护幼,俨然一家亲。

二零一零年即将成為過去，亦即我的第九十個年頭即將
到来，在未来無定數的日子裡，我還能有所作為嗎遠能
應付對我的挑戰，不，對辯證唯物主義科學世界觀的挑
戰嗎，當然，只要一息尚存、一智未泯，我將戰鬥下去科
學世界觀並不在乎我的捍衛，它的生存與發展不取決於
任何人的進攻，也不依賴於任何人的捍衛我求其在我而已！

馬列真理在　光芒萬丈長

蚍蜉撼大樹　可笑不自量

大樹巍然在　蚍蜉落樹旁

寄語自大者　勿負短時光

仿韓愈詩一表己意
二零一零年十二月三十日

九十感怀

2010 年 12 月 31 日

2010 年即将成为过去，亦即我的第九十个年头即将到来。在未来无定数的日子里，我还能有所作为吗？还能应付对我的挑战，不，对辩证唯物主义科学世界观的挑战吗？当然，只要一息尚存、一智未泯，我将战斗下去。科学世界观并不在乎我的捍卫，它的生存与发展，不取决于任何人的进攻，也不依赖于任何人的捍卫，我求其在我而已！

马列真理在，光芒万丈长。

蚍蜉撼大树，可笑不自量。

大树巍然在，蚍蜉落树旁。

寄语自大者，勿负短时光。

仿韩愈诗一表己意

先生书法异群伦，实践文章两不分。
画作书时书作画，真为实处实为真。
岱岳巅峰留墨迹，子孙胸臆起风云。
策杖攀登数十次，挥毫运笔如有神。

二零一二年五月

贺杨辛教授九十华诞

2012 年 5 月

贺杨辛教授九十华诞

先生书法异群伦，实践文章两不分。
画作书时书作画，真为实处实为真。
岱岳巅峰留墨迹，子孙胸臆起风云。
策杖攀登数十次，挥毫运笔如有神。

图书在版编目（CIP）数据

黄枬森文集. 第九卷 / 黄枬森著. —北京：中央编译出版社，2016.12
ISBN 978-7-5117-3187-6

Ⅰ. ①黄…
Ⅱ. ①黄…
Ⅲ. ①黄枬森－文集 ②哲学－文集
Ⅳ. ①C53

中国版本图书馆 CIP 数据核字（2016）第 276461 号

黄枬森文集. 第九卷

出 版 人：葛海彦		
出版统筹：贾宇琰		
责任编辑：杜永明		
美术编辑：霍霜霜	王洪广	吴成英
责任印制：尹 珺		
出版发行：中央编译出版社		
地 址：北京西城区车公庄大街乙 5 号鸿儒大厦 B 座（100044）		
电 话：（010）52612345（总编室）		（010）52612342（编辑室）
（010）52612316（发行部）		（010）52612317（网络销售）
（010）52612346（馆配部）		（010）55626985（读者服务部）
传 真：（010）66515838		
经 销：全国新华书店		
印 刷：北京印刷一厂		
开 本：787 毫米×1092 毫米 1/16		
字 数：288 千字		
印 张：20.75		
版 次：2016 年 12 月第 1 版第 1 次印刷		
定 价：120.00 元		

网 址：www.cctphome.com	邮 箱：cctp@ cctphome.com	
新浪微博：@中央编译出版社	微 信：中央编译出版社(ID: cctphome)	
淘宝店铺：中央编译出版社直销店(http://shop108367160. taobao. com)		（010）52612349